滿洲國紀實

李念慈——著　蔡登山——編

滿洲國紀實

目次

一　引子

「不到滿洲，不知中國的博大」，掌握住「滿洲」（東北），便能奄有中國大陸。這在中國歷史上，有好多的前例。就是毛澤東「王朝」，假如不輕易的竊據了「滿洲」，又怎能「長成壯大」，席捲中國，那樣的迅速？這是從「地利」來論成敗，至於中共發展的因素種種，當然別有所在，不在話下。

「滿洲」是遠東的火藥庫，外國的評論家早已有過評價。滿洲問題是世界二次大戰的前序，這是不容爭論的事實。由甲午的中日戰爭，而三國干涉，而日俄戰爭，而瀋陽事變，而七七事變，淞滬戰爭，以至日德義三國同盟，德義在西方得手，日本便偷襲珍珠港，進取東南亞，形成世界性的二次大戰。

「滿洲國」是瀋陽事變的產物，也就是甲午戰爭的「戰場」，三國干涉的「問題」所在地，日俄戰爭的「目的物」。日本不贏得日俄戰爭，不能繼承俄國，攫取南滿，不至生窺伺中國大陸的野心，便不會有這一連串的不祥「事變」。

日本人由吃得「滿洲」這一樹甜棗，欣欣自得，而動了兼併滿洲，強吞下一粒「炸彈」，欲罷不能的出演了「取中原」、「下南洋」、「珍珠港」，連台武戲，直至一九四五年八月十五日的無條件「降伏」，這是一粒「炸彈」之賜，實在就是不懂得「適可而止」的至理明言。

然而「適可而止」的一句話，說來何等輕鬆，做起來何常容易，得意忘形的人類通病，有幾個真能「懸崖勒馬」？我們於此不禁對「行易知難」的說法，多一層懷疑，轉認為「我的朋友」胡適之的「知難行亦不易」那話兒，倒不是不有些道理。

「滿洲」的地大物博，「滿洲」的人口不多——只有三千多萬人——「滿洲」的民性醇樸，以前有過一種評論，統治滿洲的「統治者」並不需要怎樣雄才大略，尤其像張學良承襲他老子張作霖的餘蔭，一九二八，在他老子被日本人炸斃皇姑屯之後，登上「關外王」的寶座，他如果能夠腳踏實地，認清環境，把握立場，做他對國家民族應做的事，他自己今日可能還雄踞東北，稱霸一方，何至作囚階下，顛沛流離。

日本存人存心侵略，造成「瀋陽事變」，這是事實。但我們對東北地方最高軍政當局，東北行政委員會主席兼東北邊防司令長官張學良，應負的失守國土，殃及人民的重大責任，豈能輕輕放過。

中國人——不，蘇俄籍的中國共產黨人，是最感激張學良不過的。沒有張學良西安事變，引狼入室，遠逃西北的毛澤東一群，怎會「問鼎」中原？日本降伏以後，蘇俄偷偷的把「中共」帶進「滿洲」，不是利用張學良的名義，號召「人心思漢」的東北老百姓，更將張學良的四弟張學思和一些舊幹部如高崇民，于毅夫，劉海濤等，派為東北各省主席，團結東北人士，又怎能囊括東北，如彼之速？

今後世界風雲，中國命運，固然尚在未知數中，但「滿洲」——東北的地位，佔有重要性，「滿洲」的動態及其變化，對世界的趨勢，具有甚大的影響，從而中國的未來，也就看滿洲怎樣的「動」，怎樣的變。這當然不是說中國的西北和西南，對中國的未來，沒有他們的重大價值。

「前事不忘，後世之師」，我寫這「滿洲國紀實」，絕不是祇說開元天寶的舊事，以為滿足，我願與讀者，相互共勉的，是「鑑往事之得失，策勵來茲。」

二　同洲二帝

同心一體的「二帝」碰著不幸的共同命運

晚清名詩人兼名書家，後來在「滿洲」過了幾年「宰相」癮的鄭孝胥（蘇戡），民國二十年十一月初旬，隨同清遜帝溥儀，由天津逃難到旅順，在淡路丸舟有紀事詩一首：

同洲二帝欲同尊，
六客同舟試共論。
人定勝天非浪語；
相看應不在多言。

鄭孝胥這首詩的「二帝」，當然是指的日本天皇裕仁，和遜帝溥儀。清室自從辛亥革命遜位以後，住在故宮十三年，住在天津七年，在他們那一個圈子裡，還是他們的那些老套，他們奉的正朔，是宣統幾年，他們還有什麼「上諭」，什麼「宮門抄」，一切都和前清當日沒有兩樣。

鄭孝胥詩中所謂「六客同舟」，除兩位「接駕」的日本人，甘粕正彥和上角利一之外，便是溥儀和他的「皇后」鴻秋，鄭孝胥同他的長子鄭垂，隨從兩人，不計算在內。另外還有一個斗方名士叫金梁的，杭州駐防旗人，本來是從東北到天津專為迎接而來，不知為了什麼，沒有同行，並且以後金梁也絕未再度去過「滿洲」，是不是和鄭家父子鬧了彆扭，受了鄭家父子的排擠，還是在吉林熙洽方面，另有什麼金錢糾葛，不便前往，這是不必多所探究。不過這老頭兒勝利後，忽然由天津搬到上海，大陸淪共之後，又由上海北上，向共產黨靠攏去了。「君子」善變，這些「樑上君子」，頑意兒不少，真有些令人莫名其妙，嗤之以鼻呢！

提到鄭孝胥所說的「二帝」在那「滿洲國」不久不暫的十四年中，確實可以說得上「二帝同尊」。溥儀從「執政」到稱帝，到過東京三次，——日本報大力書特書的：滿洲國皇帝「來朝」，好像鄭孝胥這一班人喊的「同尊」，日本人做的仍就是「獨尊」。

到了十四年後的八月十五日，——一九四五的八・一五——「二帝」倒是同心一體的碰著不幸的共同命運，但是畢竟各人有各人的時辰八字，勉強不來，「同尊」和「獨尊」，究竟是前生注定，有幸有不幸呢。

所以一「帝」受到原子彈的威脅，毅然決然的下了「終止戰爭」的大詔，在宣佈無條件降伏的廣播中，一字一淚，全日本的「赤子」「草民」匍匐拜聽，也都無男無女、無老無少，黯然淚下，泣不成聲，這是日本二千六百年來唯一的辛酸悲壯的一頁。這「帝」的心腹股肱，差不多都鋃鐺下獄，死的死，囚的囚，不是麥克阿瑟將軍刀下留情，「陛下」自己差一點也做了「戰爭犯罪者」。那一「帝」說來，就更慘了。始而從長春避地到通化，繼而又決定飛往東京，準備和他的「難兄」廝守一起，不料中途被大鼻子的戰鬥機截住，就此做了俄國人的俘虜，和「滿洲國」的親貴重臣，一同幽囚在西伯利亞。中間一度被押往東京，到戰犯法庭作證，可憐同尊十四年的「二帝」、咫尺天涯，竟沒有一面之緣，反而被老毛子脅迫著說了對「同心一體」的日本，好多的不利的證言，以後仍被老俄押回伯力。據說毛澤東在一九五〇年訪問俄國之後，商定將他和「滿洲」俘獲的官吏們，送回中國，由中共處理，現在這位「皇帝」究竟在那裡，命運怎樣，沒有人知道的。（編按：本書著於一九五四年。一九五〇年，溥儀與其他滿洲國二六三名「戰犯」由蘇聯政府移交中國政府，送撫順戰犯管理所受思想再教育與勞動改造，一九五九年獲釋，後於一九六七年逝。）

人家那一「帝」，好像時運好轉，否極泰來，漸漸的恢復當年的景象。本來他是一個道地的「人」，現在也就只做「人」，不再鴨子上架似的硬被人們看做「神」了。

鄭孝胥在七七事變的第二年就死在長春。詩人鄭蘇戡，九泉有知，怕也會替他的「今上」叫苦，並且要問一聲「為什麼同尊異命」。其實日本人始終並沒有心甘情願的和你們同尊，你們叫「帝」，人家稱「皇」，皇帝皇帝，「皇」在「帝」之上，誰又希罕你們的同尊來？

三 逼宮

馮玉祥斷行『逼宮』

但不能因為「逼宮」，便將清室久佔故宮的事含糊過去。

當民國十三年甲子的十二月初，馮玉祥倒戈回京以後，便實行驅逐清朝的「小皇帝」溥儀出宮，這就是大家熟悉的一齣「馮玉祥逼宮」。

在敘述這齣有事實還沒有劇本的「戲文」之前，先將「詩人宰相」鄭孝胥的紀事詩一首抄寫出來作個「引子」。

乘回風兮載雲旗；
縱橫無人神鬼馳。
手持帝子出虎穴；

青史茫茫無此奇。
是日何來蒙古風，
天傾地坼見共工。
休嗟猛士不可得；
猶有人間一禿翁。

從這首詩看出當時的狼狽出走的淒涼景況，但是鄭蘇戡一定要寫得有聲有色，彷彿又是「異象」，又有「天佑」，文人遇著這千載難逢的「隨扈」「蒙塵」的遭遇，正是發揮他滿腹牢騷，一腔忠悃的時候，勇士雖不可得，尚有人間一個禿翁，「夫子自道」的得色，好像利用「小皇帝」的災禍來臨，他倒耍一回筆桿兒，自我宣傳，作千秋萬世之想呢。其實這一回蒙古風，是天氣變化應有的現象，何嘗有關「共工」，所以古人說得好：盡信書則不如無書。

馮玉祥實行「逼宮」，他的出發點，固然不無其他的企圖，但是清遜帝應該早早的讓出清宮，這件事是極其合理的時代要求。清室退位的當年，有過一個優待條件，經由中華民國正式公佈，並且通知駐北京的外交公館，以昭大信，這個經過也自有一番曲折，袁世凱和當時北洋的要路，多少有溫情主義的存在，尤其袁世凱急於取得北方政權，在和清室「隆裕太后」交涉退位，許給清室的條件，力求優厚，以便早日換得清帝遜政的「諭旨」，這是「外交」上的一種應變的手法，也就和羅斯福亟亟的盼望蘇俄出兵夾擊日本，就不得不有那一紙雅爾達的「秘密條約」，慷他人之慨的許給蘇俄許多的權益，以致種下後來無可挽回的「惡果」，古今中外，為達到目的，而不擇手段，往往鑄成大錯，真令人同聲慨歎呢。

然而就照清室優待條件來說，清遜帝和他的「皇族」，也應當遷往北京西郊的頤和園居住，長此住在皇城內的「皇宮」，也就不能認為允當。固然北京政府積欠下載在優待條件內的「皇室經費」每年四百萬元，為數甚鉅，但是溥儀在民國六年張勳「復辟」的那一回，居然重登大寶以中興號召，雖說曇花一現，不幾天便雲消霧散，歸於幻滅，溥儀當時的年紀，也不過十歲左右。孩提之童，無知無識，聽人擺佈，情有可原，然而就事論事，清室顯已違背條件，豈能享受優待，這也同蘇俄只取得雅爾達秘約以來的「權利」，並未遵守雅爾達密約的精神，這項密約，即使付諸廢棄，按之法理人情，也並沒有說不過去所在，一樣道理。

北洋政府，由袁世凱、黎元洪、馮國璋、徐世昌、曹錕等這些人遞嬗主政，十三年之久，因為他們都是「勝國勳耆」，「皇恩久被」，袁世凱、徐世昌在清末做過總督及軍機大臣，已算是臺閣之尊，馮國璋曹錕兩人，也都是一二品武職大員，他們對於清室，當然留有餘不盡之情，清室內務府大臣們，又都有舊日同寅之雅，遇事只要大家敷衍得過去，也絕沒有一個人肯出來說一句「討人厭」的話，更沒有一個人肯出來做一件令人「側目」的事。官僚政治，就是這樣，唯唯否否，泄泄沓沓，寧可廢時失事，誤人家國，自己絕不肯負絲毫責任，擔些微斤量，像馮玉祥這樣大刀闊斧，敢作敢為，倒真算得鳳毛麟角，佼佼不群，這似乎不應該一筆抹煞。

至於馮玉祥這一件「逼宮」大事，裡面還附帶著私利自圖的詭計，事後種種證明，事實俱在，確也難替這位「馬二先生」飾辭置辯呢。

所以這一段紀實，很嚴正的剖別是非，分明涇渭，不因「逼宮」，便將清室久佔故宮不讓的情跡，含糊過去；也不因馮玉祥做了這驚天動地的一件事，便將他和他的部下及關係諸人，攘奪國寶，據為己有的事實，置之不論。

鬧熱的「逼宮」鏡頭

馮部官兵滿載而歸，李易兩老關心故物，使團領袖提起質問，日本公使表示歡迎。

馮玉祥「班師回京」之後，對於北京的政權，由他一手造成一個黃郛內閣，所有閣員也都由他和黃郛銓衡人選。雖然這個內閣，僅僅是短期的過渡，又值兵荒馬亂，號令不出都門，在段祺瑞的執政府揭曉之日，便立時解消，但黃郛總算過了一度的「國務總理」的官癮，並且攝行過「大總統」職權。本來總統就是總統好了，民主國家，也絕沒有在總統稱號之上，硬加上一個「大」字的必要，如「大皇帝」「大日本」一般。這不倫不類的「大」字，仍就是那一位做了民國元首，還不滿足，最後走上帝制自為的歧途的袁世凱，巧立名目，竊號稱尊。直至最後，南京政府頒布憲法，實行憲政，總算正名定分，才將中華民國元首的「總統」稱謂，訂正過來，這是後話。

「逼宮」的舉動，馮玉祥照例同黃郛內閣，事先有過商量，參與秘密的，還有李石曾、易培基等留心故宮寶物的諸公，執行這一件重大任務的，是當時馮的部下北京警衛總司令鹿鍾麟，京師警察總監張璧。

鹿鍾麟和張璧奉到命令，便出動軍警，先將清宮圍得水洩不通，然後由鹿張帶領手下得力幹部，衝入紫禁城，要求溥儀會面，通知他即刻出宮，除隨身衣服及寢具外，一概不得攜帶，簡直和共產黨那一套鬥爭清算的辦法，一般無二，不知道馮部諸人，從那裡學習得來。溥儀幾時見過這種場面，當時計無所出，只得答允，但要求讓他和他的家人準備一下。

這消息傳到東交民巷使館區，又經清室的遺老們的奔走，各國公使趕忙召集緊急會議，決定根據優待條件，由使團領袖荷蘭公使找馮玉祥和黃郛內閣，提出質問。馮黃自有一套外交詞令答覆。溥儀出宮，雖然已成定局，但究竟「洋大人」在那時候，說一句話，是有斤量的。馮部對溥儀出宮攜帶行李，便不像最初那樣的嚴格，除十分笨重的大件不便搬運，細軟一切隨他挈走，門崗並不施行檢查，所以溥儀和家人攜帶的行李，為數著實不少，且由使館區借來汽車搬運，馮部士兵也不敢加以干涉。

據當時不完全的估計，馮玉祥及奉派執行任務的鹿鍾麟、張璧從中收拾的珍寶，約值大洋一千五百萬元，確也不在少數。俗語說得好：要得真富貴，還是帝王家。有清三百年的天下，體己寶物，當然仍在「大內」車邊。溥儀倉皇出走，那裏顧得許多，瑾、瑜兩太妃，已在高年，經此一番刺激，只管哭哭啼啼，聲言與宮室共存亡，一死以謝「先皇」於地下，更無心收拾細軟，款搬出宮。鹿、張以下的馮部官兵，乘火打劫，混水摸魚，雖不比勝利後，接收大員「五子登科」「有條有理」後來居上的窮形極相，但腰纏累累，滿載而歸，也算得盛況空前。

據說李石曾和易培基關心故宮寶物，動機實基於此，易培基以後，巴結著故宮博物館長一席，鬧出大大的笑話，追原禍始，他就在此「逼宮」一幕。但馮玉祥似乎不負此連帶的責任。

溥儀出宮之後，先在他生父醇親王載灃的府邸住下。但他驚弓之鳥，仍然感覺不安，便又微服往東城尋覓安全處所，初想在東單牌樓近使館界的蘇州胡同，借用清室某貝勒的宅第居住，後又認為不妥，師傅英籍莊士敦博士曾向英使館商量，但英國無意接納，乃暫住東交民巷的德國醫院闢室蟄居，最後乃由陳寶箴、鄭孝胥和日本使館切實商請保護，得東京政府的許可，現任台灣大使當時的日本公使芳澤謙吉表示歡迎，溥儀攜眷轉赴日本使館公使官邸，芳澤謙吉特將二樓住屋三間騰讓，備為「帝子」的內寢。

四　鄭孝胥與羅振玉

鄭、羅各有千秋

談到政治，他們的時代畢竟過去了！

提起「滿洲國」就不得不談到鄭孝胥（蘇戡）羅振玉（叔蘊）這兩個清末的一代「名士」。鄭是名詩人而兼書家，羅是名金石考古家，論學問各有千秋。他們都是舊時代的人，他們有他們的時代背景。「士各有志」正不必用下一代的尺度，衡量「古人」。關於他們個人的出處進退，似乎不用多所非難，這或者也不失為忠厚之論罷。

至於談到政治，他們的時代畢竟過去了。他們「削足就履」的硬要搞他們的那一套，他們自然逃避不了「優勝劣敗」「適者生存」的「天演規律」。他們誤了溥儀，「清帝」也實在誤死他們。

儘管鄭蘇戡少年時代，才氣不凡，自己也以「縱橫家」自許，他且以書生典兵，會辦廣西邊務，坐鎮龍州，然而老年的鄭孝胥，究竟和時代脫節了。羅叔蘊的金石學問，確算得海內一人，他在清末辦學，談教育，也還不失為當時之秀；他對政治的認識，似乎還在鄭蘇戡之下，臨機肆應之才，也還不及鄭蘇戡的瀟洒倜儻。鄭蘇戡如果晚生三十年，在民國政治史上，或也是一個風雲人物。民國十四年段祺瑞執政府成立之初，不是一度徵求鄭氏的意見，出任交通總長，經鄭婉辭作罷。至羅叔蘊如生於澄平時代，相信他鑽研的工力，成就他前無古人後無來者的學問，一定正不止此。

然而清室「小朝廷」十三年中，遺老們總不免文人相輕，明爭暗鬥。到了「滿洲國」，在醞釀時期，鄭、羅既各不相下，意見分歧，「滿洲國」招牌一旦掛出，鄭孝胥榮任「國務總理」，羅振玉僅得了位同虛設的一席「監察院長」，日本人大權獨攬咄咄逼人，更使得這兩個「老先生」相互非難，幾乎斷絕往來，羅叔蘊認為他的主張「寧為玉碎，不肯瓦存」，如果貫徹始終，不致降「大清皇帝」而為「滿洲執政」，名不正，言不順，事不成，夫復何咎。鄭蘇戡堅持他的屈就主義，是通權達變，留以有待的明智之舉，「今上」既已「駕幸」旅順，長此下去，成何了局？用時代的政治術語，換句話說，鄭蘇戡是以變應變的現實政治論，羅叔蘊是以不變應萬變的本位政治論。他們都自為溥儀「忠貞」不二之臣，固然無可否定。然而今日的溥儀，在大鼻子「赤壁」中，苦度了宋徽、欽二帝不如的八年歲月，鄭、羅二老，九泉有知，未知作何感想？

關於「滿洲國」鄭、羅兩人的故事，以後再敘。就在這「逼宮」「蒞津」一髮千鈞的關頭，鄭、羅兩人間各不相謀，各行其是的花樣，從他們兩人的著作中，可以看出。鄭孝胥紀事詩的「日記」，羅振玉的「自傳」寫得明明白白。

那時候的清室「小朝廷」自然也有「分派」，除闒茸的王公親貴不計之外，大概「師傅」中推陳寶琛（弢庵）資望人緣最好，朱益藩（艾卿）是個老實人，不大管事。舊疆吏中常在北京天津，而且以家徒四壁，氣節著稱的，以前任陝甘總督升允「升相國」最受人推重。鄭孝胥前清官不過二品，羅振玉只在最後幾年才當上學部丞參，以後鄭由陳寶琛的汲引，進入內府，備位講席，羅到了民國十二年「癸亥」夏季，經升允的保荐，和王國維、楊宗義等，入值南書房。鄭孝胥講些「修齊治平」的「王道政治」，羅振玉奉派檢景陽宮的書籍，查養心殿的陳設，審定內府的古彝器，也就是用他的金石考古之學。

第二年就是十三年，鄭、羅兩人，都巧遇了「逼宮」之變，他們兩人，乃有各顯神通，脫穎而出的機會，因而有九一八瀋陽事變以後，捧著「帝子」，在黑水白山間，施展了他們的「洛蜀之見」「李牛之爭」。

固然「滿洲國」的一切，鄭、羅兩人都負不了多大的直接責任。然而鄭、羅兩者間的對立「排他」，究不能說和「滿洲國」的發展趨勢，一無影響。

羅振玉未雨綢繆

他建議由王室在使館區，自建圖書博物館，保存古物。他記出宮事竟無一字提到鄭孝胥。

馮玉祥和他的「同路人」逼宮的最大打算，仍在古物，是很明顯的。清室中人，事前也有看到這一點的。據羅振玉自傳說，燕都宮中文物，自明末甲申之變——就是毛澤東一群所捧的李自成農民革命——一時散失殆盡，清朝三百年，在康熙乾隆鼎盛時代，復為蒐聚，「天府」的珍藏，竟駕明代而上之，遜位以後，宮禁稍疏，間有一二為宵小偷，「不逞」之徒，遂說所藏是歷朝所有，又因一二流出之物，乃又謂為不能保存，蓋甲子之變（即逼宮），彼輩生心已久，但當道（指清室中人）懵然而睡。他更坦白的說，他曾經建議「皇室」自立圖書館博物館，他並且由德國人衛禮賢，同德國公使商量，得到使團領袖荷國公使的同意，借舊奧公使館（第一次大戰後奧未派公使），籌備圖書館博物館，並得德使慨允，撥舊德兵營建兩館新廈，使團且可代募經費，但他的建議，送到內府，石沉大海，且有人造謠，說他和時流某某，打算借此偷寶物。第二年他入宮檢查書籍古物，出自「皇上之意」，但為時已晚。

他又說，馮玉祥「倒戈」，未入北京的數日，國民三軍的孫岳所部，即派砲兵駐紮神武門對面的大高殿——以後日本軍在投降前幾個月，也要在大高殿駐兵，和王克敏鬧翻，王克敏只同意存放軍需品——一溝之隔，咄咄逼人，預知必有事故，馮軍入城，景山上即架砲，直指皇宮，他曾向內府諸大臣陳述利害，紹英自謂經變已多，無足驚怪，但他仍慮有變，第二日、得日本使館武官竹本的協助，附國際列車赴津設法，他甫到津，就得著日軍司令部金子參謀的通知，鹿鍾麟率兵入宮，逼改優待條件，他馬上去訪謁日軍司令，請介紹往見決定出任「執政」的段瑞祺，請發電制止暴動，段已就寢，丁士源代表出見，商定電文，先由日軍部代發，但慮馮玉祥或不承認，又商請段執政拍發官電並分電陳寶琛、朱益藩兩師傅及內府大臣，第二天清早他又附國際列車回京，夜三時始抵正陽車站，下車去看金梁探消息，知道「聖駕」已出幸醇邸。

他同載潤（貝勒）、紹英、耆齡、寶熙（均內府大臣）被派為「皇室善後委員」和馮玉祥的人折衝。這時候鹿鍾麟部不但圍著皇宮，又派兵一營，以保護為名，監視醇王府，出入都須登記，晚間斷絕交通。他在翌晨才見到「今上」，相對無言，唯揮涕而已。他初與鹿鍾麟見面，要求「諸臣」出入，不得禁止，「御用」衣物，隨時攜出，會議散後，鹿等首先封坤寧宮後「藏御寶室」。這是難怪的，他們的目的，本就在此，怎不能「急所先務」呢！

他說，他最焦慮的一事，就是鹿部圍守醇邸，商請以警察替代，彼等堅持不可，——因為北京的警察，最有訓練，也最富人情味，無怪他們不肯。他又找段執政的侍從武官長衛興武，請段令鹿撤兵，第一日果退去，但中夜又來，第二天再找衛商量，兵始撤盡。

這時瑾、瑜兩太妃（瑾太妃係光緒的妃子，瑜太妃係同治的妃子）也由宮內遷出，往麒麟碑胡同，他便同陳太傅（寶琛）商量，醇邸守兵雖撤，亦不安全，非速移使館界不可，並須請「皇上」先隨便出入，示人以無他，以後才好設法出走，陳傅以為然，乃請「上」以往謁太妃為名，令警察隨同前往。議定，由陳傅借英人師傅莊士敦的汽車，走北府（醇邸）迎「上」，微行赴館界，先至德國醫院小憩，後至日本使館。日公使芳澤電報本國政府，並以電話通知各國使館，公使夫人（犬養毅女公子）親自洒掃館樓，公使指定書記池部政次常川照料，翌日並由池部往迎「皇后」，鹿鍾麟初不放行，公使親往，乃不敢再阻。當「皇上」出北府時，風霾大作，道上不辨行人，沿途軍警，皆無知者，遂得安穩出險。

羅振玉紀載詳實，應有盡有，但對於扈從出險的「海藏樓」主人鄭孝胥先生，竟一筆抹煞，隻字不提，未免失之小氣。無怪鄭詩人紀事詩外，要附以一篇「長序」，以昭「信史」了。

鄭孝胥「驂乘」

鄭羅都仗恃日本外交背景。芳澤公使請「皇帝」自決行止

鄭孝胥在他的日記中，也詳詳細細記載「皇上」從北府到東交民巷，轉入日本公使館，這一段經過，扈從的人，除陳寶琛外，就是他自己，供奔走之役的，還有英國人莊士敦，醇邸總管張文治。最妙的，他在這一件他們認為「百年大事」的「帝子蒙塵」，也無一語道及「盡瘁奔走」的羅振玉。我們從這兩人的著作中，體察到他們兩人的隔閡之深，我們更由此而追憶到歷史上黨禍的種種故事；誤人家國的，不一定盡是「女子小人」，所謂「君子」的先生們，怨毒之深之大，不僅要顛倒一時的是非黑白，甚至抹煞活鮮鮮的事實，忍心害理的竄改歷史。

以下是鄭孝胥的一段日記：

十一月初三日壬子，弢庵來密告，謂事急矣，乃定赴德國醫院之策。午後詣北府（即醇邸），至鼓樓，逢弢庵之馬車，曰：「已往蘇州胡同矣」。他至蘇州胡同，無所見。遂至德國醫院，登樓，上徘徊窗下，獨弢庵從，告孝胥曰：「莊士敦已往荷蘭及英吉利使館，張文治奔告醇王，且復來」。孝胥請幸日本使館，上命孝胥先告日人，即訪竹本（日武官），告以皇帝已來，竹本曰其公使芳澤，乃語孝胥請皇帝自決行止。於時大風暴作，黃沙蔽天，數步外不相見。孝胥至醫院，慮汽車或不聽命，議以上乘馬車；又慮院前門人眾，及引馬車至後門，一德人持鑰從，一看護婦導上下樓，開後門，登馬車，孝胥及一僮驂乘。德醫院至日使館，有二道，約里許；一自東交民巷轉北，一自東長安街轉南，孝胥叱御者曰：「再至日使館」。御者利北道稍近，驅車過長安街，上驚叫曰：「街多華警，何為出此？」然車已迅馳。孝胥曰：「咫尺耳，馬車中安有皇帝？」請上勿恐。既南，轉至河岸，復啟上曰：「此為使館界矣！」遂入日本使館，竹本中平迎上入兵營，弢庵亦至。方車行長安街，風沙悍怒，幾不能前。昏晦中，入室小憩。上曰：「北府人知我至醫院耳，莊士敦、張文治必復往尋，宜告之。」孝胥復至醫院，醇王濤貝勒皆至，因與同來日使館，廷臣奔視者數人。上命往告段祺瑞，命張文治告張作霖，（按此時正孫（中山）段（祺瑞）奉（張作霖）三角聯盟勝利，段任政府執政，孫張亦同至平津）。歸作函使禹（鄭之次子）赴津。入夜風定，星斗滿天，垂（鄭之長子）至日使館，進奉果餌。日公使芳澤以所居大樓三屋，為上內寢，隨侍僮李體育，御者王永江，車右王小龍。

這一篇紀事文，實在寫得不錯，就是放在廿四史中，也無愧色，如果搬上銀幕，倒也會是熱門的映片。他怕汽車或不聽命，洋人莊士敦的司機，可能被人滲透，這倒不算過慮。溥儀驚叫「街多華警，何為至此」，鄭孝胥答話「馬車中安有皇帝」，這些鏡頭和插話，亦顢頇、亦滑稽，笑匠演來，恐亦不過爾爾。鄭先生自「叱」御者好像他在驚濤駭浪中，忘卻「尊者之前不叱狗」的古訓，抑或是「奉旨申斥」中，太監們替皇上罵人的辦法，鄭蘇戡權為庖代哩。

再有一點，鄭孝胥和羅振玉，在這一件大事裡，都是仗恃著日本外交的背景，不過羅走的是池部政次的路線，鄭走的是竹本中平的路線，一個是書記官，一個是武官，照常理推斷，竹本對公使的影響力，會比池部大得多，日本兵營在以前，收容中國「政治難民」的先例，已數見不鮮，就近的前例，民國九年安福派失敗，八大禍首，都進入日本兵營，後來一個一個的安全走出，日本公使一進一出的當兒，只以一紙公文，通知北京政府，便算交代。武官只要高興，就是不得公使的同意，招呼一下中國朋友，倒也不是不可能事，所以這次鄭孝胥表現的，比羅振玉有力量，自然鄭走的是上風。

五　出宮後的溥儀

出宮善後議論莫衷一是

史家柯鳳蓀學士倒是幕後人物，詩人鄭蘇戡先生只得襆被南行。

在溥儀避地日本使館之前，還有一個遺「老」膠州的柯劭忞學士（鳳蓀）也曾盡過奔走之勞。柯學士在故宮小朝廷，沒有很多的關係，他是有名的「元史專家」，還得過外國贈送的文學博士。日本學者推重他的很多，所以駐北京的日本使館，對他也很尊敬。好像中日文化協會成立之初，他還是初代會長，不過因為日本退還庚子賠款，和中國政府條件沒有商得「協議」，中國沒有正式派人組織庚款委員會，就讓日本自己去搞，柯學士的會長，也就是日本人聘請的。北平東城王府井東廠胡同，黎元洪住宅改建的東方文化協會和圖書館，便是退還庚款，日本人在北京的一件值得紀念的事業。柯劭忞學士在世，和這一機構，始終是有關係的。

中國政府往日的老毛病，在外交上從沒有什麼一貫的政策，也從來不爭取主動，同時還規避應盡的責任，怕挨罵名，遇到不太容易解決的問題，寧可「放棄」，決不在無法中尋求辦法，積極性的，或建設性的，甚至忍辱負重的尋求解決。有人說得好，中國的大外交家，只會辦優勢外交，勝利外交，或者「濺血五步之內」的「戰國策」式的古老外交，可惜中國是一個弱國，而國際形勢，千變萬化，時不我許，所以中國外交，總是演出悲劇，趕不上「時代」，至於「兒皇帝」，對「宗主國」那更有什麼「外交」可說！

抗戰之前，蔣介石先生有二句高論：「犧牲未到最後關頭，決不輕言犧牲；和平未至絕望時期，決不放棄和平」。實在的，這就是弱體中國應有的外交原則，不過有幾人真能懂得，而且行得，這兩句話？又有那一個人，那一件事，能夠跳出「知之匪艱，行之維艱」的大原則？形勢逼人，清議誤國，我們追回往事，不禁感慨係之。

話仍說回柯學士。他在溥儀由宮內遷往醇王府邸的時候，也曾去日本使館，訪問日本公使，商量「假館」，芳澤表示使館不便往迓，如果自動蒞臨，自當竭誠歡迎。柯學士以此轉語陳寶琛。鄭、羅知道此事，才分頭向日使館進行，柯劭忞自己著作中，倒沒有紀載這一件事。

羅振玉在溥儀移住日使館之後，據他的自傳，曾建議向中外宣告，馮軍暴力脅迫，片面擅改優待條例情形，「上」極以為然，並由羅擬了「諭旨」一道。不過連日「廷議」議論紛紛，莫衷一是，有的主張自動取消尊號，辭卻優待，有的自謂與段祺瑞友善（這大概指的鄭孝胥），必能使他恢復舊條件，最後還是由溥儀決定，叫內務府「先傳達」段祺瑞，並通知各國駐京公使，轉報各國政府。其實芳澤公使，早已向各國使館打過電話，他也打電報告東京政府。溥儀到了外國使館，還有甚麼「廷議」，實在太滑稽了。

鄭蘇戡（孝胥）和段祺瑞，有一段香火緣，那是不錯的。段的智囊曾毓雋、梁鴻志，都是福建人，甲子段氏再度出山，曾、梁在幕後活動之力最大，此外如安福「魚行」（安福派）老板王揖唐，老虎總長章士釗，都是段家的上客，也都是相從海藏翁學詩，關係在半師半友，所以段執政銓衡閣員的時候，曾經力勉鄭孝胥出任交通總長。他在清末，好談新政，郵傳部尚書盛宣懷「鐵道國有」的政策，便是鄭的計劃，雖然這不祥的「鐵道國有」政策，就是四川鬧風潮的導火線，也可以說是辛亥革命的前奏曲，斷送了「大清帝國」。但是「鐵道國有」本身，不能不承認它是正確的交通政策。鄭蘇戡因此不但是「詩人名士」，也是一時公認的「新政家」。

段、鄭入閣交涉的時候，正是清帝出宮，流離失所的際會，鄭蘇戡當然不便接受，但段、鄭的交情，無可否認的。鄭蘇戡自己認為由他出面，向段芝泉（祺瑞）說話，對恢復優待，不會有什麼問題，但究竟和現實政治有了距離，他沒有想到段祺瑞自有他的環境，自有他的為難所在，對於蘇戡的希望，對於清帝的照顧，形格勢禁，愛莫能助。因此蘇戡對清帝無法交代，對內府同人又難以相處。他只有自打退堂鼓，襆被南下，暫返上海的海藏樓，韜晦一時。

小皇帝一遷二遷三遷

段祺瑞弔孫中山，穿不上皮鞋。羅振玉伴小皇帝，離不了日本。

溥儀在北京日本使館住了好久，雖照常有王公，師傅，及內務府，南書房諸人，分班隨侍，儼然仍舊「流亡」宮庭的模樣，但北方的政局，混亂日增。孫中山在北京死後，國民黨內部，聯俄容共的實力派，和反共的西山會議分了家，廣東根據地，被國際派（姑以此名）掌握著，孫中山北上時「三角聯盟」的遠景，和道經日本，發表的「大亞細亞」主義，也隨著他的肉體，納入「金棺」，寄厝碧雲寺裡。孫先生當時有鑒於共黨依附蘇俄，鑽入國民黨的心臟，逐漸抬頭，借屍還魂，可能已起了戒心。他本來豁達大度，愛國心長，也只有像他那樣的偉大人物，才肯不辭跋涉，不避艱險，屈己從人，百端遷就，北上和段祺瑞、張作霖等商討國是，而且敝屣權位，推段為政府臨時執政，重演了拱手奉讓袁世凱的那一齣戲。但孫先生決不懊悔，他只要自己的主張能以實現，國家的危局得以轉圜，何必「自我功成」，豈可「化家為國」？就其在神戶幾次講演，對於中日的命運，東亞的前途，遠矚高瞻，仁言利溥，這二十九年的滄桑劫局，都早在他逆料之中，撫今思昔，後死的不肖子弟，怎對得住這位偉大的「總理」「國父」！

南方的魚龍變化，不在話下。北方的段祺瑞，在孫中山死後，總以為去一對手，自己高枕無憂。老段也真氣量褊狹，在北京開孫先生的追悼大會，他竟會托詞不到，據說因為洗腳後穿不上皮鞋，是唯一的理由，實在怕是自慚形影，愧對故人。

段在執政任內，不到半年，江浙戰事又起，孫傳芳一舉驅逐奉軍，直至蘇魯之交，近畿一帶，始而有郭松齡倒戈出關，繼而有國（馮玉祥）奉（李景林）之戰，拉鋸於平津道上，北京城內，因馮玉祥認段為奉天傀儡，馮部對段執政及其政府，視若無睹，形同敵國，段的寵兒，剛由考察專便回國報命的徐樹錚將軍，被馮部的張之江，在廊房截車，就地「正法」，段的智囊，交通總長曾毓雋，被馮部京畿衛戍司令鹿鐘麟逮捕，段的鄉親，司法總長姚震，被國民二軍岳維峻的駐京代表，私擅監禁。北京城已在戰火包圍之中，北京市已成無政府的狀態。

所以溥儀的左右，在段祺瑞上台不久，眼見奉、馮兩軍對峙，形勢不容樂觀，東交民巷，雖說是特別地帶，安全不成問題，但「千金之子坐不垂堂」，古有明訓，也不免慄慄的替他危懼。商籌遷地為良之計，先向日本公使，徵詢意見，芳澤怕於「邦交」有礙，頗有難色，本來駐外使節，一切都須請示政府，芳澤在未得東京訓示以前，當然不能作主。溥儀復派人與段執政接洽，段的回答，原則上不反對，但須候相當時機，妥為保護，以策萬全。段在當時，自己的人，都招呼不到，任人或囚或殺，他對溥儀的安全，那更有心無力了。

後來還虧羅振玉有心機，有辦法。這時候鄭孝胥既不在京，他便每日隨侍「今上」。他看到池部政次很有肝胆，他同他推誠結納，密商「大計」，池部也認為有早日遷地的必要。十四年二月，溥儀決定先赴天津，再往日本長住，託由池部轉商公使，這時東京的訓電已到，對於這一張「王牌」，「認為儲以有待」，對中日前途，不為無利，芳澤公使自然表示同意。日本一向利用中國內部的矛盾衝突，做他們對中國外交政策的工具，尤其日本帝國，對近鄰的中華民國，固然不願意他長治久安，更不願意他改為「民主共和」。「同洲二帝」，固然是詩人鄭胥孝一廂情願的「靈感」，但是日本人談起中國政體來，作這種想法的，也大有人在。

此時國奉兩軍，正在準備第二回合的戰事，平津道上，換防正忙，由羅、池秘密商妥，晚八時出前門登車，日人暗中保護，羅振玉攜兒子福葆隨扈，抵津站，日本總領事迎接，先「駐蹕」日本租界大和旅館。第二日早車，池部夫婦伴「皇后」由北京到津，乃移寓日租界張園。

這是溥儀的「三遷」史。

六　天津時代的溥儀

風光旖旎說張園

胡適沒有抓機會灌輸民主。鴻秋養了私生子送回北平。

溥儀「移蹕」天津後的「行在」——張園——是民國十四年以後幾年天津日租界縮影的「清宮」，不，近代式的「小宮庭」。

張園地址，雖不太大，但在天津租界內，算得上一所名園。這是前清湖北省新軍統制張彪的私產。提起張彪這個人，和中華民國大有淵源。辛亥革命的發祥地在武漢，發難的部隊，就是張彪的新軍，武漢首義的領袖，便是他的協統黎元洪，黎元洪既是由床底下拉出來當上首領，時勢造成的英雄；這位卵翼黎宋卿，貢獻他的部隊，他的地盤，做革命溫床的「張老彪」，似乎至少也應該寵以「無名英雄」的封號。革命成功後的張彪，回了北方，倒真是老老實實的做他的「租界寓公」。

張彪原來是前清湖廣總督張之洞的戈什哈，張之洞精力過人，才大如海，不但務功名，講事業，談學問，而且風流韻事，膾炙人口。據說他有一種「閫內令」，凡老媽丫頭，一律不許穿褲子，這大概是「以資便利」的意思。經他「御用」的一名丫頭，後來便賞給張彪，做了張「夫人」，張彪也就一帆風順，做到新軍統帥，和北方的龍（王士珍）、虎（段祺瑞）、狗（馮國璋）齊名一時，兩湖人士，沒有人不知道「丫姑爺」的大名。

張彪經營這所名園，倒也費了不少心血，他自己還另有邸宅，並不住在園內。他既是曾沐「天恩」的一人，自然和清室有不斷的往來，「皇帝」到了天津，沒有「駐蹕」之所，又通過天津日本官憲，尋找適當的「行宮」，張彪自然很感榮幸的獻出他的張園，地靈人傑，張園也有過一番旖旎的風光。後來張園賣給日本軍改建司令官的官邸，一變而為肅殺之氣，勝利後自然歸為接收軍，共產黨佔領天津，便又換了新主。一所名園，也經歷「改朝換代」的無限滄桑。

溥儀本來是「人」，而且是青年人。他自然有他青年人的自然之「性」，雖然他出世以來，就走入了桎梏性的樊籠之中。

他小時候在宮內，受到瑾太妃的撫養，他曾經為他生母醇王福普逝世，親視含殮的一事，和太妃們大鬧過，他不顧她們的反對，他去到醇王府，做一個兒子應做的事。

他念書的時候，要念他歡喜的書，他和英文教習莊士敦爵士很是投契，因為莊士敦能夠給他好多他感到興趣的世界知識。他對一班迂腐的師傅並不很尊重。

他在清宮也裝設了電話，這是許許多多的內務府大臣所不以為然的。他自己打過電話找胡適，約他見面。可惜胡適沒有能夠抓住時機，灌輸民主思想，好好的影響這位青年人，在一度鬧轟轟宣傳之後，便又風馬牛不相及的「爾為爾我為我」了。溥儀是今日的溥儀；胡適仍舊是今日的胡適。

溥儀出宮的前年，為了婚姻問題也鬧過一場風波。照例大婚典禮，先由內務府呈送好多有資格被選「淑女」的照片，以備選擇。他意中本有一個驚才絕艷，「丹臣懿親」的千金，他當時大有非齊姜不娶的決意，但是主持宮中的瑾太妃，有感於本人與她妹妹珍妃的身世，不願娘家的姪女，再來帝王家受罪，不肯表示同意。因此經過貝勒載濤的斡旋，胡亂的選定榮源的長女鴻秋為后，另一貴胄之女淑秀為妃，鴻秋的才貌，也自不凡，但溥儀結婚以後，始終對她不即不離，這一對「同命鴛鴦」，根本上談不到情愛，說不上好合，鴻秋只嫁了皇帝，並沒有嫁得溥儀，溥儀也只立了皇后，並不曾得到愛妻。淑秀在溥儀鴻秋二者之外，多增加一重三角關係，大家只有痛苦，並無歡娛。但是帝王家究竟不能鬧「婚變」的，所以溥儀、鴻秋，只有各自找他們軌外的發洩，性的變態，無足為怪，溥儀轉好「男風」，鴻秋另有「私戀」，據說後來在滿洲且生有一兒，偷偷的送到北平，由榮家代為撫養。淑秀在溥儀的離津之後，正式脫離關係，另外有了她的歸宿。

青年人，除非癡呆，多少總帶有「反抗性」。願天下的青年男女，「莫生在帝王家」。

天津「行在」決計罷東行

王國維葬身昆明湖。羅振玉移家旅順港。

羅振玉在伴著溥儀到天津之後，很受內務府及南書房一班人的忌妒。當在京密商「出險」的時候就有人在「皇上」面前說過他的壞話：「羅振玉和民黨交厚，恐且謀危『聖躬』，宜斥逐，勿與近」，（見羅自傳），羅頗不自安，乃乞假一二日，探視溥儀的意思。但溥儀倒真不信這些「不類」的謗言，並且溫語慰羅，「卿之請假，殆託故求去耶？知卿忠悃，必不忍出此，一二日且有要事相商，卿必不可去。」（見羅自傳），羅聞之感激涕零，乃不避嫌疑矢死圖報。

原定抵津小住數日，就起程東渡，羅振玉與池部政次已將船位部署好了，但京津「諸臣」，都說東行不如在津安全，且有中傷池部的，說他有腦病，隨從不妥，在南方的遺老們，甚至函電交馳，諫阻東行，因此「乘輿」便滯津不去。不久池田調宜昌總領事，到任不久，竟以病逝世。池田的調任，可能因為他參與溥儀出宮後這一段經過，不便再在北京使館服務，溥儀如果東渡，池部隨同返國，自然沒有問題。東渡既已作罷，池部就得另作安排，調離京津，這是日本人事上應有的部署，昭然若揭。

「車駕」蒞津的次日，都中「諸臣」都來天津，又過了幾天，上海居住的「諸臣」也紛紛前來「請安」。此時的羅振玉復受了許多的攻擊，溥儀好像因為反對他的空氣過於濃厚，也覺得有些為難。決定留津不走之後，羅振玉便奉諭，幫辦留京善後事宜，兼辦天津臨時交派事件。後又與升允、袁大化（前清總督）、鐵良（前清陸軍部尚書）同拜顧問大臣，名位雖崇，似已由近而疏，羅振玉曾一再請辭，都沒有邀准，但據自傳說：「實已無所報稱」，羅這時大概有「百讀離騷偏不厭」的悲憤之感。

尤其民國十六年五月，與羅振玉在癸亥同時拜南書房行走之命，且為平生性命之交的王國維，傷時愛國，忠憤填膺，自沉於北京頤和園的昆明湖，給了羅振玉極大的刺激與傷感。

羅振玉自己說：「念與忠愨（王國維謚忠愨）交垂三十年，其學行卓然為海內大師，一旦完大節，在公為無憾，而予則草間忍死，仍不得解脫世網，至此萬念皆灰，乃部署未了各事，以俟命盡，………既醵金恤其孤嫠，復以一歲之力，訂其遺著之未刊及屬草未竟者，編為海寧王忠愨公遺書，由公同學集資印行」。

羅振玉既失良友，又傷身世，乞退既不可得，報稱又非其時，乃動了遷地為良之計，在國民革命北伐完成的那年冬天，他將他在天津法租界三十一號嘉樂里的住宅及市屋出售，以賣宅之資，卜地於遼東的旅順，建屋久居，並盡移所藏書籍古物，閉戶著書，為終老之計。

羅振玉在旅順，以著書自遣，除在津以前，編平生著書百種，二百四十一卷，三年間，又成書十四種，四十餘卷。又常為東北文化會，金州講學會，講論語義，講有清一代學術源流派別。

然而羅先生畢竟忘不了「天下澄清」之志，而且中國的讀書人，向來以「退則獨善其身，進則兼善天下」自期自許。羅振玉移家遼東，固仍然有深心在乎其間，不是尋常的避地避世可以比擬，他自傳的一段，寫出他的心事，更證明他以退為進的用心，與「九一八」事變，不為無關。

「予自辛亥，避地海東，意中日唇齒，彼邦人士，必有明輔車之相依，燎原之將及者。乃歷八年之久，竟無所遇。於是浩然有歸志，已未返國，寓天津者十年，目擊軍人私鬥，連年不已，邪說橫行，人紀掃地，不忍見聞，乃復避地遼東，又三年。衰年望治之心日切，私意關內麻亂，無從下手，惟東北未盡糜爛，莫如籲請我皇上先拯救滿蒙，然後再圖關內……又以東北與日本關係甚深，非得友邦諒解，不克有成，居遼以後，頗與關東軍司令官相往還，力陳欲謀東亞和平，非中日協力，從東三省下手不可，欲維持東三省，非請我皇上臨御不能洽民望。友邦當道，聞之頗動聽。……」

七 中日外交與東北關係

中日外交回憶

羅斯福固然慷他人之慨，日置益好似入無人之境。

談起九一八瀋陽事變，就不得不追溯中日外交關係，尤其有關東北外交關係。

一九〇四年——清光緒二十九年十二月日俄宣戰，中國宣告中立，但戰場則在中國的東北，而戰爭的目的物，又大部分是這宣告「中立者」的領土和主權，清廷顢頇，於此可見。

一九〇五年九月，日俄媾和條約告成，重要項目中，有關我東北主權的，和旅順大連租借的繼承，南滿洲鐵路的讓與。旅大租借俄國，並允許俄國建築中東鐵路，都是根據一八九七年九月的中俄北京協約，這件協約，因為一八九四年中日戰爭，中國戰敗，一八九五的中日和約，日本除要求割讓台灣、澎湖諸島，賠軍費二萬萬兩，還要佔遼東半島，因此引起所謂「三國」（俄、德、法）干涉，結果日本不得不同意交還遼東半島。俄國也就藉口這次出面干涉的小惠，索取酬報，因而有中俄北京協約。

五十年來，我東北的命運，總是在俄、日更番代替的，走馬燈式的侵略中，二次大戰終了，日本戰敗了，我國還算是四強之一，但東北一樣的又淪於赤俄之手，我們幾時才會真正的「光復故物」，只有天曉得。雖說這次俄國取得東北的權益，和羅斯福的雅爾達會談，有重大的關係，羅斯福慷他人之慨，以鄰國為壑，輕輕的將我國土送了人情。

中國人的我們，也真不幸，滿清昏瞶胡塗的政府退陣了，繼之而起的，一個雄才大略的袁世凱，且是辦日本外交起家的「日本通」，也一樣的斷送國家民族，為了個人的權位。日本在第一次世界大戰——一九一四——參加協約國，向德宣戰，但他的目的，不在歐洲德國本土，而在德國向我租借的膠澳，或稱山東半島——這也是三國干涉那一幕，德國索取的酬報。

日本佔領了膠澳，正是袁世凱醉心帝制，致力對內的時候。日本看透這點，所以在第二年——一九一五——便乾脆的由日置益公使向北京政府，提出有名的「二十一條」。其中的「第二號」，有關東北的：（一）兩訂約國互相約定，將旅順、大連租借期限，及南滿洲、安奉兩鐵路期限，均展至九十九年。（二）日本臣民，在南滿洲、東部內蒙古，為蓋造商工業應用之房廠，或為耕作，可得其需要土地之租借權。（三）日本臣民，得在南滿洲，東部內蒙古，任便居住往來，並經營商工業。（四）中國政府，允將南滿洲、東部內蒙古，各礦開採權，許與日本臣民。擬開各礦，另行商訂。（五）中國政府應允關於下開各項，先經日本國政府同意，然後辦理：一，在南滿洲及東部內蒙古，允准他國人建造鐵路，或為建造鐵路，向他國借用款項之時。二，將南滿洲及東部內蒙古各項稅課作抵，由他國借款之時。（六）中國政府允諾，如在南滿洲及東部內蒙古，聘用政治、財政、軍事各顧問教習，必須先向日本政府商議。（七）中國政府允將吉長鐵路管理經營事宜，委任日本國政府，其年限自本約簽訂之日起，以九十九年為期。

據當時外交界說，日置益公使，面遞二十一條時，和袁世凱說道：「中國『民黨』，與日政府以外有力日人，有密切關係，除非中國政府，給友誼的證明，日政府直不能阻止此輩擾亂中國。……日人多反對袁總統，彼等相信總統，是有力的排日者，政府也採用遠交近攻的政策，總統如接受此次要求，日本人民，將感覺友好，政府對總統遇事相助。」袁世凱，始終默默然，未置一詞。

張作霖不實行「二十一條」新約

滿蒙「特殊地位」，以子之矛，攻子之盾。皇姑屯炸車案，圖窮匕現，陰謀卑劣。

二十一條交涉，最後的中日新約，關於南滿、東蒙古農工業各點，因為張作霖在事實上，未曾予以同意，始終很少付諸實行。日本人雖然在北京，「敲詐」得手，（借用蘇聯前外長，現降任副外長，駐聯合國代表，維辛斯基先生的話，）但在現在，對於這一位握有實力的當局，也只有多方交涉，多方設法。張作霖炸斃皇姑屯，就是因此。甚至九一八事變的導火線，也就是二十一條最後通牒的「死灰復燃」。

不過張作霖假使不死，日本人決不敢輕於動手，如果張學良有他老子幾分之幾的機警、沉穩，和實幹苦幹的精神，亦不至造成這彌天的大禍。

有人評論，張作霖在東北的繼承人，只要是中人之材，便可以穩坐「關外王」的交椅，不會墜失，惜他的兒子太「聰明」了。

張作霖誠然是出身草莽，未事學問，但他有他的特長，有他的優點。他愛國家，愛民族的真誠，是百分之百的，他不懂得宣傳，但他有事實來證明他的一切。他從大眾中來，他懂得人的心理，他懂的怎樣應付環境去處理問題，但他不耍弄手段。他明白機械變詐，即或得到一時的便宜，終久的玩火自焚。他對待外國人，只要合理，說得到，做得到，用外交術語來講，他能保持信義，遵守諾言，但他不受威脅，不上圈套，不被奴役。他同日本人打交道。曾經過長時間的「苦鬥」，日本人對他沒有太好的辦法。他對東京政府，卻另有一番佈置，日本要人，過訪東北，他沒有不竭誠招待，盡量的吐露他的政策。他對日本政黨，很技巧的周旋其間，無論政友會也好，民政黨也好，只要有所要求，他卻不辭「舉手投足」之勞，聊盡友誼的幫助。九一八以後，關東軍在「帥府」的保險箱裡，找出的大把的收條，都是當年政黨要人，接受張作霖援助的證據，曾經引起很大的波瀾，後來認為「家醜不可外揚」，只好不了了之。舉此一點，張作霖在日，對日方應付的高超技術，豈是尋常所想像。他所以能夠在東北「龍蟠虎踞」近二十年，自有他的「道理」。

據說在他剛做奉天督軍的時候，日本軍和領事館，有一次在瀋陽「附屬地」，（南滿鐵路附屬地，等於租界）某料理館，大宴賓客，老將隨帶副官馬弁，前往赴宴，他預先吩咐他的衛隊長鮑德山，（後升旅長，駐防北京，因第一次直奉戰敗軍法審判處死）在料理館門外，特別警戒，他在席上，照樣的應酬，但看出日本人，鬼鬼祟祟，像另有企圖，酒酣耳熱中，他起座「如廁」，便悄悄的出了料理館的門，和鮑德山換了軍帽，換了坐騎，馬上加鞭的回到城裡，並著人通知主人。他因有要事，不能久陪了。日本人的習慣在料理館宴會，中途退席，並不算稀奇事，當然也無話可說。

從此日本人對張作霖的機警，有了認識，不再打他的「歪主意」。

當今的日本首相吉田茂，在民國十五六年，任奉天總領事，和張作霖交涉，大概也就有關「中日新約」條件履行的問題。張作霖以「滿蒙特殊地位」，主張由現地另行協議，不受北京新約的束縛，子矛子盾，日本人啞巴吃黃蓮，只有自己知道。吉田茂是有名的「任性」，他忍耐不住，向張老將盛氣凌人的說道：「你要是真不接受的話，日方當另有辦法」，彷彿這幾年對待議會，唯我獨尊的那一付臉嘴。張老將也不肯示弱而反唇相譏的答道：「怎麼說！你們有什麼好辦法，儘管拿出來，難道又要出兵嗎？張作霖等著你的好了！」說完話，他就站起來送客，吉田只好退出。張老將過了兩天，就起程入關，不理睬他。當時日本首相兼外相田中義一大將，得著這個消息，知道吉田搞僵，沒有法子再在奉天混下去，便將他調回國內，另派林久治郎繼任奉天總領事，同時派政友會幹事長，和鳩山一郎齊名的森恪前往大連，轉赴北京，召集會議，面授機宜，由駐華公使芳澤謙吉出面，擔當對張作霖的交涉，此時張老將已就任「大元帥」了。

民國十七年五月，張作霖皇姑屯炸斃一案，充分暴露日本人「圖窮匕現」的陰謀，狠毒，和卑劣無恥。張作霖雖死，從國家民族來說，「死重於泰山」，死亦值得。所可遺憾的，在他屍骨未寒，東北的大好河山，竟於一夜中，淪入日本人之手，張老將九泉有知，或且不能瞑目。

八　日本人與張作霖

日本人對張作霖欲擒故縱

日本人對他，都帶有一種特殊的，不可捉摸的印象，但不敢小覷他了。

「滿州國」的成立，是九一八事變的結果，談到九一八事變，便不得不追溯張作霖、張學良父子兩代，統治東北，應付日本外交的種種得失。張作霖由奉天督軍，而兼省長，而兼併吉、黑兩省，前後差不多等於「滿洲國」的壽命——十四年不到。縱論張作霖雄踞「滿洲」的一段歷史，當然不能不將關內的政治演變，有一概括的說明。尤其因為張作霖有過擁段、倒段、聯曹、反曹的曲折轉變，在和段芝泉重修舊好的同時，又有過三角聯盟，與南方的孫中山，有政治的共盟，精神的契合，這一點淵源，且種下十七年北伐，軍次灤榆，張學良換旗，中華民國一度統一的因素。張學良的「易幟」，在國家意識，政治表現都不失為一時的英斷，然而因此結怨日本政府，觸怒日本軍人，這便是九一八事變最大的原因所在。我們如果不有一簡單的、統系的敘述，對這一本流水帳，不容易找到線索。

擺在我們面前的問題：是（一）日本人對張作霖，究竟想要他怎樣做？（二）日本反對張作霖向關內發展，還是贊成他那樣做？（三）日本為什麼非置張作霖於死地不可？這些問題在下面都有一個答案。

日本囊括東北的野心，在合併韓國以後，已成為不可動搖的「國是」。不僅軍人為然，政黨政治家、外交人員、甚至學者、名流，無不以談「滿蒙」為唯一的「時務」，表現他們的滿腹經綸；就是大家都知道的，有名「反軍」的宇垣一成大將，現日本首相吉田茂，他們當年廁身政海，初露頭角，也都是靠的「滿洲問題」，發揮妙腕，爭取功名，儘管吉田茂因為和張老將，在瀋陽總領事任內鬧翻，丟掉「紗帽」，然而吉田「硬骨漢」，「吉田強硬外交」的種種美譽，以至他今日五度執政的政治資本，何一非「經營滿洲論」得來？

日本人對張作霖，在第一階段因為對他的認識不清，總以為「馬賊」出身的「張鬍子」，易於利誘，可以威脅。共事稍久才知道這位「天才的統治者」，真有他的一套，有他愛國的良知，有他御眾的權術，有他對外的機智，能守能為，善擒善縱，日本人不敢小覷他了。於是集中力量，對他爭取，所有當時政治、軍事、文化一流人物，以至元老重臣，都輪流的到「滿洲」視察，訪問張作霖，作長時間的，無隔閡的交換意見。張作霖也藉此發揮他的天賦，結果日本人對他，都帶有一種特殊的、不可捉摸的印象，打道回國。反之，張作霖倒藉此贏得不少政黨人的契合無間——這便是以後暴露出來的「政黨基金」的黑幕。

日本人明白了，張作霖是不易與的，絕不可能的，任由日本人擺佈。日本人便轉變了政策，由「高壓」、「收買」，一變而為投其所好的「趨奉」。他們知道張作霖有旺盛的政治慾，尤其在吉、黑兩省，歸附奉天之後，他已動了問鼎中原的意念，他們便慫恿他，替他策劃，替他協助。奉軍的日顧問，人數最多，關內外奔走往來，舉凡軍事、政治情報的蒐集，以及機密電訊的收發，無不經由顧問，利用日本軍事機關，為張老將竭誠服務。奉軍自民國七年進駐河北以後，經過民九的直皖之戰、民十一的奉直第一次戰事，民十三的第二次戰事，民十四以後國（馮玉祥的國民軍）奉戰事，奉軍的一切部署，日本人幾乎可以說是「無役不與」。

值得大書特書的，是民十四郭松齡倒戈一役。當時奉軍所有的勁銳，都歸張學良統轄——張學良任第三軍長，郭松齡第四軍長，三四兩軍，聯合辦公，張學良向來不躬親其事，事無大小，均任郭松齡全權處理，郭松齡趁學良返回奉天，就用了學良的名義，下令「班師」回奉，以「親君側」做他唯一的號召。關外絕對想不到有這一手，自然一無防備，郭軍由天津出關，一口氣便到了離瀋陽不到二十公里的白旗堡，那時張老將真有無兵可調，無將可遣的苦境，除痛罵兒子學良之外，便叫家人準備逃難，老百姓自然也跟著驚慌，一時搜括現金，調換日圓，交易市場，萬頭攢動，以致奉票價值，江海倒瀉一般的低落。這是郭軍倒戈，給人民最大的賜予，東北的金融，一直到「滿洲國」成立以後，才逐漸趨於穩定。

這在日本人正是「天假良緣」的一髮千金之會。日軍奉天特務機關長菊池武夫少將，——後升中將襲封男爵——受軍部的命令，深夜訪問張邸，對張作霖懇切慰藉，表示同情，並願在可能範圍內，助以一臂之力，安定危局，且不提任何條件以示所謂武士道的精神。這在大廈將傾，燃眉在即的俄頃中，居然來了一個拔刀相助的「義士」，自然叫張老將感激涕零，不知所措。張作霖簡單表示道：「我張作霖是從不負人的，一切容圖後報」。第二日遼河東岸的大砲響了，日砲兵真出動了，吳俊陞的馬占山團開上去了，郭松齡夫妻翌日便雙雙的被擒就地正法。

榆關進出與郭松齡反戈

日本對整個中國，利其多事，混水摸魚。對滿洲絕不容許惡勢力，影響到安定局勢。

日本人對張作霖向關內發展，實在說來，無所謂贊成或反對。他們對張作霖的贊助，為的取悅於張，得到張的歡心，交涉可以有許多便利。另一方面，日本對整個中國，總利其多事，才好混水摸魚。日本現役軍人充任中國軍事顧問，東北而外，北京、南京、甚至其他較著名的，有力軍人，均聘有日籍顧問，他們也一樣的各為其主，奔走聯絡，替找情報，替布置軍事，比較著名的，如吳佩孚的顧問岡野中佐，孫傳芳的顧問岡村寧次（後升大將），馮玉祥的顧問松室孝良（後升少將），蔣介石北伐時期的顧問佐佐木到一（後升中將）。再有一點，奉天每次有進關的軍事行動，就需要大宗的軍需用品，日本人便可大做其「貿易」，日本人同英國人一樣，是靠貿易立國的，商人標榜著「貿易報國」的大抱負，政府也就以大力支援，遂行他們的「貿易國策」。

當然，日本政府，與張作霖每次進關，總抱有二重心理。希望他勝利的進展，對東北地方交涉，可以放鬆尺度；希望他進取中原，對中國整個局面，日本以近水樓台，事事得有優先的機會。同時他們也怕他失利，怕他一敗塗地，致使惡勢力乘勝東來，影響到關外的安定。他們固然多少有些幸災樂禍的，以為張作霖受到挫折，他便不得不向日本乞援，只要他向日本低頭，日本便可以要求實行條件；也有一些縱橫家的策士，奔走其他東北要人之門，坐待張老將的失敗，準備換一個局面。不過日本國內，自第一次世界大戰終了，財界新興勢力，和政黨合流，蔚為日本政界的重鎮，軍人正在不「景氣」，一時在日本關係最深的「滿洲」，製造「不穩」的事件，勢不可能。

郭松齡反戈之役，率領著幾萬精銳，浩浩蕩蕩的向東北的「首善之區」——瀋陽進逼，使關外多年的安定局面，遭受戰禍，這不是日本人所容忍的。郭松齡固然也派了幾個「日本通」，向日本人要求諒解，但是日本對郭沒有信心，自然不易談得合攏，日本政府和軍部的最後決定，仍舊採取「支持張作霖、安定東北」，一動不如一靜的方針。

說到郭松齡反戈的經過，極其簡單。

他由天津通電反戈，要求張作霖下野，到他夫婦在白旗堡被捕槍決，為時只有一個月——民國十四年十一月二十三日。至同年十二月二十四日。

奉軍從民國十一年的第一次直奉戰爭，被吳佩孚擊敗，退出關外，生聚教訓，埋頭苦幹了兩年，楊宇霆替張老將，延攬以姜登選為首的一班較優秀的、日本士官出身的軍人，整編訓練，十三年在孫（中山）段（祺瑞），奉（張作霖）三角聯盟的大纛之下，出兵報仇，果然得到馮玉祥的內應，一舉而破榆關，直下平津，翌年且長趨南進，飲馬長江，這是奉軍的「黃金時代」。也只有這短短的一年光景。

奉系軍官，因此而有派系，新派以楊宇霆為首，舊派以張作相、吳俊陞為首。新派中又有士官和陸大兩系，楊宇霆領士官系，郭松齡、李景林領陸大系。兩派互不相能，暗鬥已久。十三年戰勝後，新派要人，如李景林任直隸督辦，楊宇霆任江蘇督辦，姜登選任安徽督辦，山東督辦張宗昌，獨樹一幟，不參加這新舊派系。郭松齡最得張學良的信任，學良中部奉軍精銳，均在郭的掌握，郭因各省地盤，多為楊宇霆一系攫取，自己竟名落孫山，自然極端憤慨，平時和張學良談起，學良也很不平。郭與姜登選在榆關戰役，曾鬧過一次意見，姜時任方面總指揮，經學良出面調停，郭松齡總算屈服，郭對姜情感之壞，即因此而起。十四年蘇浙戰事發生，楊、姜均為孫傳芳聯軍進逼，放棄蘇皖，張作霖令李景林、張宗昌對付孫軍、郭松齡、張作相、汲金純、闞朝璽所部，監視馮玉祥等國民軍，免為所乘。郭松齡這時和馮玉祥已有默契，主張和平，密與李景林，會議連日，決不發難，且秘密前往包頭，訪馮玉祥商量合作，歸抵天津，則發通電，宣佈反戈，歷數楊宇霆的罪狀，請予明正典刑，以謝天下，並要求張作霖即日下野，將東北軍、民兩政，交張學良維持，又在灤洲車站，將姜登選捕獲，立即槍決。當時郭松齡軍容之盛，聲勢之大，不可一世，瀋陽垂手可得，吉、黑傳檄可定，張作霖沒有日本人的幫忙，又怎能「遏狂瀾於既倒」呢？

張作霖親訪旅大答謝

舉槍欲殺不肖兒，做工多好？酬贈一揮五百萬，乾脆難能。

郭松齡倒戈這一幕，雖然了結得迅速，但張老將所受的刺激，至大也至深刻。在最危急時候，張老將在帥府，跑出跑進，心緒如麻，一會兒穿上軍裝，預備親自上火線，決一死戰，一會又換了便服，打算攜帶妻兒老小，向滿鐵附屬地逃難，真有俗話「十五隻吊桶打水，七上八下」的情景。那時候每天到帥府代他策劃，仍是江蘇鎩羽歸來的總參議楊宇霆，外面替他支撐戰局的也就只有老弟兄吳俊陞、張作相少數幾人。張學良同他的父親，一直到郭松齡兵敗授首之後，才敢見面，還是吳俊陞、張作相兩人，帶他到老將面前叩頭謝罪。張老將也真有「好做工」，見到小張，馬上便連哭帶罵，拿出防身手槍，就要打死兒子，他哭著說道：「你這個小子，結交匪類，闖下這潑天的大禍，要了老子的命不說，聯帶的害苦了咱們東省的老百姓，不虧你老子還有幾個換命的弟兄，拔刀相助，咱們怎有今日！我不打死你這小子，對不起老弟兄，對不起老百姓！」吳俊陞、張作相那有看著他打死他的「好兒子」的道理，連忙一同跪下，替「小六子」（學良小名）求情，「大帥若不饒了學良，我們不敢起來」。張老將這才放下手槍，說道：「看二位大爺的面子，暫饒你的小命，從今以後，不許你再胡鬧。」

所以張學良從十四年起，一直到他父親炸死，都在韜光養晦，不遇的時期。他父親在大元帥任內，他雖然還擔著三四方面軍軍團長的名義，但軍團事務，都交由韓麟春代拆代行，他自己成天的，一榻橫陳，縱情煙色。馬君武的詩：「趙四風流朱五狂，翩翩蝴蝶正當行」，這些風流佳話，事實上都是這一階段的「孽極」，等到九一八的前夕，他已經酒色過度，病體支離，想風流也有力不從心，徒呼負負的景況了。

張作霖在料理善後中，對內最感苦痛的，是東北元氣斲喪，金融紊亂，奉票貶值，對外最覺不安的，便是怎樣的應付日本，怎樣乾脆的，對日本人給一筆相當的報酬，免得等他開口牽涉到東北的大問題，枝節轉多。

好個張老將，想得到，馬上做得到。他找著他多年的日本顧問，現在還生存著，正在支援吉田茂，所謂湯河源集團中心人物的，陸軍大佐町野武馬，讓他代表赴旅順、大連，表示謝意，並替他布置，親往旅大，向關東州軍政首長及滿鐵總裁，作禮貌的訪問。日本在滿文武大員，得著張老將親來訪問的消息，異常興奮，連忙表示歡迎，並推由滿鐵專負接待之責，大連市、旅順市、星個浦三處的大和旅館，都準備全層的房間，作為張大帥行館，大和旅館特意的搜購了一批硬木傢具，包括一張乾隆雕刻紫檀的炕榻，備為張帥吐霧吞雲，煙霞自遣時的休息之用。這些傢具，在這次大鼻子到旅大之前，還保存無恙，現在不知道怎樣了。

張老將抵達旅大，自有一番酬酢，禮貌的週旋之外，張老將便將他存在日本正金、韓鮮兩銀行的日金五百萬元，全數交前關東州都督府，關東軍司令部，作為他的「寄付金」（捐款），任由日本方面支配。他對當時日本文武官員協助有力的，也都各有餽贈。他表示：「日本人仗義扶危，武士道的精神，固然施不望報，但張作霖（自稱）受人一飯之恩，終生便不能忘，這一點意思表示，聊以酬答日本公私協助的好意，張作霖既然拿了出手，自然就收不回去了。」

日本人對他這番舉動，固然有些意外之感，但他真摯的情感，和亢爽的氣慨，使日本人傾心的敬服，簡直沒有其他考慮的餘地。張事畢就告辭，仍乘滿鐵特備的專車返奉。

他返抵奉天，如釋重負的，輕鬆歡悅，差不多是平生少見的情景。他和左右親信有過這樣的說話：「日本人這次幫我，當然是有所為的。我們對他的好意，也應該有個報答，我張作霖受日本人的好處，只有拿我自己的財物，酬謝人家。我將日本銀行的存款，全面贈送，表示我的全心全力。日本人如果另有要求，只要是張作霖個人所有，我決不吝惜，但國家的權利，中國人共有的財產，我不敢隨便慷他人之慨，我是東北的當家人，我得替中國人民，守牢財產，不負他們的委託。」

九　張作霖三度入關

張老將動雪恨念，進兵關內。奉直魯聯軍出動，雄踞平津。

張吳合作討馮

張老將在事過境遷之後，又有點不甘寂寞了。李景林在天津戰敗，河北省入國民軍之手，他便隻身跑到山東，收拾直魯邊境的殘部，並通過張宗昌，向張老將請罪，並表示心跡，——還是年前郭松齡倒戈舊事。吳佩孚復起，在武漢設立十四省討賊聯軍總部，以討伐「亂臣賊子」的馮玉祥為號召，尤其打動張老將的心旌，表示共鳴，經向與直系有舊的張景惠及張宗昌等的居間，締結張吳合作之盟。

張老將究竟是舊時代的人物。他經不起人家的恭維，受不住人家的「溜鬚捧聖」，他的個人英雄主義，和報仇雪恨的意識，使他決心再度進關，領導北方的局面。

民十五，四月，張吳兩軍，進攻北京，段祺瑞被逐，入東交民巷，國民軍退守南口，張作霖、吳佩孚自民九以來，第一次的會見。民九直皖戰後，吳佩孚隨主帥曹錕，見過張老將，但吳當時不過一師長地位。兩次相見兵戎之後，彼此憂患飽經，重修舊好，天下英雄，使君與我，張、吳此次之會，是北洋巨頭的分而復合，也便是北洋巨頭，最後的，僅有的一個場面。此後張、吳會攻南口，久久不下，國民革命軍自廣東誓師北伐，底定湖南，吳佩孚倉卒南下應戰，不利，棄武漢，退守鄭州，第二年內部瓦解，遁走四川，同時孫傳芳聯軍，也相繼戰敗，江西，浙江先後失守，孫傳芳隻身北上抵津，由舊長官王占元，攜同謁張作霖，謝罪乞援，張老將一口允許，替他撐腰。至此張作霖成為北方軍人，最後的，唯一的「領袖」。然而他陷入泥淖了。

張作霖這次進關，王岷源（永江）當然極端不贊成，張老將對王，向來很有禮貌，在決定動員之前，他找著王岷源，說明關內各方的情勢，各巨頭的請求，以及他不得不勉此一行的苦衷。他說：「我在東省這麼多年，從來沒有栽過跟頭，郭鬼子這小子，喪盡良心，害的我們太苦了，但是，沒有馮玉祥的誘惑，他也不至於造反，馮玉祥是倒戈的「祖師」，十三年倒曹，就騙了我們老頭票（日金）百兒八十萬，我這次進關討馮，就是幫助大家，解決『國是』，同時也就出我的一口氣，打完馮玉祥，我馬上回來，關起門來，管咱們自己的事，岷源，你再偏勞一次，替我看家」。王岷源知道他已下了決心，不是可以言辭說得動了，也就不再阻勸。

張老將入關之後，始而集合直魯軍，和奉天出動的部隊，會同吳佩孚、閻錫山所部，解決平津及平漢路戰局，一直打到馮玉祥部，退守平地泉，奉軍佔張家口，晉軍佔包頭為止。繼而又接受孫傳芳的要求，出動部隊，南下援孫，直、魯軍再進淞滬，三四方面軍進駐鄭州，替代吳佩孚部，抵禦國民革命軍。

有幾個人懂得急流勇退？

奮臂直前，張老將焚身弄火。諫阻不聽，王永江返里讀書。

張作霖且進一步的，受孫傳芳、張宗昌、閻錫山、高震、陳調元、張作相、盧香亭、韓麟春、陳儀、周蔭人、湯玉麟、劉鎮華、褚玉璞等各省軍民首長的擁戴，在民十五，十二月，就任安國軍總司令，總部設在北京。

第二年（十六年），北伐軍節節勝利，奄有黃河以南的全部大陸，定都南京。馮玉祥由五原誓師，很順利的，重到中州，會師鄭、汴。閻錫山也在太原就任國民革命軍北方總司令。奉軍退守河北。張宗昌仍在濟南。孫傳芳僅保江北。六月十六日，安國軍將領會議，擁張作霖為海陸軍大元帥，攝政內閣的國務總理顧維鈞，聲明內閣總辭職，十八日張就職，發表軍政組織令，軍政府置國務員，執行政務，特任潘復為國務總理，王蔭泰外交，何豐林軍事，沈瑞麟內務，閻澤溥財政，姚震司法，劉哲教育，張景惠實業，劉尚清農工，潘復自兼交通。

這一幕，實在有些多餘了。王永江在這前後，曾經一再的進言，勸張老將懸崖勒馬，趁好收帆，都沒有發生效力，王岷源摒擋省署，財廳的事務，派妥負責人員，自己便電張，稱病請辭，悄然返里，閉門讀書，不再與聞政治。王岷源如果熱中功名，北京大元帥府成立，國務總理兼財政總長他可以穩取到手，不會輪到潘復與吉、黑權運局長閻澤溥兩人的頭上，張作霖如果對馮玉祥的軍事行動，告一段落，馬上便出關，他便不會自找許多麻煩，增加許多煩惱，不致引起日本軍人蹈虛乘隙，自身亦何至皇姑屯遇炸，橫遭碎骨粉身的慘劫？人生遭遇，尤其在功名之場，有幾個人懂得急流勇退？

這時候北方的局勢，日本一再在山東增兵，青島登陸，英國自五卅慘案之後，天津、唐山、秦皇島駐軍增至一師一旅，美國同時也宣佈將增兵華北，這種局面，真有山雨欲來風滿樓之感。

至於東北方面，旅順、大連，是租借地，等於外國，滿鐵附屬地，由大連直達長春，貫穿了南滿的心臟，日本人且享有雜居的權利，附屬地以外的中國市街，日僑亦不在少數，中國方面的一舉一動，日本人都有情報，反之他的一切，中國倒無從滲透，所以「滿洲」方面的日本人，究竟搞些什麼把戲，中國一無所知，實在令人遺憾！

皇姑屯炸車案，便在如此的情況下爆發，即九一八事變，亦何獨不然！

十　張作霖死後的東北

民十七、六四皇姑屯事件，早應該替代九一八的柳條溝，「滿州國」的組織，那末也就提早三年與世人相見。

「滿洲國」出現遲了三年

皇姑屯炸車，事實上就是瀋陽事變、中日事變的有計劃的行動，是日本人佔領整個東北，決意的行動。因為或種的理由，臨時有了變化，總算時間表往後移動，否則歷史上，有名的九一八，可能提前三年，六四的是皇姑屯事件，便替代了九一八的「柳條溝」，「滿洲國」的組織，也就提早三年，與世人相見，「滿洲國」的「主人」或者不是滿清末代的皇帝溥儀，而是「關外王」張作霖的嗣子——學良或者他昆仲中的一人。

日本人要獨佔「滿洲」，要控制東北政權，這是「經營滿洲」的原則論。國民革命軍，出動北伐，師行所至，勢如破竹，這在日本人看來，殊不無意外之感。那時田中義一大將，正任日本首相，他的老搭擋助手，宇垣一成任陸相，田中對華政策，是一向有名的積極，宇垣當時，還只能輔助田中，實行「女房役」的任務，自己尚說不到單獨有所表現。加以少壯派軍人，逐漸抬頭，欲為多年的「蟄伏」，「不景氣」，向政黨財閥，及時報復，吐氣揚眉。

當時田中內閣的計劃，第一步是出兵山東，援助張宗昌的部隊，抵禦北伐軍，第二步便向北京的張大元帥，直接交涉，勸他充實力量，堅守直、魯，再圖反攻，日本當儘量予以「軍援」，挽回頹勢。另一方面，在旅順的關東軍司令部，奉令移至瀋陽，並集中一師團、二旅團、一守備大隊，分在瀋陽、錦州、山海關一帶佈防。如果張作霖不聽勸告，或敗退出關，便錦州以西，將奉軍截擊繳械，迫張下野，擁張學良，或其兄弟，建立一個新的、獨立和平的「王道國」。

但北方軍事，始終處於逆境，不易振拔，濟南爭奪戰之前，日本出兵山東的軍事當局，和張宗昌密商，願以日軍兩師，易直、魯軍軍服，參加戰鬥，日軍再助以砲兵，向北伐部隊，大舉反攻，事為張老將所知，急電招張宗昌赴京，面詢究竟，張老將和張效坤（宗昌）說道：「勝敗事小，引狼入室，關係太大，我們可以不幹，但絕對不能借重日軍，留萬世罵名。」張宗昌乃下令退出濟南，改守德州。革命軍下濟南，與日軍衝突因有五三的濟南慘案。

在張作霖決走出關，發表宣言，辭去大元帥，軍事交各軍團長負責，政治聽國民裁決的時候，日本駐北京公使，接替駐奉總領事吉田茂，和張作霖交涉經年，未得結論的芳澤謙吉，在五月十九日，致函張老將警告：「內戰如延及東三省，日本勢將採取認為必要的有效處置。」芳澤公使，在張出發回奉的前夕，且親自往訪，口頭警告他，不可回東北。據說這一次會見，時間很長，站在客廳外的侍從人等，常聽到張老將大聲的說話，「我張作霖決不賣國……我張作霖向不怕死」。會談的緊張形勢，可以想見。

張學良實行易幟

林權助倚老賣老，世伯自居。張少帥少年盛氣，觸怒日本。

原來奉軍自民十七六月，退出關外，就訂立東三省臨時保安公約，確保東北過渡期內的安寧，七月一日，張學良通電，對國民黨領導中國統一，表示擁護，決定七月二十日，舉行換旗，因駐奉日總領事林久治郎出面勸告，臨時中止，張學良復在七月二十八日，通電願立即服從中央，迅行易幟，八月四日，日本政府復派前駐華公使、駐英大使、外交界元老林權助，（後任宮內式部長官，為側近的重臣）以特使名義，參與張作霖葬儀，向張學良鄭重警告，易幟因又緩期，直至十二月二十九日，東北三省及熱河特區，始同時換旗，全國統一。

張學良的換旗，在國家民族立場，自然是正確的行動，然而東北的現實情況，不應該沒有現實的考慮，強隣的警告，不應該沒有「早為之所」的必要準備。應如何向日本說明立場，應如何使日本緩和情緒，應如何團結內部，爭取對外的一致，應如何與中央緊密聯繫，喚起世界的注意，爭取國際的同情，使日本在情感上，不致於老羞成怒，在形勢上，更難以挺而走險，這是弱國外交應有的「戰略」，不是僅憑意氣所能了事，然而張學良竟不懂得此中的奧妙！

尤其以一個「政權」的首長，接待外使，應有的禮貌，詞令，更不能不恪守分際，「敬人人敬」，尊重對方，也就是自尊自重。張學良接見林權助特使的時候，林權助曾向張代達皇室與政府弔唁的意思，談到政局，林便乘機進言，勸張注意東北的建設，和日本結成共榮的關係，不必分心騖外，牽入關內政治漩渦，轉造成紛亂的局面。不管張學良的本意如何，主張如何，在這一種外交微妙形勢之下。當然只有運用所謂「外交詞令」，應酬這個場面。林權助那時年逾七旬，又向與張老將有過往還，正式談話之外，自不免有些以老賣老的情景，他拍著學良的肩膊，帶笑的說道：「我與大元帥見面的時候，你還不過十歲，現在你做了東北的統帥了，我盼望你聽我的話，多多自重。」學良聽來，極不高興，回答他道：「我是同你們天皇同歲的，你應該知道。」在學良以為是他的「聰明」，但是林權助和他的隨員，聽得這話，變了臉色，彼此不歡而散。

國際禮貌，不應輕易涉及一國的元首——尤其君王，這是外交的常識。東北的主帥，究竟不是元首的「敵體」，說話更應有些分寸。學良和林權助的這一席話，觸怒了日本人，更觸怒了日本的軍部。

十一　九一八事變經緯

九一八事變防止得住嗎？

中村萬寶山兩案起禍根源。內田本庄繁二人出挽危局。

談到中日關係，尤其九一八以後的種種「不祥」事件，中日雙方，都應該下一番深刻的，自我檢討的工夫。日本軍人的橫暴、野心、自大狂，以及文人政客的「助桀為虐」，固然是這些「不祥」事件的最大因素，但是顢頇、因循、缺乏責任感，以及一時所謂「清議」的趨時、衝動、非理智叫囂，在這一場禍亂中，也應該負有相當的責任。左舜生訪日歸來，說到他的感想，彷彿有責己之念，過於責人的，這一句話，那是不錯的。有這樣觀念，才可以尚論以往的得失，也唯有這種觀念，才可以知所炯戒，昭示來茲。國際形勢，不論怎樣的變，變得怎樣的離奇複雜，但面對現實，應付變局，絕不是只憑主觀，情感用事。短視、輕心、粗率、鹵莽，是最大的禁物。至於某一些人，藉外交以圖對內，某一些黨，藉抗戰以謀擴張，提起來更令人痛心疾首了。

然則，九一八事變，可以防止於未然嗎？

就當時的情形來作論斷，日本的擴張主義——不一定僅是軍人——遲早總有發動的一日，但九一八事變，不是不可以防止的，至少不一定在民國二十年九月十八日。皇姑屯事件，可以不擴大，推延了三年，九一八自然也就不是不可以推延。田中內閣，因皇姑屯事件倒台，田中且引咎自裁，這給三宅坂（軍部）一個重大的打擊，日本國民對軍人的印象，因此不佳，軍人一方面希望得個機會，挽回頹勢，一方面也認清環境，提高警覺。

九一八事變以前，日本與東北間的外交懸案，幾達四百件之多，這使日本外交人員，感到最大的困難，這也給日本軍人，多一重藉口，當年的夏天，又連續的發生中村大尉失踪，萬寶山慘案，增重「日」「奉」關係的緊張。

但日本政府自年前民政黨濱口組閣，幣原任外相，對於中國，特別東北問題，主張經外交途徑，合理交涉。政黨政治，向來以抑制軍部為原則，田中義一雖號稱政友會內閣，但田中本人，既係軍人出身，又向以積極政策標榜，自不免與軍部，沆瀣一氣，濱口以民政黨總裁，受大命組閣，有鑒於田中的失足，自不願自生枝節再蹈田中的覆轍。

所以濱口登台以後，對「滿」政策已定，不幸被刺殞命，若槻禮次郎重為馮婦，一切因襲濱口的政策，首先易動在滿重要人事，老外交家，日俄戰爭時期，任駐北京公使的內田康哉出為滿鐵總裁，久任張作霖顧問，駐北京武官的，本庄繁中將任關東軍司令官。內田是一個富有經驗的、本格的、外交官，熟悉中國情形，且與張作霖有舊交，本庄繁從佐官時代，就當張作霖的軍事顧問，和張學良也不錯。若槻內閣的用意，藉人事關係，溝通學良的意見，對中村、萬寶山兩岸，開始正常外交的交涉，對數百件的懸案，能夠經外交方式，解決若干件，政府對國民有個交代，軍人自然無隙可乘。當時陸相南次郎，參謀總長金谷範三，也都表示支持濱口──幣原的外交。

本庄和內田，七八月間前後抵任，當然和東北當局，有照例的公文往還。內田康哉，特電滿鐵駐北京的石本理事，謁學良，轉達他的意見，希望早日和學良會面，如果學良一時不能回奉，內田當親往北平，就商一切。不料石本接二連三的登門請謁，都沒有見到，最後輾轉得到答覆：「預定雙十國慶前後，出關回話，屆時當再奉約」。內田接到這個回話，十分失望，但因事機緊迫，乃又以到任訪問的名義，歷訪奉天（遼寧）、吉林、哈爾濱，分別與張景惠、臧式毅，作一度重要性的懇談。

內田康哉歷訪瀋、哈

臧式毅急於星火的報告，反應是輕鬆平淡的幾句指示。

滿鐵總裁內田康哉先到瀋陽，會見遼寧省長臧式毅。臧式毅日本士官出身，雖屬軍人，但老成穩練，在奉系中，不失為上駟之材，他和楊宇霆同學，關係極深，且而曾一同幫助過徐樹錚，張徐交惡，也受了相當嫌疑。楊宇霆督蘇，臧式毅任江蘇軍署的參謀長，短短的一個月，席未暇暖，風雲變色，軍務幫辦陳調元，密結孫傳芳，楊宇霆倉皇北走，臧未及退出被俘，監禁甚久，始釋歸。張老將虎踞北京，臧在奉留守，皇姑屯事發，應變有方，未使事態惡轉，為人稱譽。臧人緣亦不惡，張小將（學良）雖殺楊凌閣，於臧並無涉牽，九一八事變時，臧正任遼省政府代理主席，張學良以東北邊防司令長官，兼遼寧省主席，王永江當年，也始終以財廳代省政，張氏父子，對奉省軍政一體，向不肯輕以名器假人，這是事實。

臧式毅能操日語，和內田促膝密談，內田當以對東北問題，日本國內的空氣，軍人躍躍欲動，若槻內閣竭力壓抑種種實況，做詳盡的說明，進而表示他和本庄繁來任「滿洲」，積極打開和平交涉的途徑，以免發生意外的使命，希望臧能將此中危急情況，和本人誠意，轉達學良，務得確實答覆，在平在奉，會面均可，即或張因事忙，不能接見，請其指定負責大員，代表折衝，亦無不可。臧奉九（式毅字）對於日本情形，本來熟悉，在奉經辦日本交涉，也有很多體驗，他認為形勢確為嚴重，內田所說，也具有誠意，他便趕忙召集在省要人，一度會商，決定由他寫了一封親筆信，詳陳內田談話經過，請張指示確實辦法，並派學良親信省警務處長（不稱廳）黃顯聲赴平，面呈此信，守候回話。黃顯聲在平，見著學良，他對這事，倒看得極其輕鬆，口頭指示，「日本人鬼詐多端，不能輕信，奉九（式毅字）一切處以鎮靜，候本人回奉，再作商量。」

臧式毅得到這樣平淡無奇的訓示，恍如冷水澆背，唯有一聲長太息而已。

內田由瀋北行，因為吉林軍政當局張作相因父病，回錦州原籍，黑龍江的萬福麟，陪張留平，未赴吉、黑，逕往哈爾濱，訪問東北元老，東省特區行政長官張景惠。張景惠是張老將微時的老弟兄。有人傳說張作霖這個名字，原來是他的，他家開有一間豆腐店，環境比較好些，這一班草莽小「英雄」，便戴他為「領袖」，等到新民府恩銘招降，張景惠因自己口才不好，推張作霖代表前往，結果編為官兵，由作霖為哨長，張景惠，張作相等附之，從此作霖自為作霖；景惠自為景惠，名分乃定。

張敘五（景惠）自奉直第一次戰事，擺脫軍隊生活，改任行政首長，歷任北京政府陸軍總長、實業總長，皇姑屯事變後，任東省特區長官。十八年中俄事變，他正在北滿苦心撐持，備嚐艱苦，對於實力未充，輕啟戎釁，更增了一重警惕。他的為人固算不得了不起的人物，但明事理，通人情，老成練達，在東北老輩中，已屬不可多見。

內田見著他，又詳詳細細的談了幾個鐘頭，談話內容，和在瀋陽，與臧奉九說的，一般無二，不過兩人年紀相等，資望相等，又曾有過數面之雅，彼此更覺意氣相投，距離較近。張敘五曾經滄海，經歷素多，尤其中日事變，記憶正新，他知道國家沒有準備，一旦有事，立見分崩，他感於威脅的嚴重性，和個人的責任感，他毅然決然的，以親往北平，謁學良自任，但要求內田康哉一切等他的回話，再作道理。

張景惠空勞跋涉

療養院斷送東三省的命運，字紙簍定下「滿洲國」的乾坤。

張景惠趕緊的收拾行裝，起程赴北平，路過瀋陽，見到臧式毅，這時候大概在八月的下旬，黃顯聲在北平，還沒有回瀋覆命。臧又將內田的說話，同張計議一番，彼此都感覺到會有一場暴風雨的來臨，但一線的希望，還繫寄在這位元老張景惠的故都之行。

張學良從當年春天進關之後，重臨故都，非常得意，夏季起，因為吃了宋子文饋贈的南國芒果，吃得過多，生起一場大病，住在有名豪華的協和醫院，已有三兩個月，包了三樓的一角，大小房十來間作為「副座」的療養之所。他的「貴恙」，大致痊可，但不知為了什麼，他好像捨不得退了病房，回歸私邸。

張景惠到北平的當天，居然就見到這位陸海空副司令。爺兒倆敘敘家常，談得很高興，張景惠因為他病體初愈，也不好馬上就說起他不愛聽的「麻煩事」。這樣就耗了大半天，最後談到正文，便將內田特別去哈爾濱訪問，和他說的一番話，一字不遺的，向學良報告，並將臧奉九託他帶的口信，也敘述了。張敘五還表示他個人所見，認為大元帥新喪三年，還未卜葬，前年又經過中俄事變，大傷元氣。在此情況之下，惟有好好敷衍強鄰，不使再生枝節，埋頭苦幹個相當時日，再圖報復未晚，內田所提辦法，似乎不算太苛，應該抓住機會，設法轉圜，只要和平交涉，儘有充裕時間，從長計議，希望不要拒人太甚。這篇說話，句句誠懇，字字金石，學良自然無法駁回，學良對張敘五，感情一向很好，關係又如自家叔侄，禮貌上學良也不好對他怎樣。學良的回答，讓他好好考慮一下，請「四大爺」小住幾天，再作決定，張敘五倒也很滿意。

這樣張景惠在北平，一下子就住了半個來月。每次到協和醫院探望，衛侍們總回說「總司令不自在」，「總司令剛吃藥」，「總司令正睡著了」等等。有時領他經過臥室的洋台，也的確看到學良躺在床上，熟睡的樣子。張景惠咫尺天涯，叩閽無路，簡直除搔首弄腮，一無辦法。

恰巧張作相的父親，在錦州故里病逝，張景惠與作相，少年貧賤之交，老來情誼彌篤，他不能不親往弔唁，他急急的又去醫院，請謁辭行，這次果然見到了。張學良擁衾似病，向張說道：「四大爺，真對不住，你老先去輔帥（作相）那邊弔喪，請替我致意，關於東北的事，我病一好，馬上便回來，和四大爺，輔帥以及奉九，好好商量，四大爺，你老多保重」。這一番不疼不癢的話，真弄得張景惠啼笑皆非。

張景惠辭別出關，抵錦州弔喪之日，當晚就發生九一八事變。

原來在九月初旬，南滿附屬地一帶，空氣也有些兩樣，東北軍署軍政廳長榮臻，曾打電北平，向張學長請求指示，張的電令，是極其簡單的「沉著應付，毋使擴大，敵果挑釁，退避為上」十六個大字。這位代拆代行的榮廳長，也來得輕鬆，便將原電，油印發送有關部隊，一體遵照，臧式毅聽到這項電令，趕忙找榮臻計議，請他口頭密告各部隊長，萬勿形諸公牘，但榮的公事，已極迅速的發出去了。

日本在滿特務機關，向來對各官署的字紙簍，出重價收買，這張油印的電令，就到了日本人的手裡，張學良消極應變的方策，已先被人家知道，自然增長敵人的勇氣，促進敵人的野心，東北軍只有退避，日本人絕無損傷，這樣的便宜買賣，比起有限度的戰爭，還要合算，日本現地軍人無忌憚的決心動手，這一紙電令，有極大的關係，字紙簍定下「滿洲國」的「乾坤」。

十二　九一八事變

陰錯陽差的九一八之夜

胡漢民的堂堂正正的主張，不失為當機立斷，挽回危機的明智之舉。

九一八這晚的事變，從日本有關人物的行動，從比較可靠的文獻看來，可能不是預定的計劃。固然日本人決心在東北有所行動，那是確定的，時間表的移動，是臨時的處置。

第一、本庄繁接任關東軍司令官，剛剛一個月，他初次巡視部隊，在遼陽第二師團（多門師團）事畢，九一八的下午，才回到旅順司令部。柳條溝發生事變，電話到達旅順，本庄繁以下的參謀將校，都在宿舍休息，值班的大尉參謀片倉衷，還是傳令兵臨時找來，聽到瀋陽軍事動作的報告，都沒有來得及換軍服，穿著浴衣便向三宅參謀長官舍跑去，由三宅報告本庄緊緊急的，在司令部集合。

第二、隨同本庄繁出巡的，高級參謀板垣征四郎大佐，由遼陽前往瀋陽，招待來滿視察的參謀本部第二部長建川美次少將。兩個人正在一間叫「菊文」的料理舘，吃飯談天，聽得外面一時鼎沸的槍聲和人聲，匆匆趕回旅館，調查情況。建川和板垣，都是有名的對滿積極主張者，但他們不知道這一晚便開始行動，卻是事實。

第三、奉天（瀋陽）日本陸軍特務機關長，土肥原賢二大佐，正奉命前往東京，報告中村大尉事件的調查經過，土肥原尚在歸途中，奉天特務機關，由輔助官花谷少佐「留守」，花谷這晚，也正在宴會，得訊，才趕回特務機關。

第四、駐奉日本鐵道守備隊的島本正一大隊長所部，是柳條溝事件的發難部隊，同晚島本和他的中隊長，一同在附屬地的「翠山」料理館應酬，喝得酩酊大醉，接獲報告，才由同席的人，將他們送回隊部，指揮「作戰」。

第五、日本軍人和外交官，中間固然有相當的距離，但像這種非常行動，領事館至少也會有相當的揣摩，軍人也會有一些不著邊際的暗示。事發之後，日本駐奉總領事林久治郎以下，均覺茫然，林總領事特親往特務機關，找花谷詢問究竟，花谷還有三分酒意，不客氣的給他一個釘子碰，並且用像吉田茂對議員的那一句「馬鹿」，對待總領事，因此一直鬧到東京，結果林與花谷，都調任了事。

所以九一八這一事變，遲早總會發生，但不一定便在民國二十年的九月十八日。從而中國官方，如果有臨機應變的、主動的、現實的措置，從外交上挽回局勢，或者不是絕對的不可能。就在事變已起，未曾擴大的時候，也還不是沒有急起直追扭轉局勢的可能。

國民黨元老，而為中山先生第一智囊的胡漢民，民國廿一二年，在香港妙高台小住之時，曾談及此事，在九一八的第二日，胡先生還在南京湯山幽居中，蔣先生派人徵詢收拾事變的大計，胡先生的主張，應用快刀斬亂麻的方法，表示中國政府的立場，遲則夜長夢多，（一）明令免張學良東北本兼各職，以明責任，（二）指派大員前往東北，調查實況，（三）通知日本政府，指定負責東北交涉人員，開始交涉會議，解決東北懸案。胡先生主張，向中外宣示我政府解決東北懸案的誠意，但不必倚賴國際替我解決，轉以貽誤事機，且因此觸日本人之忌，增加日本政府的麻煩。

胡先生這正正堂堂的主張，就勢論事，也不失為當機立斷的挽回危機的明智之舉，可惜沒有能夠付諸實行。日本軍人，有聽到胡先生這番議論的，也認為當時中國政府如果有這樣的表示，日本軍人，也難以阻撓反對，因為本庄繁本人，自始即抱有相當的戒慎恐懼的心理，東京的若槻內閣，更不會不樂於接受。

瀋陽已陷休回顧

王以哲恪遵不抵抗，全師退卻。臧式毅拿著聽話筒，整夜徬徨。

東北外交，除懸案幾百件之外，新的問題，就是中村大尉的失踪，和萬寶山慘案兩事。懸案中最為日本重視的，所謂「滿鐵平行線」，這是滿鐵在「生意眼」方面，認為不可容忍的問題，此外如吉會鐵路的興修，那是二十一條和西原借款的餘波，不是不能從外交途徑求得解決，就是中村和萬寶山兩案，也不致嚴重到興師動眾，訴諸武力，尤其若槻內閣，不致冒天下之大不韙，敢為田中內閣所不敢為，可以斷言。所以中國官方，只要有合理的、負責的表示，不使日本伺隙而動的，好亂的軍人，有機可乘，按照當時現地的實況，尚不至一發而不可收拾，這是張景惠、臧式毅急欲緩和局勢的理由，這也是我們責己以周，自我檢討，不能不對我方當局的措施，太息痛恨的所在。

從日本軍人這次非常行動的唯一藉口，只是滿鐵路軌，在柳條溝附近，被我軍炸毀，日本鐵道警備部隊，不得不出於自衛，證明這種觀念的正確性。他們不曾，也不可能拿其他的外交問題，作為他們行動的口實，他們只有警備鐵道的任務，他們沒有其他的發言權力。

駐瀋日軍，先已獲得張學良「不反抗」的機密文件，他們在行動上，自然減少莫大的顧慮，所以在柳條溝路軌炸燬——路軌究竟怎樣炸燬，何人炸燬，始終是個謎——這一個小題大做的名目之下，九一八晚十時，馬上開始行動，向北大營的駐軍（王以哲部）進擊，在島本大隊長扶醉歸來，先頭步隊，已向目的地前進，王以哲的部隊，倒真能恪遵他們主帥的命令，始而堅壁外守，連槍都不放，繼而日軍愈迫愈近，這才突予還擊，衝圍而出，向北退卻，總算沒有被俘，九月十九日午刻，日軍宣佈，完全佔領北大營。

同時日軍一部，向瀋陽城廂進發，中國方面得報，趕緊關閉城門，一面電話日本總領事館，加以質問，領館答覆，不得要領，林總領事，確也不知底蘊，自然無從說明，林久治郎親訪特務機關，或即因此。

日軍攻城開始，守軍先已接獲命令，除消極守備外，自不敢輕予抵抗，十九日清晨，日軍攀越城牆，開城出迎攻城部隊，瀋陽城便告陷落。

軍署負責廳長榮臻，十八晚得訊，即與臧式毅等聚集省署，商量應付，一面分電北平，報告請示，候至十二時，未得回話，臧式毅乃親自要北平長途，覓張副司令說話。官邸和醫院兩處，均說外出，臧一再追問，並告以瀋陽有變，亟待向總司令請示機宜，才知道張少帥此時還在前門戲院聽梅蘭芳的拿手好戲。半小時後，臧式毅又要北平電話，官邸接話副官，轉少帥的回話，「總司令囑臧主席和榮廳長，商量應付，總司令聽戲回來，再通電話」。午夜兩點以後，日軍攻城，臧式毅復由長途專線，向北平張邸通話，得到的答覆，仍然是不著邊際，臧一再要求與學良，直接說話，對方囑稍候，臧便手握聽筒，靜待主帥的吩咐，始終聽不到些微的反應，這時候槍砲之聲，漸密且近，臧心急如火，電話中卻依然杳無聲息，直至五時，臧急令瀋陽電話局，另由商線叫通北平電話，臧向張邸副官嚴詞質問，副官答道「總司令徹夜會議，剛告散會，因為有話不讓斷線，會畢親自說話，我們也不敢將電話掛上，總司令說，一切請主席斟酌辦理，他開會後，病又發了，不能說話……」。臧聽完這話，悲憤填膺，簡單的說道：「日軍馬上進城了，瀋陽完了，請總司令珍重罷」！

十三　保障佔領與吉林易幟

保障佔領的關東軍

朝鮮軍獨斷出援兵。奉天省成立維持會。

瀋陽佔領的同時，駐長春多門師團的長谷部旅團，也開始行動，在南嶺附近，遇著不太大的抵抗，順利的佔領長春全市，延吉方面朝鮮軍在出動，渡鴨綠江，援助關東軍的同時，也派遣一部分軍隊，向延吉駐軍于芷山壓迫，于芷山時任鎮守使，一時和日本軍對峙，相持了一個來月，以後還是臧式毅復出，主持遼寧省政，才由臧出面，解決僵局，此是後話。

朝鮮軍出動，這一件事，在日本軍部，是一件破壞傳統和紀律的非常行動。關東軍在滿的兵力，只有多門師團的兩個旅團，和鐵道守備隊相當一個旅團以上的力量，戰線由旅大拉到長春，當然兵力不夠分配。東京政府，對九一八事變的收拾，力主和平，出動援軍，一時絕對談不到，關東軍的參謀們，就近和朝鮮軍的少壯派，秘密商量，由朝鮮軍緊急應援，但這件事非有東京統帥部的命令，朝鮮軍不能隨便出動，統帥部頒佈這項命令，當時的形勢，又絕不可能，這使兩現地軍的將校，大傷腦筋。板垣以此商之正在奉天的參謀本部第二部長建川美次，並和朝鮮軍司令官林銑十郎懇談，說服林銑，由他一身負責，緊急行動，派出村井旅團，並附帶特種部隊，如工兵砲兵，渡過鴨綠江，應援關東軍，暫歸本庄繁指揮，一面向延吉邊境，加以警備性的壓迫。

林銑十郎決定之後，一面命令出兵，一面向東京統帥部陳辭請罪，據說他穿起白衣白冠，等候東京的回訓，如果不獲諒解，他就準備切腹。建川趕忙回到東京，聯合少壯軍人，向陸相南次郎，參謀長金谷範三，施以壓力，統帥部覆電批准林銑十郎的請求，並對他的緊急措施，表示嘉許。林銑十郎的非常舉動成功，這也奠定他以後受少壯軍人的擁戴，升大將、任陸相、進為內閣總理大臣的基礎。

關東軍的兵力，總算又加了兩個旅團，直到一二八淞滬戰爭，休戰之後，派遣上海的，姬路的廣瀨第十師團，宇都宮的松木第十四師團，轉運「滿洲」，充實力量，關東軍才公開的得到國內的援軍。這也看出九一八當時，日本的中央軍部，還沒有完全被少壯派的積極份子，操縱把持。

九一八事變的第三天——九月二十一日，關東軍部，正式移至瀋陽，以附屬地，東洋拓殖會社的東拓大樓，為軍部辦公所在，事實上就是「佔領軍」的發號司令的總部。

中國人一般認為，九一八事變主角的，土肥原賢二大佐，同時由東京返抵任所。翌日，受軍部命令，以奉天特務機關長，維持奉天市，在瀋陽市公所的原址，就任奉天市長。這是日本軍「保障佔領」口號下，臨時地方政權，他所用的幹部，部是久住奉天的日僑，如辯護士中野，退役軍人管原、遠矢等人，一時都在土肥原市長下，擔任市公署的重要職務。中國人方面，由土肥原的號召，地方士紳如袁金鎧、趙欣伯、闞朝璽、齊恩銘等等，出來組織「奉天地方維持會」，和土肥原的市公署，分工合作，處理瀋陽市以及瀋陽市以外的，地方民政，土肥原以軍特務機關長的立場，替他們作有力的支援，倒也相安無事，「匕鬯不驚」。

臧式毅在九一八的第二日，便被日憲兵監禁，榮臻得到日本料理館翠山「女將」（日語女老板）的掩護，偷偷的上了火車，逃往關內。翠山「女將」，甚至駐奉總領事，都因為有掩護敵軍要人的嫌疑，受到關東軍嚴重的譴責。

吉林省城易手

羅振玉、熙洽認為只要溥儀出關東來，登台唱戲，只是時間遲早問題。

「滿洲國」成立，第一「功臣」，應推吉林張作相的參謀長熙洽。但中日關係的惡化，東北問題的僵局，以至八年的抗戰，……這一切一切，層層相因的不幸，熙洽的認識錯誤，師心自用，任性執拗，應負最大的責任。

熙洽，滿族人，日本士官出身，由奉天軍署軍務課長（當時督軍署編制，參謀長以下設課）出為吉林軍署參謀長，任張作相的助手。九一八事變前，張輔臣（作相字）因父病回錦州省親，事變前二日，丁外艱，吉林軍署事，由熙洽代拆代行。長春被佔，永吉（吉林省城）陷於孤立，熙洽惴惴不自安，當時關東軍，尚無圖永吉的意念。

熙洽一方鑑於形勢迫人，認為日軍既佔長春，必延吉長鐵路，前進永吉，一方面感於同僚的勸進，認為時勢造英雄，正應因勢利導，為吉省謀安全，即為自身謀發展。加以羅振玉移家旅順以後，講學東省，與熙格民（熙洽字）時有往來，熙以前輩禮羅，羅則以「大事」望熙，彼此心照，等待時機。九一八變起，羅振玉遣復辟一役有關的謝介石，持羅親筆信赴吉訪熙，勸與關東軍合作，掌握吉林全省，以圖大舉。

熙洽因羅振玉的介紹，特派代表赴長春，向關東師團長，多門二郎中將，通款曲。恰巧熙洽留學士官時，多門正任隊長，有師生之誼，商談結果，多門同意派遣軍隊一部，入永吉，作象徵的佔領，以便熙洽著手改組軍政機構。多、熙協定簽字後，多門自統兩聯隊，進駐吉林省城，吉林軍、省兩署取消，改組吉林省自治政府，熙洽自為長官，舊人除作相私黨外，均予安插，謝介石接替外交特派員施履本，主持對日外交，張仁樂、孫其昌等留日系，均任自治政府廳長，關東軍更遣大迫貞通中佐，以吉林特務機關長，兼自治政府顧問，為熙洽保鑣，大迫的通譯，營口人孫輔臣，奔走熙洽、大迫之間，儼然一時的顯要。

吉林省，竟於立談的俄頃，宣告易手。

自從九一八事變起，關內外籍日人的撐腰，掛起自治政府的招牌，在前是吉林的熙洽，在後有冀東的殷汝耕。這兩人先後如此一轍的，趁日軍咄咄迫人的際會，利用個人原來的地方官吏的地位，變更組織，便利私圖，胆大妄為，遙遙輝映。沒有熙洽的獨樹一幟，九一八以後局面，可能化大為小，不至絕無轉圜；沒有殷汝耕的通州「稱王」，宋哲元的冀察政權，以完整之局，可能撐扎較易，不至遽生蘆溝橋之變。熙洽、殷汝耕兩人，因一念之差，乃至禍貽國家，禍及東亞，千秋萬世，永留罵名，兩人既同以自治政府做號召，又同以自治政府長官號自娛，其結果，一個執行死刑於南京老虎橋監獄，一個顛沛流離於西伯利亞原野，又同為悲劇中的悲劇主角，巧合天成，何其如是？

因為瀋陽佔領，長春佔領，吉林佔領，都不費多大的力量，比起秋操演習，還來的輕鬆，得著便易，尤其吉林的熙洽，竟在日本動念之前，自動的輸誠來歸，傾心依附，因此日本看得中國人，「聰明可取」，中國事，「嗟咄可成」，這便使一班野心的日本現地軍人，動了冒險投機的念頭，定下了擴大事變的步驟，因復辟派的關係，遂進一步結合洮南的張海鵬、海拉爾的凌陞，更容納羅振玉、熙洽的建議，派員迎接溥儀出關，藉為最大的號召，在當時關東軍固未久，即有擁戴溥儀的決案，但羅、熙諸人，確認定，溥儀只要東來，登台唱戲，只是時間遲早的問題而已。

十四　九一八與中日外交

關東軍看來，這兩幕戲，都和九一八事變有聯鎖性，且自詡為政治工作的得意表現。

九一八事變前，有兩幕插曲，與事變本身，似乎沒有多大的關聯，但從日本關東軍看來，這兩幕戲，都和九一八事變，有聯鎖性，關東軍的將校，且以此自詡為政治工作的得意的表現。

一件是護送閻錫山返回山西，一件是策動石友三順德叛變。前者是關東軍高級參謀板垣征四郎大佐所主持，後者是關東軍特務機關長土肥原賢二大佐的工作。閻先生老謀深算，始終對日本不即不離，他既沒有喪失他的抗戰立場，但也沒有和日本鬧到情斷義絕的境地。這是閻老西的高明所在，能利用日本而不為日本人所利用。石友三本來是一個知識不夠水平的「胡鬧軍人」，他沒有馮玉祥的頭腦、識見，他只偷著馮玉祥的「倒戈」一手，朝秦暮楚，覆雨翻雲，結果身敗名裂，仍不免於「橫死」，自作之孽，不值一談。

閻錫山從十九年擴大會議失敗之後，亡命大連，在星個浦海濱，賃屋小住，隨同他在大連的有桂系的潘宜之，及日本醫大卒業的醫生靳某等數人。他是日本士官出身，板垣征四郎在士官，當過中國留學生的小隊長，自然有相當關係，這時候板垣由北京武官輔佐官，調關東軍高級參謀，和閻老西常常往來，對閻一行在大連居住，也不時照顧。九一八事變前的三幾個月，潘宜之和靳醫生，同板垣談話，提到閻先生有意回山西去，但交通工具成為問題，板垣當即表示考慮，為閻設法。以後便由板垣找到空軍隊長，派了一架軍用機，送閻錫山及隨員兩人直飛太原。操縱士的酬金定為日金十萬元，萬一此事公開發生責任問題，即由操縱士個人負責，擔受懲處，此項酬金，就作為生活的保證，板垣與空軍隊長，都可免受牽涉。閻先生回晉後，經過九一八事變，東山復起，又有了十八年的輝煌的政治生命。

至於石友三的叛變，大概就在九一八的前兩個月，張學良臥病北平協和醫院的時候。張學良固然無將將御眾的才能，石友三也確是一個好亂成性、永無滿足的悍將，他對東北軍認為脆弱不值一擊，張學良又在病中，只要他一紙通電，保定石門，便歸掌握，北平、天津，傳檄可定。他本是東北吉林人，未來的他不僅可以做華北的盟主，亦且可以為東北的主人，由他的舊友張璧、張英華等居間，向關東軍奉天特務機關長土肥原賢二通了款曲，土肥原奉命秘密入關，在天津與石友三代表詳細計議，石友三部如果抵達平津，日本天津駐屯軍當予以便利，華北底定以後，石友三如果長趨出關，關東軍必不吝一切支援。石友三在此大好遠景中，通電發難，由順德誓師，直指石門，張學良部迎頭加以痛擊，石部竟告敗潰，一蹶不振。

假使石友三的叛變，竟如石友三所幻想，如張璧等一干人所策動，如日本人所允諾的順利的發展，那末，華北的局面，東北的情勢可能兩樣，九一八的事變，可能又一度的移動時間表，或者有別樣不同的事實發生。但中國的局面，不會好轉，中日的關係不會有正常的、明朗愉快的表現，似非好為悲觀之論。東北嚴重的情況，尤其石友三叛亂中，與日本關東軍的勾結，平津密邇，張學良不應充耳無聞，何竟麻木不仁，一無警覺，至於此極。我們如果不生於當世，對這不幸的史實一頁，有相當的探究，我們真不能不對這雲詭波譎的歷史，興起莫大的懷疑。

十五　事變後的關東軍

難道是東北運數已終嗎？

本庄繁最初電邀，沒有理睬。臧式毅最後請示，依舊模稜。

本庄繁中將移駐瀋陽之後，首先打了一封電報給張學良，很客氣的措詞，對這次的軍事行動表示遺憾，並請他早日命駕回奉，共商善後，同時並託駐北平的武官永津少佐親往訪張，代為致意。張學良對本庄繁的電報，沒有正式答覆，永津在一再造訪之後，見到學良談話也未得要領。學良這時候，在外交智囊決策之下，一心一意的守候日內瓦國際聯盟的好消息，自然不會接受本庄繁的邀請，「命駕回奉」。有人說，關東軍的「智囊」，也早料到學良一定採取「相應不理」的態度，才發出邀請共商善後的電報，以示日軍並無擴大事變的意圖和「仁至義盡」的表現。

關東軍的參謀們，也真有他們的一套，在學良不理睬這一邀請之後，他們在搜查「帥府」

（張私邸）之後，將學良所有的私人財物開了清單，包括粗笨的傢俱，一古腦兒的交由國際運輸會社轉運天津。同時通知學良照單點收，學良也沒有理睬，這一大批行李，扔在天津倉庫好多時，下文就沒有再聽說起。在關東軍的意思，無非表示日軍「堂堂正正」的舉動，和本庄軍司令官不忘的「武士道」精神。不過我們的「張副司令」，在這一階段的表現，似乎太不夠「料」，假使「綠林大學」出身的張宗昌（張宗昌自稱「綠大」出身），在這一場合，可能有單刀赴會的勇氣，絕不致受盡關東軍少壯參謀們的揶揄諷刺，一無反響。一世英雄的張老將，地下有知，得無有「劉景升豚犬兒郎」的遺恨？

後來國際聯盟調查團，李頓爵士一行，到東北調查，和本庄繁談話，提到此事，本庄說明原委，還將原電稿，永津武官的報告，以及運輸會社的清單，拿出來給他們過目。調查團五國代表的一人——大概是義大利的，曾問本庄，「是不是『少帥』無意回『滿洲』呢？」本庄未及答話，闔座相顧，苦笑而罷。

大概在同年十二月臧式毅恢復自由，重主遼寧省政的時候，關東軍曾向臧表示絕無意久佔附屬地以外的東北城市，希望明瞭張少帥的真意，同時並指出日內瓦的會議不可能有多大的希望，還是由東北當局和現地軍直接折衝，比較有利。臧式毅就派了省府秘書徐紹清——後任「滿洲國」駐義公使，郵政總署署長——在日軍諒解下，帶有臧式毅的親筆信，到北平謁見學良。徐紹清住了幾天，果然見到少帥了，當即面呈臧的函件，並報告臧復出主政的經過，以及關東軍表示種種，希望得到確實的指示，以便臧代主席同日軍部作進一步的商量，學良面囑徐紹清，多住兩天，讓他好好的考慮一下。到了第三天，學良派人送了一封信來，是給臧式毅的回信，來人並說總司令要說的話都寫在信內，臧主席見到，便會明瞭。徐紹清當晚即登程回奉，臧奉九接到這信，拆開一看，原來仍舊是幾句不著邊際的官話，「國事不是個人所能作主，一切須請示中央，諸君子好自為之，當有把臂重逢之一日。」臧奉九看完來信，有如冷水澆背，九一八當晚，抓著電話筒，守候回話，整整的一夜，鬧得臧式毅半身麻痹，這病始終沒有能治好，這一次又叫他急火上攻，發了幾天寒熱，臧奉九提起這一番往事，不禁感憤交縈，淚如雨下。

關東軍決定擴大事變

在東京改造軍部控制政府。在現地打通北滿擾亂平津。

九一八事變之後，張學良拒絕本庄繁的邀請，回奉商量善後，關斷了直接談判之門。關東軍的將校，這時候已從東京增員，來了好多少壯派的分子。少壯參謀會議的結果，有了多方面活動的決議案，定下了擴大事變的方針，利用中國依賴國聯的心理，讓這個問題，在日內瓦的會議場儘量的辯論叫囂，現地軍按照既定的步驟，一件一件的求其實現，做到「既成事實」。

關於東京方面，由青年將校的聯合陣線，在軍部以內，進行徹底的改革，擁戴積極有為的領導階級，擔當統帥部的首長，再與民間右翼組織，訂下政治性的密約，由右翼社團，指導政治方面的革新運動，甚至採取暗殺暴行，在所不惜，軍部高高在上的遙為聲援。

因此日本參謀部內，以第二部俄國班班長橋本欣五郎中佐為首的「櫻會」，網羅當時優秀的青年將校，如田中隆吉、和知鷹二、池田純久、長勇、小原某等，均屬「櫻會」的健將，這些人以後都進至中少將，且為對華、對蘇（張鼓峯，諾蒙汗兩役），對英美戰爭中，知名的人物。當時他們的目的，是改造軍部，控制政府。

這一運動的展開，若槻禮次郎被迫辭職，民政黨內閣倒台，政友會起而代之，以犬養毅為首相，犬養毅的快婿，對華外交熟手，現任駐台北大使的芳澤謙吉，由駐法大使出席國聯的首席代表，奉調返國，任犬養內閣的外相，為非常時期的「主帥」。同時陸相南次郎、參謀總長金谷範三，改任軍事參謀議官，以閑院宮親王任參謀總長，向為少壯派崇敬的真崎甚三郎中將任參謀次長，實際是三宅坂的「負責人」，並由真崎的推轂，荒木貞夫中將，在軍的支持下，出任陸軍大臣。橋本欣五郎的「櫻會」、「十月革命」一案，新首腦部決定不加追究，所有關係將校均調往關東軍服務，帶罪圖功，因此增加關東軍部的力量，強化經營滿、蒙的政策。九一八事變，不擴大方針，自此變更，轉向「滿洲新政權」的建立工作，積極邁進。

關東軍更有兩項決定，一方面向北推進，暫行避開蘇聯有關的中東鐵路沿線區域，通過洮南的張海鵬，經洮昂路，與黑龍江代理主席馬占山，談判合作，張海鵬因為向來贊成復辟，糊裡糊塗的倒向關東軍一面，以為這便是他「效忠故主」的捷徑。他是一個舊式軍人，起碼的知識，都談不到，原無足怪。黑龍江的軍政兩權，向由萬福麟以東北邊防副司令長官兼省主席，但奇怪的，他老陪著張學良住在北平，遙領省政，馬占山的代理，還是到了最緊張的時候，才發表命令。

另一方面，關東軍決定為「滿洲」長久的安定和新政權順利的建立，非徹底的消滅張學良不可。不但北滿的黑龍江省以及其他地方，不容許張學良的殘餘力量，即華北方面，苟有可以打擊學良的勢力或可以代替張學良的人物，日本軍不惜予以提攜，加以援助，摧毀學良在平津的地盤，掃盪學良在華北的勢力。九一八以前，石友三叛變中的秘密勾結，還是未決定政策時臨時的應付，此時軍參謀部既有了決定，乃根據計劃分頭進行，北滿對馬占山的戰事，天津便衣隊的事件，都是實行這決定案的行動表現。

十六　事變中的黑龍江

抗日英雄馬占山

江橋一戰，遐邇聞名。西北十年，功高不賞。

馬占山因九一八事變，為中外共知的「抗日英雄」，然而馬占山也因「抗日英雄」的大名，而到處遭忌，潦倒半生。

抗日期間，在綏蒙邊區冰天雪地中與風沙鬥爭，向死神掙扎，勝利以後，滿以為白山黑水，必有個人一席之地，十四年相依為命的東北子弟兵，必能返旆凱旋，重臨故土。馬將軍為此不辭跋涉之勞，不惜周旋之苦，跑了幾次北平、瀋陽，向關係方面折衝，更向最高當局請命，但此一枝抗戰有歷史的部隊，竟不能得到應有的重視，整編既不可能，結果原有的番號都不能予以保全，馬占山只有飲泣吞聲，和他久共患難的部屬，揮淚話別。以後馬將軍雖也得到相當的名義，只不過敷衍人事，點綴風光，老英雄固然沒有用武之地，國家亦何曾真有倚畀之心。一直到中共進駐北平，馬占山已抑鬱致病，不久便辭謝人世，死於故都。

有人以為馬占山後半生的坎坷命運，正因為他享有一時的盛譽，博得舉世的英名。譽之所至，謗亦隨之。派別已成定型，國家終於負我，馬將軍安得不遭人忌？又安得不窮愁以死？

馬占山是吳俊陞部萬福麟軍的騎兵師長，因白旗堡一役擊潰郭松齡叛軍，郭夫婦被擒，遂露頭角。萬福麟隨張學良入關，陪學良住平，馬部任黑龍江省城警備，九一八事變既起，馬奉令代萬主持軍政。

日本人向來對情報工作，極為重視，吸收情報的方法，更是五花八門，無孔不入。關東軍少佐林義秀，以西藥房為掩護，久住齊齊哈爾，刺探黑省軍政消息，並設法與黑省軍政有關人士「折節論交」。

洮南張海鵬表示態度與關東軍合作之後，日軍積極謀黑省，林義秀乃出面訪馬占山，聽取意見。馬占山是舊軍人出身，政治外交的識見，當然提不上「水準」，他對日本軍的聲勢和力量也很清楚，最初並無不自量力，以卵敵石的意思。林義秀一次兩次的接談之後，便提出所謂「軍的要望」。關東軍希望馬占山採取吉林熙洽、洮南張海鵬一致的辦法，表示與日軍合作，並改組黑龍江軍政機構，且同意多門師團進駐黑省。

老實說，熙洽在吉林的那一套作風，實在操切之至，既未考量國家的立場，亦未計及自身的人格。至於張海鵬在東北，位不過一鎮守使，洮遼地區，僻處邊隅，在當時亦無人重視。若欲使黑省向熙、張看齊，不免意在污辱，馬占山自然不無反感。而且分在軍人，守土有責，臥榻之旁，豈容他人鼾睡！日軍進駐黑省一項，更非馬占山所能接受。

這時萬福麟，人雖久在北平，黑龍江的財權，卻仍由萬系人員掌握，東北局勢緊張以後，黑省庫存款項，均由主管者掃數調往哈爾濱，以備萬一。馬占山雖負代理省政名義，關於軍政經費，仍然仰給於人，一省存亡大計，自不得不就商於萬系要人。

馬占山拒絕日軍條件之時，萬系在哈人員，以萬子國賓為首，保證對馬用兵作戰負責供應，馬占山專心軍事，決定與關東軍決勝疆場，不計後果，因此有江橋一戰，且於包抄日軍後方，獲得勝利，抗日英雄，名聞遐邇。

不堪回首話江橋！

此空前絕後的一戰，不僅長沙等役，無以逾此，就是淞滬、台兒莊、平型關、視此亦不無遜色。

馬占山這一場對日苦戰，可以說是出自純潔的「愛國心」和直覺的「正義感」。他並沒有得著他的主帥——張學良和他的頂頭上司萬福麟任何的指示。他更沒有得著直接的或間接的中央政府應變的方略和應戰的鼓勵。僅憑他個人對國家民族的意識和熱情，以江省最多不過三五萬人有數兵力和有限的彈藥，對這佔有奉（遼寧）、吉兩省所向披靡的關東軍多門中將指揮的兵團。以正氣對抗飛機大砲，以精神周旋雨彈槍林，不但迎敵江橋，佔空前的優勢，而且運用偏師，偷渡嫩江，襲擊敵司令部，殲滅守留人員全部，斬草除根，一無倖免，獲得無比的勝利。

關東軍參謀臼田寬三少佐，寫有長曲〈嫩江吟〉，譜之管絃，號為一時絕唱。在他固然是意在表揚日軍遇難的壯烈，但馬占山「此一戰」的神威獨運，直搗黃龍，轉因臼田的「傳奇」，在日本已家喻戶曉。此整個抗戰中空前絕後的「聖戰」，不僅長沙等役無以逾此，就是淞滬、台兒莊、平型關等戰，視此亦不無遜色。不過馬占山既不懂得宣傳，國家對此戰役似乎亦未予以正視，當時南北各地的報紙，雖有一爪一鱗的報導，語焉不詳，事過境遷，人亦淡然忘之，寧非絕大憾事？

我們紀「滿洲」事變，對此抗戰史中可歌可泣亦悲亦壯的一頁，特為鄭重的表而出之，以昭史實。至毛澤東指馬占山的「抗日行為」，是「一時風頭人物」，甚且謂為「統治者營壘中一個分裂」，不免失之乖曲。

然而馬占山以孤軍當大敵，以齊齊哈爾一隅抗戰，其勢實不能持久。所以在多門師團，增援之後，以五萬以上的生力軍，總攻龍江省會，獅子搏兔，泰山壓頂，馬占山除收拾所部，退保海倫，自無善策。

在馬軍抗戰中，全國民眾，尤其海外僑胞，激於義憤，踴躍輸將，捐助之款頗有一個相當的數字，但收受捐款既未集中，在哈爾濱萬系經理人員，於馬軍退卻之前，便已席捲存款離哈他去。因之海內外捐款，用諸江橋抗戰，為數極其有限，一時有人對馬也不無懷疑，實在寃枉。馬將軍回憶舊事，說道：「中央與直接長官顧不了江省，事屬實情，但使江省人員一德一心，各盡其責，江橋之戰，支持十日半月，尚非一無把握，惟恨此輩只知飽私囊，不知急公義，到了最後，與我患難相守的，只有自己的好友和部屬，江省舊人都相率遠颺，另覓安全地帶，對日抗戰，好似我馬某私事，真令人痛心。」老實人的老實話，聞之令人酸鼻。

十七　九一八事變與段祺瑞

段祺瑞一席談的影響力

東北問題，本庄請教北洋元老。收拾事變，老段主維舊有政權。

天津事變中，土肥原是幕後導演人，此一場失敗，他知道天下事不盡是輕鬆容易像九一八一樣。據說土肥原在失敗之餘，曾想到切腹以明責任，他住在旅舍——常盤館，確有過這樣念頭，被常盤的女老闆所察覺，曾花了好幾天的時間暗中監視著他，以防意外，後來關東軍司令官本庄繁派人到津，對他加以慰藉，並囑他結束支援便衣隊工作，就近代表本庄訪問在津北洋元老，請教對東北意見，事畢即日返瀋，轉往東京中央部報告。這時候東京軍部，正在暗潮起伏無定的時候，南次郎、金谷範三尚未下台，南與金谷，在少將時期，都曾任過天津駐屯軍司令官，和北洋舊人如段祺瑞、曹錕，均有往來，所以還想起他們，很願聽一聽這班人的意見，作為收拾瀋變的參考。

土肥原先見到曹錕。曹錕第三鎮的時代，駐軍東北，對東北也還有相當認識。他和本庄，土肥原都也認識，他很滑稽的向他說道：「你們對東北究竟想怎樣？張家不好對付，換我姓曹的，怕也是一樣。你替我向本庄說，中國事不是高壓逞強了得下的。東北現在情形，恕我不明白，比方說這次的津變，太「寒蠢」了。我曹三要是你們，我有的是好著兒，但決不做這樣「寒蠢」事。你和本庄，都很明白中國事，應該及早回頭，不要一往直前才好。我現在什麼不幹，我倒看事看的明白很多。你們學一學我？」

這一番不著邊際的話，土肥原彷彿很領會似的。他向旁人提到，他說：「曹三爺的話，大有道理。」

以後他經過段系智囊曾毓雋的先容，他去見段祺瑞，老段留他吃午飯（素菜），由姚震（曾任司法總長）通譯，長談了三小時，段合肥這一席談話，對當時東北局面具有極大的影響。臧式毅的解除監視，復任遼寧省政府主席，東北最高政權——東北行政委員會的恢復，以及馬占山的回任黑龍江省主席，張景惠——東北重望，主持東北行政委員會會務，關東軍這一連串的讓步和段合肥所談，都有重大關係。

段祺瑞的話大略如下：「東北這一次的不幸事件，張學良固然有不對的地方，關東軍的作風也實在『悍然不顧』，我段某向被人指為親日派，日本人好像也都認我是朋友，說句不客氣的話，我對九一八以後日軍的行動憤恨已極。本庄既然來問我的意見，我請你同他說，一切事應該要有分寸，不要做得過火，將來難以善後，不管是國際出面替我們解決，或者我們直接協商，總得留有餘步，才好轉圜。自然我們兩國事，自己能了，不經西洋人，是保全東方體面的上策，但你們給中國一點面子都不留，中國怎樣來同你們折衝呢」？

土肥原便進而叩詢段的具體辦法，段合肥繼續說道：「我是一個閒人，說話當然沒有責任，我替你們想，你們既然喊出『保障佔領』，你們就應該尊重中國人的主權，地方政府，不應該破壞，奉天的臧式毅是極適當的一人，你們怎好監禁他，鬧得沒有政府，此外如張敘五（景惠）是東北唯一元老，應該讓他維持東北整個局面，馬占山的黑龍江主席，你們最好不去動他（當時嫩江橋尚未開火），像吉林情形，不一定對你們有利，清帝聽說已赴東北，為你們想，為他自己想，你們都不應再有特殊行動，增重糾紛」。

整個東北還不至風雲變色？

臧式毅撐持南滿，馬占山退保海倫，龍江與特區各軍，緊密聯系，一致行動，張景惠以北滿盟主，領導全局。

段合肥的長時間談話，至少給土肥原極大的啟發，土肥原回到瀋陽，向本庄繁一一傳達，並與三宅參謀長、板垣高級參謀，有過極詳盡的討論，土又奉命前往東京，向中央首腦部報命。

臧式毅果於翌日解除監視，與板垣一度談話後，更與本庄繁會見。本庄表示對臧有重大的期待，不僅盼望他主持奉天行政，安定全省，並希望經由他的居間，和張漢卿（學良）取得聯系，收拾事變，臧式毅固然愛鄉心切，但也並不忘掉國家的立場，不過自始至終，並未得張少帥的任何指示，中央政府，更不必說。他既未辭職，他的代主席身份，自然並未喪失，中間雖因強暴脅迫，中止行使職權，一旦本人解除困難，政權當然隨之恢復，所以他對本庄，謹守本人立場，關於省府問題，日軍不得干涉行政一點，未作其他表示，至張學良方面聯絡，他願以個人資格從旁協助，以免牽涉省府，他的態度，很得當時一般的贊許。他為了傳達本庄的意見，特派徐紹清赴平謁張，前面已經敘述。

據段系智囊當時談話，段合肥對土肥原的一席談，在段確有深心存乎其間，他明瞭日本國內情形，政府對事變固然沒有贊意，軍首腦部對事變亦竭力防止擴大；也知道張學良對九一八當晚的措施不無懊悔，南京對東北問題又正惟恐引起政爭影響政局。段最憂慮的，是日本軍人一意孤行。改變局面，打破東北行政系統，別創新局，造成既成事實，則東北從此委屬他人，結局非所忍睹。所以他盡他的心力，藉本庄徵詢意見的機會，儘量的和土肥原傾吐他的心腹，希望維持東北舊政權的系統，保全東北的原來面目，靜俟國聯調查團東來，或可能有旋乾轉坤的機遇。

段合肥在瀋陽事變這一局危棋中，曾結有苦口婆心的「善緣」，是一般人所不詳悉的。因為當時天津日租界正在警備森嚴，消息相當閉塞，以後「滿洲」局面一變再變，終至「新國家」出現，段合肥對於此事，當然也就不願再談。

其實在那一階段，截至東京中央軍事首腦部「異動」為止，東北政局的發展，也曾有一個時期，和段合肥的「藍圖」相當接近。不是吉林熙洽一系公然阻撓，施以打擊，單是日軍少壯派的策動，還不至使整個東北的風雲遽然變色。

馬占山由齊齊哈爾退卻，保守海倫，戰時馬軍的傷亡，固然損失不輕，但收編的部隊為數也不在少，黑龍江的軍隊，如程志遠部、蘇錫文部、完整無恙，均稱精銳，加以中東路一帶，護路的丁超軍，及三江的李杜所部，都在緊密的相互聯繫，而且有對內對外行動一致的盟約。

東省特區行政長官張景惠，在九一八事變後二日，由錦州弔喪北返，本庄繁特在瀋陽歡迎，留作竟日之談，本庄見面時，表示對事變遺憾，但希望早日結束，並請張敘五仍舊隨時協力，談及特區治安，知張在東北兵工廠為特區保安隊請准的槍枝尚未領到，特囑板垣負責，照原請數目儘速提取新槍五千枝，並各隨帶子彈一千發，交由張景惠隨車北運，以備運用。張回到哈爾濱，便將此項武器，轉發特區保安隊，並擴充編制，加強警備部隊，充實自衛力量，張景惠資望在東北本是首屈一指，自是為北滿盟主，進而為東北的領導者。

十八　東北政委會與張景惠

一髮千鈞繫此身

安定北滿，維持政權體系，他要以庚子事變中，長江自保的劉坤一、張之洞自任。

張景惠在九一八事變那年春季，因為國府發表他任軍事參議院院長，他曾訪問過南京。擴大會議失敗以後，中央對東北系要人極盡周旋敷衍的能事，不惜高官厚祿以示羈縻牢籠。張景惠一個非正途出身的老軍人，久離行伍，又身任東省特區行政長官，竟上邀特達之知，遠頒寵命，兼長榮譽無比的軍參院，抵達南京之時，蔣先生且親自赴下關歡迎，更使這位忠厚長者受寵若驚。有人以為這是蔣先生對張學良的好意，因而愛屋及烏，也有人認為蔣先生重視張敘五的資望，有意直接爭取。這些有關人事的細微末節，姑不多談。

張景惠因此，對南京最高方面發生了直接關係，而且張景惠身受逾格的優遇，對最高當局印象極深。九一八以後，張景惠當然對南京有過報告，遇有重大疑難問題，得不到學良的回話，也曾直接打電中央請求指示。但所得反應都令人失望，不是幾句慰勉浮文，便是不著邊際的門面話，到了後來，索性風箏斷線，有往無來。張敘五對人，向來不肯苛責，仍不斷有略跡原情的忠厚之論，江橋戰後，形勢一天一天的變化，特區雖然有國際關係，夾縫中比較還有翔迴的餘地，然而一方面迫於環境的要求，一方面也感到自身責任的增重，張景惠遇大事不糊塗，他毅然的以庚子義和團事變長江自保的兩江總督張之洞自任，運用他的智慧，標榜「安定北滿」，「維持舊政權體系」的兩大原則，憑他個人的信用，得到駐哈二十一國領事團的道義支持，包括中東路的蘇俄理事，更以他的資望，對遼寧的臧式毅，海倫的馬占山，承德的湯玉麟等，發出合作互助的要請，張海鵬對他當然沒有問題，就是熙洽表面亦未作任何異議。

張敘五先整理內部，特區人事，加以刷新，凡隨從學良入關，久曠職守，及不願繼續供職共同應付艱局的，均准予解職，護送出境，路警處長張厚琬（後任河北省代主席）電政局長徐箴（勝利後任瀋陽市長遼寧省主席）等，就在此時離開哈爾濱。

張敘五，為避免日本人藉口，實行「安定」政策，勸告一部分吉林舊人，在賓縣自稱吉林省政府的，掩旗息鼓，為這件事，他打過電報問吉林省主席張作相的意思，經張作相否認其事。

在馬占山退出黑龍江的時候，他曾應齊齊哈爾各法團的請願，暫代黑省主席，一面他就設法和馬占山取得聯繫，他去過一次黑龍江省城，撫慰人民，隨後他便回到哈市，在哈成立黑省府辦事處，維繫舊政權的體系，不使日本軍和一班投機政客，有鑽空子的機會，「打破現狀」。

等到民國二十年陰曆除夕，馬占山到了哈爾濱，張景惠便將黑省府的信印，送還馬主席，馬占山重返黑省，固然另有一番經過，但張敘五對他的支援是馬毅然回頭的重大因素。沒有張敘五挺身出來，起帶頭作用，馬占山不一定肯重為馮婦。張敘五這一次的重大決定，確係以維護東北大局，保障三千萬人的安居樂業，為出發點，事變收拾的外交問題，他不願觸及，但中國主權的東北地方政權，他願集合四省一特區的力量共同支撐，在外交問題未解決之前，務使政權不至墜失，宵小不至生心，他沒有絲毫的個人野心，但也不計及一己的利害，和無端的毀譽。

維持現狀與打破現狀

熙洽利令智昏，昧於國際大勢。李頓老謀深算，怕的事實既成。

張景惠決然「崛起」，挑這副千鈞重擔，確受了段合肥的鼓舞激勵，認為在國際聯盟對瀋變一案沒有得著結論以前，總得維持現狀，不使打破，將來東北問題才可能有一個相當有利的解決辦法。如果政治形態發生了變化，一經造成「既成事實」，外交上便有無從下手，無力回天之憾，除非訴諸武力，也絕無摧毀這「新事實」使之恢復舊觀的可能。

日本從九一八以至七七，在這部侵華史，他的對華政治工作，總不外「打破現狀」，「造成既成事實」這兩個秘訣，打破了現狀，因內在的變化作用，他才可以伸手、控制；造成既成事實，使外在的壓力抵消，這便可以進而爭取國際間事實的承認。這一套手法，固不僅日本對華如此，凡謀人之國的，大都不出此窠臼，由殖民主義、而帝國主義、由門戶開放，而鐵幕低垂，何一非以「打破現狀」開其始，以「既成事實」繼其後？

針對這種侵略的妙訣，只有爭取不變，以應千變萬變。所謂爭取，不是消極的「株守」或者坐等天亮，而是有原則性的，有勇氣的，有技術的，盡其最善的努力。

張景惠在此一階段的努力，出發點是正確的、無我的，對得起東北鄉人，對得起國家民族。

假使當時的中央政府及駐節北平的張學良，對張景惠的努力加以應有的正視，予以正面的，或側面的，甚至暗地的支援，張景惠和他的僚友，信心勇氣，必更倍增，其成就或在當時以上。假使當時的東北各省區當局能團結一致，同心合力的，支撐危局，共濟艱難，沒有一個害群之馬吉林熙洽其人，張景惠領導的「東北行政委員會」恢復以後，順利的行使職權，至國聯調查團如李頓爵士一行東來調查的時候，可能發現「奇蹟」，開闢一條解決糾紛的途徑。

熙洽所夢想的新國家、新政權、迎清遜帝、建立帝國，這些都是日本軍人，「打破現狀」主義上所寤寐以求的最大目標。熙洽和一班野心的少壯軍人結合一氣，使甫恢復的東北行政委員會，卒告摧毀。急轉直下的，籌備不到兩星期的「滿洲國」，於民國廿一年三月六日，遂告成立。

此「既成事實」一旦出現，正在途中的李頓調查團自然不免震動，所以抵達北平以後，對東北之行煞費躊躇，延至五月初，在北平——東京——瀋陽（關東軍司令部所在地）往返磋商之後，才意興闌珊的款段登程。

據日本政府代表觀察員吉田伊三郎大使所談，李頓卿得著「滿洲國」成立之報，對於調查團工作便有難得結果的預感，他曾向吉田懇切的詢問日府的真意，吉田本人固難以置答，就是當時的東京政府確也有不甚了然之感。李頓一行，勾留北平，不肯馬上出關。也就因此。

西方人重視現實，國際法中這一不祥名詞「既成事實」，更是外交家最感頭痛的一點。李頓一行，不能例外，就是關東軍少壯派所以亟亟於攤開這張王牌「新政權」，也就為的用「既成事實」，抵制國聯調查。熙洽利令智昏不足以語此，然而張景惠的孤詣苦心，不幸的，又告失敗。

危如累卵的東北「政委會」

熙洽說：東北的石原中佐，已擬定東北新國家的方案，現在所做都是過渡而已。

張景惠恢復東北最高政權——東北行政委員會之前，他的重點工作，在南支持臧式毅，在北團結馬占山。不幸臧式毅恢復自由，重主遼寧省政，馬占山忽又江橋敗績，退守海倫，張景惠乃不避艱險，親往齊齊哈爾，代馬維持省府，當時固然得有本庄繁的親筆信，同意張敘五出來，但他的兼長黑省省政仍係出自地方各法團的請願。張在齊齊哈爾，才知道馬占山退時，保存相當實力，地方法團對張的呼籲也是馬占山的授意。

這時候關東軍部，經由駐哈武官百武晴吉中佐，謁張景惠，請設法與海倫聯絡。隨後板垣征四郎偕關東軍政治顧問駒井德三到哈，晤張景惠，商談北滿善後，並請介紹馬占山，面商妥協。由張景惠與馬電報往來幾度磋商，板垣與駒井親赴海倫，訪問馬占山。張、馬兩人意見，一致主張東北行政委員會，既係因瀋陽事變停止執行職權，應即日恢復辦公，或將會址移至哈爾濱，以免與關東軍部同在一城，或有未便，至北滿局面，應一律維持現狀，關東軍進駐黑省亦應及早撤退，以示誠意，黑省主席暫由張長官兼攝，俟馬主席回省再行移交。

關東軍對海倫會談各節都無條件的接受，並使原在黑省擔當聯絡的林義秀少佐，特赴海倫，向馬道歉謝罪，北滿特務機關長調土肥原大佐充任，負東省特區及黑龍江折衝全責，仍由林少佐駐齊齊哈爾擔任聯絡。馬占山，在民廿陰曆年前，由海倫到哈參加會議，然後遄返江省。

張景惠根據各方意見及與關東軍所得諒解，在哈召集各省區首長，一度會議，著手恢復「政委會」。張、馬以外，臧式毅特派省府秘書長趙鵬發代表，此外如吉林熙洽、熱河湯玉麟、以至洮南的張海鵬，也均派有要員出席參加。會議的決定：（一）趕於陰曆元宵前在瀋開東北行政委員會第一次會議；（二）政委會委員，由遼寧、吉林、黑龍江、東省特區、熱河各行政首長充任；（三）政委會主席，公推特區長官擔任；（四）以後會議地點移至哈爾濱市召開。這一場會議，總算在相當滿意的氣氛之下，宣告結束。

但同時得到情報，熙洽方面另有一種新醞釀。軍事方面，他想攫取中東鐵路的護路權，因為瀋陽事變以前，護路軍總司令是吉林省主席張作相兼任，他既「繼承」張作相的吉林地盤，當然護路軍總司令，也應由他繼任，他收編軍隊，擴張勢力，起用舊軍人于深澂，編為一軍，想由于部進駐東路替代丁超，至少也得和丁超平分春色，分擔一路的護路權，——中東路以哈爾濱為中心，至綏芬河為東路，滿洲里為西路。

在哈爾濱會議時，張景惠、馬占山和臧式毅的代表趙鵬第，對這一重要情報有過會外的商討，結果商定趙鵬第返瀋時，由長春繞道吉林，代表臧式毅訪熙洽，相機調停，趙鵬第雖非東北籍，但自小即隨宦東北，讀書從政，未嘗離此，和熙洽私交也算不錯。

趙抵吉林後，熙洽很坦率的和趙談到，並托他轉達臧奉九。他說：「關東軍的石原（莞爾）中佐已擬定東北新國家的方案，現在本庄、土肥原所做，都是過渡性質，板垣是石原方案的支持者。我們為什麼不迎頭趕上，早早有個安排，像現在所做，將來仍不免徒勞無功。我決定捧「宣統皇帝」出來做「滿洲國」的元首，關東軍參謀也都同意，我請你轉告奉九，和我合作，吉林現在有的是錢，經費不成問題，也不須奉天負擔，像張四爺（景惠）那一套，我是不幹的」。趙鵬第聽到這段話，也就不再往下說了。

十九　淞滬戰事與東北局勢

錯誤地點，錯誤時間的淞滬戰爭

軍事委員會，巧在同一天誕生。東省特別區，遂於舊曆年易手。

在九一八瀋陽事變，一百三十天之後，忽然發生迫近京畿的淞滬戰爭，這實在是出人意表。淞滬有什麼非訴諸戰爭不可事實？淞滬為什麼會引起中日正規戰爭？不但西洋人不懂，在華的外交官也不懂，就是中日雙方的政府當局對這一問題恐怕也難為正確的答案。

這真是像美國聯合參謀長會議主席布雷德萊對韓戰所下的斷語：一個錯誤的戰爭，在錯誤的地點，錯誤的時間。

所以外交界赫赫有名的當時英國駐華公使（後升格大使）藍浦生爵士認清這一點，對調停淞滬停戰盡了最大的努力，卒告成功。（藍浦生現尚健在，升授勳爵，現稱「基令勳爵」）。

然則這錯誤的戰爭，將錯就錯，究竟錯在那裡？

日本方面，經過濱口首相的刺死，若槻禮次郎再度組閣，遭逢事變，更由民政黨轉移到政友會手裡，軍部首腦部又有一番更迭，少壯派逐漸抬頭，三宅坂的氣象，非復往日，同時海軍方面的積極分子和「中國班」的將校也都躍躍欲試，一顯身手，不願讓陸軍搶盡風頭。

日本統帥部對中國的分野，北方是陸軍的勢力，南方是海軍的活動範圍，東北的關東軍，天津的駐屯軍，都是陸軍；日本海軍，派有駐揚子江艦隊，中國沿海的「海權」，差不多在日本海軍手內。

陸軍——尤其關東軍，已決定了擴大「滿洲事變」的計劃，正在多方面的努力，如何使「滿洲」打破現狀，造成新事實。中國政府雖然對「滿洲問題」沒有積極的對策，但在日內瓦國聯會議中總是一件重大的議案，懸而不決。西方各國，隔岸觀火的心情，隔靴搔癢的決議，固然對「滿洲」的現實狀況不會有多大的影響，然而如果得有「滿洲」以外的新事態，一旦發生，集中西方各國的注視，轉移西方各國的目標，日本從而運用外交的技術和武力的表現，雙管齊下，使此新事態得到適可而止，恰到好處的滿意的結束，對「滿洲」方面「新事實」的完成，當有意想以上的絕大的助力。

挑起淞滬戰爭的重大的因素，就是日本陸海軍人聲東擊西「圍魏救趙」的最高戰略。一．二八淞滬戰事一起，關東軍便乘機積極北進，二月六日——陰曆除夕，沿中東路入哈爾濱市。

十九路軍在淞滬戰的表現，當然值得讚揚。但中國的軍人往往受政客的操縱控制，戰場的流血往往供政爭的犧牲，以十九路為主的淞滬戰，受東北淪陷的刺激，義憤填膺，執戈禦侮，與江橋的馬占山，南北遙遙輝映，在抗戰史中，留有不可磨滅的一頁，固無人能予否定；然而這一戰的背景，政爭的成分，派系的鬥爭，交織而成的重大的因素，亦屬不爭的事實。

熙洽「日元外交」大活躍

大迫甘粕合作下，努力擁熙。丁超李杜聯合軍，斷行護路。

正在一．二八淞滬戰爭進行中，熙洽在東北的活動，收到呼應的功用，沒有淞滬之戰，東北的局勢或不至急遽的轉變。

熙洽「開門揖盜」，歡迎多門師團進駐永吉、改組吉林軍政機構，熙洽乃繼承張作相為吉林「主人」。吉林的財政狀況，不算得好，尤其永吉銀號的紙幣，經過九一八事變，行市更日趨低落，不過張作相個人，在日本朝鮮銀行有定期存款兩筆，計日金三百萬元，合當時哈大洋六百萬元之數，這一筆資金，經由日人的斡旋，撥歸熙洽支配，增加了熙洽的「政治資本」，使熙洽對內對外的話「叫得響」，頤指氣使，攸往咸宜。中國人政客，包括有力的復辟派，日本少壯將校，以及右翼團體，「國士」、浪人，趨之若鶩。

關內軍駐吉特務機關長大迫通貞中佐，退役憲兵大尉以殺日共大山榮出名的番粕正彥，右翼團體，日本愛國聯盟的岩田愛之助，滿洲浪人上角利一等，都是「擁熙」的中堅份子，也就形成日系的吉林派。由這些人替吉林在關東軍及中央軍部展開多方面的活動。

復辟派以羅振玉為首，在熙洽的自治政府掩護下打進吉林。向在外交部主管日本事務最久的施履本這時正任吉林外交特派員。謝介石因羅振玉的推薦，目的在包辦吉林對日外交，不惜對施百端媒孽，逼使求去，施履本出走大連，預備赴滬，經日方向熙洽質問，乃又嗾使憲兵押解回吉，卒因日本人的撐腰，不久施仍回原任。謝介石則已內定榮任「新國」的外交總長。

熙洽的做法，原來是想結合各省的首長，孤立張景惠，利用他的「日元外交」達成以為個人中心的東北政治勢力。但臧式毅、馬占山，平日既不重其為人，事變後更不直其所為，馬占山由海倫歸來，事前對熙派往的代表，並未說到，趙鵬第由吉回奉，對熙所提意見，臧式毅一無反應，此外如老一輩的湯玉麟、張海鵬，更不免羞與樊噲為伍的一種舊觀念，熙洽一時對萬能的「日元外交」似乎不無自信動搖的煩惱。

大迫和甘粕合作下，吉林決定使用武力進取哈爾濱的濱江縣，同時攫奪中東鐵路的「護路權」，得到一部份關東軍幹部的支持。

哈爾濱這個地方，真算得極錯綜複雜的一個局面。哈爾濱本市，分道外、道裡、秦家崗三區，道外屬吉林的濱江縣，道裡和秦家崗屬東省特區，松花江對岸的松浦鎮則又屬黑龍江省。所謂哈爾濱市，是舊俄時代相沿的中東鐵路附屬地的稱謂，這一個國際都市，其實並不管轄鐵路以外的濱江。「滿洲國」成立以後，才將市區擴大，松江和松浦，都合併而成「大哈爾濱市」，這是後話。

濱江既然屬於吉林省，熙洽的命令，當然達到濱江，所以吉林就發表新編制成軍的于深澂為濱江警備司令。于軍奉令開往濱江，勢不能不通過中東鐵路，但護路軍代總司令丁超，得著情報，于深澂軍的北進，打算奪取護路權，項莊舞劍，意在沛公，丁超乃聯合李杜起而自衛。在頭道溝（長春）附近，丁、于兩軍，發生一次不大不小的戰事，于軍敗北，死傷不少，且發現有日本人屍體多具。丁超當然向張景惠報告經過，于軍敗退，熙洽也經由關東軍對張景惠提出交涉。關東軍部這時正忙於懷柔北滿，借重張景惠的地方多，土肥原已就任北滿特務機關長，對於北滿安定局面，也不願另起波瀾，妨害大計。因此吉林于軍北進，暫告停止，由張景惠出面著手調停丁（超）李（杜），和于部的衝突，從而解決于深澂的警備濱江問題。

二十　東省特區的劇變

鶴唳風聲中的哈爾濱

關東軍公函致張景惠，通告出兵。市當局奉命向領事團，宣布自衛。

丁超、李杜的問題尚未解決，香坊上空的事件又「應運」而生，這便使日本有了藉口，「進出」特區。然而就當時折衝的實況加以分析，假使淞滬不發生戰事，日本軍尚不無多少顧慮，特區當局對日軍的交涉也還大致「全軍皆墨」。這就是所謂「形勢比人強」，冷戰熱戰，理無二致。

丁超是日本士官出身，和楊宇霆、張煥相、熙洽等先後同學，在東北軍人中，有相當頭腦，也負相當聲望。李杜是行伍出身，人也很伉爽正直。他們不是盲目的愛國論者，他們也都擁護張景惠的保鄉衛國的主張。過了一個相當時期，丁超重返東北，因張敘五關係任國務院顧問，李杜所部則由「滿洲」邊境，經俄國抵達新疆，異鄉流轉，禾黍興悲，李杜本人，抗戰時一直住在重慶，共黨奄有大陸後，全無消息。（編按：一九五六年八月二十三日，李杜在重慶逝世，享年七十六歲。）

丁、李對吉林熙洽，尤其對于深澂，因奉、吉系派的不同，私人情感不佳，據丁、李所得情報，于深澂北進，確攜有熙洽的派令，代理中東鐵路護路軍總司令，濱口警備司令的頭銜，僅係對外的過渡名義。土肥原向吉林特務機關查詢，證實其事。丁、李對于，不惜背城借一，決勝疆場，原因亦即在此。大迫機關雖然支持熙洽，關東幹部一部分也左袒吉林，但無香坊上空事件，以北滿當時舉足輕重的地位，及土肥原、板桓、甚至本庄繁本人，一時尚不至採取積極的態度，使北滿有急遽的變化。

香坊飛機事件的究竟是怎樣的背景，什麼人開槍射擊，動機何在，因為追究不出，始終是一個謎。

關東軍少壯積極分子，尤其現地部隊，垂涎特區，匪伊朝夕，抓著這個題目，自然不肯放手，當時東京軍中央部及在滬陸海軍武官，連絡頻繁，戰事已在秘密醞釀，關內外桴鼓相應，在軍略上，都有其必要性，石原莞爾中佐（後升至中將）正任關東軍部作戰課長，是關東軍「進出」東省特區的主動人。

哈爾濱特務機關——北滿特務機關的第一輔助官，百武中佐，代表關東軍訪問張景惠長官，送達公函，大致說：有鑑於北滿的不安氣氛，造成香坊上空射擊日軍機事件，軍方為保護日僑，決定派兵來哈，函達查照。

張景惠便召集特區文武官吏，緊急會議，丁超、李杜表示追隨張長官之後，應付艱鉅，特區及濱江一致在張景惠領導下，進入特別警戒狀態，護路部隊增援前線，充實力量。哈市當局奉命邀請領事團，說明特區緊張局勢，以及張長官決心自衛，維持北滿的治安，保障外僑的安全。駐哈領事團以美總領事翰生為首，偕英、日、法、義等國總領出席，蘇聯總領事斯拉烏斯基，及東路副理事長庫滋聶索夫，東路局長魯德義，也應邀與會。

市當局的一場報告，很博得領事團的同情與贊許，翰生美總領事代表答詞，希望特區當局根據既定方針，努力應變，領事團及各國僑民，信賴地方政府，併不惜予以必要的合作與支援。

會議散會，市當局約蘇聯代表，單獨會談。同時日本駐哈總領事也自動要求作一度友誼的談話。

特區一時扭轉主動

日軍進駐特區，僅是時間問題，特區扭轉一時的主動，贏得相權害輕，差強人意的條件而已。

市當局和蘇聯總領事斯拉烏斯基，東路副理事長庫滋聶索夫，在會議散後一小時，復在市署會談。特區方面，最重要的就是探詢蘇方對日軍由長春運兵北上將採取怎樣的態度。

談話的結果，蘇方表示對日軍提出要求，當儘量的予以「婉拒」。讓他向特區當局洽商，中蘇雙方當保持緊密聯繫，庫滋聶索夫和路局局長魯德義，並親自訪謁張長官，有過同樣的鄭重表示。

當晚大橋忠一與市當局在長時間談話中，慨然以調停自任，不但對關東軍、特區的問題願意盡力，並且對特區和吉林兩方的關係，也願以第三者的立場，盡排難解紛的一分心力。大橋忠一在日本外務省，是才氣奔放，不受羈縻的「異端派」，他反對霞關的傳統，他鄙視外交官的技術性。九一八以後，他和關東軍將校保持極好的關係，軍方也極表推重，所以他當過「滿洲國」外交次長，外務長官，後來松岡洋右任外相，力挽他出任次官，松岡出國訪問德、蘇，且一度代理外相。他支持軍部對內對外的積極政策，但不一定附少壯軍作過度的擴張，挺而走險。所以戰後，解除整肅，便當選眾議院議員。且以極有限的選舉費，獲得岐阜縣最多的選票。

經過這兩度會外的「會議」，特區方面，形勢比較好轉，日軍運兵問題果然碰壁，乃轉過頭來，復與張長官作友誼的協商。大橋忠一經與土肥原一度詳談，且直接和板垣征四郎往返電商，關東軍乃改變硬派作風，仍以協商的姿態謀求和平進駐。

日軍進駐特區僅僅是時間問題，方式問題。東省特區所贏得的也僅僅是扭轉一時的主動，博取相權害輕，差強人意的枝節的條件。邊塞孤兒，回天無力，灰心短氣，徒喚奈何。張景惠在那一階段，確曾有過好多次的痛哭流涕。——這是張景惠得名善哭的所自來。

土肥原賢二在香坊上空事件後，關東軍通告出兵，有好幾天沒有出面。大概是一月三十日那天的早晨，土肥原藉介紹駐上海岩松武官的機會，偕岩松訪問市當局，且託張長官致意，約時趨訪，同日上午，土肥原、岩松與張景惠會見。

土肥原即席表示，對香坊事件，引起許多問題，殊為遺憾，但根據個人信念，及對長官的信心和敬意，當協助長官解決一切困難，粉身碎骨，在所不辭。自此談話，日軍進駐特區，乃進入本格的「外交交涉」。大橋忠一雖未出席，但由領館松本書記生擔任通譯。

是日下午，由土肥原約集東路的副理事長庫滋聶索夫，局長魯德義，在張邸會商，張長官並邀東路代理事長李紹庚參加。東路督辦兼理事長莫德惠因公出國，由李代理。日方正式提出運兵北上，由東路準備車輛的要求，蘇方代表以官方運輸照例須由特區長官，出具公函，方能辦理，張長官也以特區長官，函知東路，代日軍要車運兵，無法措詞，表示難色。

會議四小時以上，未得結論，後由張長官提出試案，由日軍與特區，先就進駐問題取得協議，再進而討論運輸技術，日方接受此意，繼續會商，蘇聯代表乃宣告退席。

日軍進駐特區協議調印

張景惠確帶著沉重的心情在這一紙強權下，隨時可以扯毀的協議書上，簽上了三個大字。

張景惠在和關東軍代表，——哈爾濱特務機關，會議日軍進駐特區的時候，又發出幾個電報。給張作相的電報，是為的濱江鄰近賓縣活動的「吉林省政府」，張作相馬上就來了覆電，他事前並不知有此事，已電告有關人士，停止活動，免生枝節。他對張學良，先後發此三電，報告特區緊張形勢，問他有何辦法？有無指示？這些電報，恍如石沉大海，一無反應。南京方面，正在忙淞滬戰事，當然更無暇及此。

特區和日軍提出的條件，大致如下：（一）日軍應正式聲明，進駐的理由為保護日僑，也就以護僑為限，一俟時局平靖即行撤退。（二）日軍在郊外駐紮，不進哈爾濱市區。（三）日軍不干涉東北特區、哈爾濱市、濱江縣軍政事宜。（四）日軍方面所有聯絡事項，均經由特務機關、與特區長官公署，哈爾濱特別市政局，接洽辦理。

這條件中第三項，特別提出吉林省屬下的濱江縣，是因為濱江和特區事實上有不可分的關係，如果日本人在熙洽同意下，控制著濱江，那便等於控制了特區。

在張景惠提出這條件的時候，滿以為日軍方面不會接受，但土肥原在會議席上，立即表示，他個人認為張長官的條件是合理的。第二日（二月二日）上午，土肥原復來張邸，並帶同剛抵達哈市的第二師團（多門師團）參謀細木大尉（後升大佐，七七事變，死在通州）出席會議。首由土肥原說明關東軍部及第二師團，對長官所提條件，原則均同意。軍方決定此項進駐協議，由前線司令官多門中將簽字。再日軍駐紮哈市郊區可以接受，但師團司令部須在市區辦公，希望予以同意。張格於情勢，難以再事拒絕。

同時因中東鐵路理事會的希望，張景惠在所商條件內加入一項：日軍對中東路遇有必要事項，須商由特區行政長官公署轉函辦理，不直接發生關係。日軍也即席同意。

這一項重大轉變的日軍進駐特區問題，總算取得協議，日方由土肥原大佐代表關東軍，細木參謀代表多門師團長當場簽字，協議書正本兩份由細木攜回前線司令部，經多門二部中將簽字，加蓋印信，約定第二天返回哈市，再由張長官簽字，舉行所謂「調印式」。張景惠當時，確帶著十分沉重的心情，在這一紙強權下，聊勝於無的隨時可以扯毀的所謂協議書上，簽上了「張景惠」三個大字。

在所謂「調印式」之後，市當局奉命召集各法團代表，宣布日軍進駐協議的經過，並將日軍準備的進駐理由聲明，分發各法團，以供參考，以後經市當局提議，多門到哈後，並佈告周知。

同時市當局又一度邀請駐哈領事團，說明交涉經過，以及日本接受條件的內容，領事團表示，哈市安全秩序得到保障，各國僑民可以安心，應為全市慶幸，對特區當局，表示敬意。日本總領事大橋忠一也很興奮的參加此會，在臨行時，撓起他的大姆指說：「張景惠第一，張景惠偉大。」

在日軍進駐哈市之日，哈爾濱市內，雖不無相當驚慌，但未發生任何事件。不過日軍在長春，運兵北上，強制征用東路車輛，有一場紛擾，以後在一面坡以北和丁李護路軍有一度接觸，相當的激烈，究不像日本人所自詡的「無事進駐」。

二一　九一八事變與蘇俄

奉俄協定後的東北局勢

齊楚兩大之間，外交加重困難，張吳重修舊好，奉軍又告入關。

張作霖民十五，一月宣言，與北京政府，斷絕一切行政上關係，這一動機，一方面固然表示，對段祺瑞政府的不滿，另一方面也確有休養生息，確保東北的用意。這是受了「文治派」王永江的，最大的影響，王永江的主張，著眼所在，是中國全部紛亂如麻，非東北一隅所能為力，若再勉強從事，今日聯甲制乙，明日合丙倒丁，於全局固無所補救，徒然損耗人力物力，斲喪東北的元氣。蘇俄革命以後，漸漸的抬起頭來，向外發展，挾著馬列主義，思想武裝，平等解放，幣重言甘。民十三在北京，簽訂中俄協定之後，加拉罕代表，復親至奉天，訂立一個「奉俄協定」，及管理中東鐵路暫行協定，但中、俄疆界問題，中東路附帶未決問題，尚未全盤獲得協議，北滿一帶，尤其東省特區，「紅俄」勢力，潛滋暗長，歸附的白俄的，稱做「紅蘿蔔」的，人數增多，這一心腹大患，不在日本以下。

而且因為蘇俄復起，勢力東漸，對於南滿一帶，提高警覺，既怕張作霖聯俄以自重，更怕共產主義滲透南滿，影響日本。因為那時候日本國內，共產黨已有組織，不獨學術界如河上造之流，公開講授馬克斯，恩格斯學說，青年學子，好新奇異，也相率趨時，以高談馬、恩，表示前進，甚至貴介公子，如近衛文麿公爵，屆然捨東京帝大，改入西京帝大，執贄於河上之門，一時風氣，可以想見。民十二年九月一日，日本關東大地震，並發生大火災，日共首領大山榮，被東京憲兵分隊隊長甘粕正彥捕獲，立即槍決，據甘粕的日記，當時以大山為首的日共行動隊，有放火殺人，造成恐怖的陰謀，且在東京市內，已發現好多起這樣的案件，他不得不緊急處置，事後甘粕雖因擅自行動，受到軍法懲治，住了幾年陸軍監獄，但甘粕正彥，畢竟因此成名，為右翼團體崇敬之「的」，足見當時日共猖獗的情況。日本人怎能不對奉俄關係的進展，予以特殊的注視？

王岷源（永江）的主張，實在說起來，重點還多分在外交方面著眼，一個日本，已經不易對付，再來一個死灰復燃的俄國，東北外交，自然加重困難，固然在外交上，介乎齊、楚兩大之間，從某種角度來看，有時運用起來，盈虛消長，反比受制於一個強隣，較易得心應手，然而自己毫無實力，全憑外交的技巧，周旋於國際坫壇，終久必有紙老虎戳穿的一日，絕非長久之計。王岷源主張「閉關」自守，主張充沛實力，最大的目標，還在對付壓境的強隣，確保東北邊防的無事。他認這樣，張老將也就英名一世，無愧千秋，何必興師動眾，勞民傷財，和一班自私的軍人，無賴的政客，爭一日之短長哩。

像王岷源這樣的，卓識遠見，實踐的政治家，不要說在東北，就是偌大的中國，濟濟多士中，又有幾人？

幼稚可笑的「中俄事變」

評論家認為沒有「中俄事變」的前轍，日本軍人還不至高視闊步的發動九一八，一無顧忌。

十八年六月的所謂「中俄事變」，實在說起來，在中國方面，是一場毫無準備，毫無目的的「兒戲」，充分的表現張學良的幼稚可笑，評論家有的認為沒有「中俄事變」的前轍，日本軍人還不至高視闊步的發動九一八事變一無顧忌。

據比較可靠的紀載：是年（十八年）五月二十七日，第三國際區域會議，舉行於哈爾濱，事前中國當局已得密報，乘開會之際，圍搜俄國領事館，文件中發見中東路俄員全屬共產分子，六月十一日該路俄人局長及所有蘇俄職員一律撤職，其情跡重大的並予拘捕，蘇俄聞訊，向駐莫斯科中國使館提出抗議，要求立即釋放被拘俄員及從速開議中東路一切問題。中國復文說明所有措置純為防止擾亂治安之突發，同時亦抗議蘇俄無故拘捕華僑。十八日俄二次照會，謂協商解決途徑已窮，不得不召回使領人員，並通知中國使館立即封閉，人員即日出境，邦交因此遂告斷絕，俄軍已在同時向我境挑釁，戰況愈趨嚴重，東北軍潰敗，十二月停戰，簽伯力協定，恢復原來狀況，所有十三年奉俄協定未解決事項移至莫斯科會商，由中東路督辦莫德惠，以特使名義，前往出席會議，截至九一八事變，尚未獲得協議。

中俄事變直接責任者，中東路督辦呂榮寰，對此事發動，確有藉此獻功，保全地位的私念。呂榮寰初附王永江，任奉省省議會議長，王退隱以後，奔走楊宇霆門下，取得東路理事一席，不久榮升督辦，楊被槍殺，呂榮寰極為不安，四出活動，欲沖脫楊派干係，以求學良諒解，多方條陳，立功自效，所有哈市情報以及收回東路，拘捕俄員並驅逐俄人副理事長及路局局長，都是呂督辦密呈學良，直接奉令辦理，呂當時氣焰高張，不可一世。吉林主席兼東路護路軍總司令張作相，會同特區行政長官張景惠，在哈坐鎮，對呂榮寰的行為固不以為然，惟事關對外，又係主帥請准中央，在原則上自不能表示異議，但在執行技術，力誡呂榮寰及地方軍警首長，慎重將事，不得過為已甚。對俄總領事，東路副理事長，路局局長等高級俄員，身家的安全，由兩張盡力保護，日常生活，照舊優予供給，出境時，且由兩張躬親送行，以防不測，呂榮寰等對這兩位元老，當然有相當的敬畏，他們有所主張，也不敢不遵循從事。

據簽訂伯力協定的蔡運升所談，伯力協定的順利告成，得力於遺歸俄方高級人員的支援不小，張作相、張景惠當時好意維護，得到最大的意外收穫。

例外的蘇俄「不撒謊」表示

他們的做法，儘量的向中國人表示好意，對日本軍儘量的容忍退讓。

伯力協定簽定之後，中東路重復舊觀，蘇俄駐哈總領事及東路高級幹都起用新人。斯拉烏斯基、庫滋聶索夫、魯德義，先後抵哈就任。呂榮寰免職，永不敘用，是伯力協定的條件之一。莫德惠接任中東路督辦理事會理事長，旋因會商中俄協定，奉俄協定有關東路細目事項，奉派赴俄，由理事李紹庚代理。

莫柳忱（德惠字）以東北政界先進，識見閱歷，卓爾不群，尤以繼王永江代主奉天省政，表現深得人望，奠定了政治的地位。李紹庚俄文學校出身，久在哈市服務，語學擅長，人亦穩練，和呂榮寰迥乎不同。蘇聯總領事及東路幹部，雖係新進，似均受有嚴格訓練，絕無張牙舞爪的習氣。最可怕的，蘇俄在事變一役，軍事雖佔上風，來哈新貴，表面上不帶些微「戰勝者」的得色，地下工作當然依舊進行，但對中國人尤其對地方政府首長，冷靜地中寓有適當的禮貌，避免刺激，力誡囂張，因此中蘇關係，在火藥氣味之後，一時轉趨於靜化，不久以前的全武行的大戲，彷彿有隔世之感。

蘇俄方面，對日本人關係向抱有最大的警覺。他們知道上年的中俄事變，內幕中穩伏著日本人的活躍。滿鐵代表石本理事，通過外交部亞洲司長周龍光的關係，怎樣向東北最高當局獻策，怎樣建議收回東路，滿鐵怎樣圖謀和東北合作，調整交通方面兩方的歧見，這一切的一切，俄國人瞭如指掌。所以中國官吏，因中俄事變受有免職查辦處分的，除東路督辦呂榮寰外，還有外交部亞洲司長周龍光，因此，周龍光倒和張學良發生了進一層的關係，成為學良幕中對日外交的智囊，以後天津事變，受命代理市長，挽救危局。

九一八事變後，蘇俄在哈當局，對外態度更為嚴謹。他們對日本人當然不會抱有好意，但蘇聯正埋首五年計劃，建設國內，羽毛未豐，不可以高飛，他們懂得這個道理。在革命退卻那一階段，所採取的做法，是儘量的向中國人表示好意，同時對日本軍部儘量的容忍退讓，只要不侵害蘇俄切身的利益。

在日本特務機關，東省特區當局商量日軍進駐特區的那幾天，東路俄人，當然不參加這會議。蘇總領事斯拉烏斯基卻兩度訪問當局，探詢進展情形，且代東路俄方理事懇切的說明，願與中國當局密切合作的誠意。略謂蘇俄對北滿，尤其東路關係，決定以特區當局為交涉對象，希望緊密聯繫，只要特區有必要，同時又為蘇俄現地當局能力所及，無不竭盡一切，隨時協助，希望特區當局予以諒解。

共產黨人「撒謊」，幾乎是他們天經地義的「本能」，——「不撒謊」倒是例外。不過蘇俄對日本，根本不可能具有好意，蘇俄對日本在「滿洲」的擴張主義抱有嫉妒的心理和無言的怒視，尤其關東軍進出特區，中俄邊境，叱咤風雲，給蘇俄無比重大的威脅，更不是克里姆林宮所能漠然無動於中的。斯拉烏斯基的訪問，固然為的探詢究竟，斯拉烏斯基的表示，事先必受到莫斯科的訓示，或者倒是一次例外的「不撒謊」。

強制運兵和雙城血戰

蘇俄理事暗送秋波。多門二郎難分春色。

關東軍在長春運兵北上的時候，採取直接行動，由頭道溝（長春）強制徵用東路車輛。中東路的路軌是闊軌，和南滿鐵道的「標準軌」不一樣，南滿的車輛在東路不能行駛。

東省特區長官公署，替日軍出公函，要車輛運兵，事實上，在那個時候不可能辦到，這是張景惠向日軍當局鄭重的表示，日本軍對東路的俄國人當然也一再交涉過，俄國副理事長，可能暗送秋波的表示過，強制徵用，無法阻止。特區長官公署，接獲頭道溝車站路警分局的報告，日軍已由鐵路運輸北進，曾向庫滋聶索夫詢問，得到的答覆是在日軍壓力之下造成的事實，鐵路人員難以抵抗。這和以前蘇俄在哈高級人員對市當局所表示的若合符節。

日本人造成這一既成事實，以後使用中東路，援例辦理，不曾有過障礙，進入哈市以後，關於運輸事項，他們也不一定經由特區當局，就直接向東路洽商辦理。「既成事實」本來是國際間應付有時而窮的一種默認。蘇俄最現實的，他們在不作抵抗、不能抵抗的時間與空間，「北極之熊」有時會老實得像綿羊一般。這是他最可怕的所在。

在長春，哈爾濱的中途——雙城附近，丁超、李杜的護路軍，嚴陣以待，和關東軍打了一仗，戰況相當的激烈，雙方都有死亡，關東軍一時退了三十多里，護路軍總部的公報，「日軍敗戰退走。」

丁、李兩人對特區簽訂的「和平進駐協議」，原則上並未提出反對，但丁潔忱（超字）曾向張長官吐露，他與李杜，對熙洽尤其于大頭（深澂綽號）不能合作，于大頭志在東路已非一日，他們既倒向日本，又有日軍少壯幹部、浪人，替他們撐腰，一旦日軍進駐哈市，這便是他們的天下，到時候敘帥（指景惠）非但難為庇護，甚且因此惹著一身麻煩。丁、李決定在相當情況下，退往三江，靜待轉變。張敘五聽到這一番話，當然也不好過分勉強，留下他們，將來難以交代，對不住人。丁超、李杜在雙城附近一場血戰之後，便準備撤退，回到李杜的三江防地——李當時任三江鎮守使，調停丁、李的工作，至此告一段落。

丁、李部隊全面撤退，陰曆除夕的清晨，——二月六日，土肥原偕細木大尉復訪市當局，並同往謁晤張長官，細木六日晨，由前線繞道來哈，多門中將，預定同日下午，統率天野、長谷部兩旅團，利用汽車運輸，進入哈市，細木傳達多門司令官的意旨，為減少特區的麻煩，並增進和平氣氛，司令部進駐時，特意不乘火車，這是尊重張長官「進駐協議」條件的表示，希望諒解。多門二郎曾任日本陸大校長，在軍人中負有相當聲望，一時有儒將之譽，他駐軍哈市的短時間，倒處處遵守他一手簽訂的協議。

有一次酒酣耳熱，多門和特區當局，放言無忌的談到「事變」。他說：「我要是關東軍司令官，我不會這樣的搞法，中日沒有敵對的理由，反之日本的大患，另有所在，日本應該愛惜國力，和中國共同對付共同的敵人，可惜我是一員師團長，我只有服從命令，指揮作戰。」

多門二郎，第二年年終，「凱旋」回國，旋即奉命退役。關東軍最初唯一的師團長，馳騁南北（滿），叱咤風雲，竟會有功不賞，難分春色，連大將的頭銜，都沒有輪到，牢騷抑鬱，不久便病死家園。日本軍部以內，派系鬥爭，難容異己，於此可見一斑。

二二　東北政委會復會與解消

柳暗花明的東北行政委員會

多門中將入哈第一面，表示盡力支持哈爾濱會議的決議，恢復東北行政委員會。

民國二十年陰曆除夕之夜，七點鐘光景，日軍汽車隊開入哈爾濱市，五噸十噸的大汽車，大約有二百輛之數。多門二郎中將，假南崗滿鐵理事公館做個人的宿舍，他首先派遣細木參謀，隨同參謀長上原大佐，由土肥原特務機關長嚮導，代表訪問特區當局致敬。當多門師團進入哈市時，特區當局，僅派有警察，保安隊，出動照料，長官以下高級首長均未出面周旋。

上原參謀長訪問時，約定次日上午十時，在滿鐵公館，作初度會見。多門首先向張長官及市當局致謝，即座接受市當局的提議，以前線司令官名義，將進駐協議各項條件佈告中外市民，同時並重申軍紀，（一）日軍人不隨便進入市街；（二）日軍部不直接與市民接觸；（三）日憲兵不過問哈市官民事項，因為日軍在瀋陽、長春、永吉，以佔領姿態施行軍政，此次進駐特區，既先訂有協議，情形與奉、吉兩省不同，應該鄭重宣示，以免混淆，這是特區當局有此提議的最大原因。

多門二郎事先接得關東軍電報，知道馬占山已抵哈，向張景惠表示，他渴望與馬將軍晤面，握手言歡，清除年前江橋作戰的誤會。第二天上午，便由張景惠作東道主，在私邸為馬占山、多門介紹會見。馬占山英雄本色，固毫無忸怩作態，多門一見著馬，就極親熱的緊緊的握手，並囑通譯傳達他一向敬慕和懷念的情愫。

賓主間一番酬應之後，便進入重要談話的階段。多門表示，日本對「滿洲」絕無領土的野心，他這一個師團，自事變以來，轉戰南北，但他個人確從未以敵人看中國，軍方的命令，也只是「保障佔領」，他不以為這是正規的戰爭，他更不認為中、日兩國人會相互仇視，他奉到命令，對中國當局，說明日本的真意，日軍的立場，至於政治問題的洽商，土肥原大佐負有此項任務，本人以前進指揮官的地位，當不惜微力，儘量的協力支援。

張景惠、馬占山當將哈爾濱會議的決議案向多門詳細敘述，並強調非維持現狀不能安定局面，非亟早恢復東北最高政權無以收拾事變，中、日兩國，只有合作，才能穩定東亞全局，東北狀況，如果有急遽的非常變化，中、日關係，必至愈鬧愈僵，難以轉圜，未來之事，固於中國不利，恐亦非日本之福，希望遠見的日本軍事當局多多考慮。多門很為動容，復由土肥原補充說明該決議案已報告軍部，原則上得到贊意，推進實行，為期當不在遠。

多門對哈爾濱會議的決議表示全力支持，並允即日電報關東軍部，陳述個人見解，對於東北行政委員會移至哈爾濱開會，也認為比較適當。臨別復向張、馬兩人鄭重要約，彼此精誠相見，為中日兩國前途，共同努力。張景惠馬占山在會見完畢後，都認為多門二郎對中日問題確具有真知灼見，絕非一班橫暴粗率，居心欺騙的無賴軍人所可同日而語。

東北行政委員會的恢復工作，在多門、土肥原合力主張下，得到關東軍的諒解，決定陰曆元宵，在瀋陽舉行第一次會議。

趙欣伯宅爆彈會議

熙洽、石原、片倉密謀同意之下，乃有此霹靂一聲，趙宅的「爆彈會議」。

東北行政委員會，決定陰曆元宵節，在瀋陽復會。先一日張景惠、馬占山乘日本軍用機兩架，由哈爾濱出發，除兩人的隨員外，北滿特務機關長土肥原賢二代表關東軍伴送張、馬赴瀋。抵達瀋陽，即召開預備會，遼寧省政府主席臧式毅、吉林省政府熙洽、熱河省政府主席湯玉麟代表，均出席參加。當時由馬占山、臧式毅、湯玉麟的提案，（一）追認熙洽代表吉林省政府，（二）推定黑省特區行政長官張景惠代東北行政委員會主席。各省區首長，對各項問題，廣泛的交換意見，決定第二日召開正式會議。

第二日上午正式復會，關東軍司令官本庄繁中將以下軍首腦部，暨瀋陽地方各法團代表，均參加復會典禮。國旗國歌，一律照舊，且舉行簡單而隆重的一次招待宴。土肥原參與盛會後，次日上午，乘飛機返回哈市，下車後即往訪特區負責人，報告復會經過，彼此均感滿意。

翌日政委會照常舉行會議，各省區首長均出席，通過議案幾項：（一）吉林省政府主席由熙洽代理，（二）中東鐵路督辦兼理事長由李紹庚代理，（三）任命趙欣伯為奉天市（瀋陽）市長。同晚七時，本庄繁在大和旅館招宴全體委員及首長。宴會之後，由趙欣伯出面，約集政委會主席以下各委員在趙宅會談，並說明關東軍重要幹部將來與會，作非正式之會談，交換對時局意見。

是晚十時，張、馬、臧、熙、及熱湯代表均聚集奉天市長官舍（前熱河都統汲金純私宅），關東軍參謀片倉衷代表軍部與會，熙洽首先表示，當前局勢的嚴重性並不因政委會復會轉為安，學良舊人，抗日份子，潛伏南北滿各地，陰謀禍亂，非有徹底的安全辦法，後患不堪設想，徹底的最好辦法，惟有改造局面，建樹嶄新的政權，與民更始，方能使東北全部局勢底定，三千萬人的生命財產有所寄託，日本軍才能放心大胆交還主權。

馬占山在熙洽說話之後，發表他的意見。他說大家這次來奉之前，已先有商量，且得到日本軍當局的諒解，恢復東北行政委員會行使主權，昨日剛告復會，不宜率爾改張，使東北人心愈趨不安，中外傳為笑柄，個人此次由海倫到哈，更由哈來瀋，為的恢復主權，共謀長治久安的親善外交，對於格民（熙洽字）的主張，希望大家從長計議，不要操之過急。臧式毅對馬占山的意見，表示同意，但為和緩熙洽計，主張由政委會詳加檢討，再作商量。

片倉衷是關東軍部大尉參謀，作戰課長石原莞爾中佐的「片腕」（得力助手），負責政治計劃，石原是日本軍人中的「戰略家」，也是對俄軍略的權威，少佐時代就享有盛名。他就對俄作戰的出發點，認為日本控制「滿洲」具有絕對的必要性。日軍不動則已，現在既然抓著機會，奄有南北滿大陸，日本絕不容意存姑息，採用半步政策，使舊政權復活，國際間藉口調停，伸入「魔手」，關東軍五月來，甘冒大不韙，苦心策劃經營的局面，又敗於一旦，不但違背對蘇戰略的根本原則，而且來日方長，三國干涉的舊事可能重演，殊非關東軍所能容忍。

石原授意片倉，做滲透工夫，熙洽一行，抵達瀋陽，與片倉密謀推翻這已成之局，復經由片倉，極機密的和石原計劃。石原、片倉和熙洽的同意之下，乃有此霹靂一聲的趙宅的「爆彈會議」。

急轉直下的「新政權」運動

關東軍幹部認為「滿洲新國家」誕生出自天意。

趙欣伯私宅的會議，雖非正式的會議，但具有最大的決定性。熙格民（洽字）和石原、片倉的秘密結合，已非一朝一夕，趙宅的會談，是熙與石原、片倉有計劃的布置，自然無可疑議，趙欣伯可能和他們有相當的默契，但這是趙欣伯始終否認的。

熙洽、馬占山、臧式毅先後發表正反兩面的意見，張景惠因為個人立場，沒有表示，趙欣伯本不是政委，他卻也知趣，未曾發言。

片倉聽到正反兩面的表示，他認為他應該發言了。他先用日本話，很客氣的和主人趙博士（欣伯）說，他有點意見，想貢獻「閣下各位」做個參考，希望主人替他先容，得到在座諸位的同意。大家當然一致表示歡迎。

片倉起立發表意見之前，先由他的助手將印好的「滿洲新政權的方案」和「滿洲新國家建立的必要性」一本小冊子，分散給在座諸人，這兩項文件，係中日文對照，不懂日文的可以看中文，足見事前有充分的準備。

片倉的意見，認為「滿洲新國家」的誕生出自天意。日本軍對「滿洲」絕無領土的野心，這次事變，出人意料的發展，非人力所能做到，相信必有天佑。所以日本軍希望中國方面仰體天意，努力於王道樂土的建立，日軍從旁盡一切的助力。這件「滿洲新政權的方案」，是由中國方面的名流于沖漢先生領導的「滿洲自治指導部」集合中、日雙方專家，悉心研究，製定的計劃，請諸位閣下詳細閱看，提出意見，以備參考。

從片倉嘴裡，才揭開這個蓋兒。原來關東軍司令部直轄的「滿洲自治指導部」就是于沖漢領導的，「滿洲建國的方案」也就以于沖漢為首的自治指導部的傑作。熙洽的于沖漢的暗中活躍可能知道一些，但于沖漢就是建國方案的主稿人，大概還是第一次聽見。于沖漢當時據說已在病中，「滿洲國」成立不久，便一命嗚呼，由日本人主動，追贈建國勳章勳位，稱為建國第一「功勞者」。這是後話。

張景惠、臧式毅、馬占山等聽到片倉的一番說話，感覺驚奇，相顧失色，但在一個「戰勝者」的面前，大家又有什麼可說，何況還有中國的代表人物，如于沖漢、熙洽、為虎作倀，替日本打頭陣。

果然，熙洽在稍稍翻閱一下小冊子之後，就起立說話。他說對「滿洲建國方案」原則上表示贊成，細目不妨從長計議。他提議即日成立「新政權準備委員會」代替東北行政委員會，由東北政委會委員——即各省區首長任委員，並公推東北元老張景惠長官任委員長，為最高準備機關，著手籌備「新國家」一切事宜。同時指定長春為「新國都」，所有新京大典籌備事項，另派專員負責辦理，關於新政權籌備費用，先由吉林墊撥，以後作正報銷，由國庫歸還。熙洽說完了話，經通譯日語，片倉參謀，就起來詢問大家，有無異議，有無補充意見，座上無人表示，就算無異義通過。旋即宣布散會。

翌日清晨，板垣征四郎大佐，隨帶片倉衷大尉，赴商埠地張景惠私邸訪問。板垣說明新政權方案製定經過以及吉林派堅決主張成立新獨立政權種種，希望張長官特別諒解，並以大乘的見地，貫徹初衷，收拾事變，安定全滿。板垣復代表日軍司令官，促請張景惠就任新委員舍委員長，領導新政權準備的工作。

曇花一現東北政委會

滿洲自治指導部的「建國方案」和石原莞爾的理論，是一致的，不相背謬的。

東北行政委員會復會之日，特區方面，預定哈爾濱市為中心，南起長春頭道溝，西至滿洲里，東迄綏芬河，並聯合黑龍江省政府，發動一次擴大宣傳。關於東北地方最高政權的再建立，對民眾作一啟蒙運動，聯帶的將九一八事變的經過和日本軍對中國當局屢屢的表示，以及日軍進駐特區，馬占山將軍復主黑龍江省政府種種經過，都詳盡的向北滿民眾有個說明。利用哈市新建的無線電台，以中、俄、英、日四國語言分日廣播。那時候廣播事業尚在萌芽，就是日本，廣播新聞，尤其講演，還不多見，中國方面，更不在話下，東北由無線電台收聽各國新聞，在民國十三年便已開始，當時主其事者，係東北無線電監督處；但由放送台廣播政治性宣傳性的講演，大概以哈爾濱為嚆矢。所以當時日文報「哈爾濱日日新聞」，亦羨亦妒的說這是「美國式的宣傳」。

然而這辛辛苦苦做到的東北行政委員會的復會，竟在「軍靴足跡」（用緒方竹虎語）之下，曇花一現的夭折而死了。實在的，這是石原中佐的——不，這是關東軍力量的偉大表現，張景惠、馬占山、臧式毅，固然赤手空拳，難以揮戈返日，就是熙洽等人也不過喪心病狂，受人利用，他們可能自命為「一面倒」的英雄，其實驅策由人，何嘗起有些微主動的作用。

關東軍直轄下的滿洲自治指導部，受石原中佐的領導，名義上以于沖漢為首領，網羅滿鐵本社所屬大陸研究所幹部，及在東北和關內各地的日本「志士」、浪人（日本語原意，不作「爛仔」解釋）。中國人僅有滿鐵囑託閻傳紱，大連報人呂宜文等數人。

自治指導部所擬的「建國方案」，大致如下：一、徹底消滅舊有政權。二、建立王道樂土的滿洲新國家。三、以中國人為中心，由日本人協力，根據「滿洲人的滿洲」，建立新興的「滿洲國」。四、「滿洲國」的新政權，應為民主政權。五、新國家，排斥政黨，排斥資本家。六、新國家的王道政治，依據中國「萬邦協和」最高的政治理論。

在關東軍最後定案的「建國方案」，有兩點須特別予以說明的。第一、在那時候，對於

「滿洲」的政體、確為民主政體、帝制絕無商量。第二、日本人在未來的「滿洲國」，決定站在協助的立場，既沒有充任「滿洲國」官吏的規定，也沒有包辦把持的意念。以後溥儀由「執政」進登「大寶」，由民主變為帝國，日本人不獨充任正式官吏，且保有日、滿雙重國籍，「滿洲」以日本人為領導民族，結合漢、滿、蒙、鮮、白俄各民族，建立「滿洲帝國」，是漸進的轉變，是日本軍人和政客、財閥，由分而合，由軍人「獨佔」，轉為三角分贓。由板垣、石原的「兩合公司」，而小磯主政，而東條統治，「滿洲國」每下愈況，和日本人最初的理想也愈趨愈遠。

撇開中國人不談，單就日本的理念來講，當時自治指導部的方案，當然和石原莞爾的思想體系是一致的，不相背謬的。石原的理論，著眼於軍事觀點，著眼於日本國防的最高戰略，石原對俄戰略的障礙，甚至張景惠、馬占山的理念，和日本對俄政策，也認為難以配合。石原的腹案，是一個日主滿從的，「滿洲人的滿洲國」，軍事、政治、戰略、經濟，儘管和日本一體，但「滿洲國」仍不失為獨立國，而且充分的發揮「緩衝國」的作用。

二三　「滿洲建國」中關東軍幹部

板垣征四郎與土肥原賢二

于沖漢何嘗不是傀儡，土肥原好像並未騙人。

板垣征四郎訪問張景惠後，復順道過訪馬占山、臧式毅，作同樣的要請。板垣並說出新國家的元首，正在商請「宣統皇帝」出來擔任，尚未達到最後結論，他即晚代表本庄司令官，前往旅順，同鄭孝胥、羅振玉等洽商。一俟商有頭緒，當再通知新政權準備委員會，張、馬、臧只有唯唯而已。

復活了兩日的東北行政委員雖沒有胎死腹中，但究不免落地夭折，從此中國的東北地方最高政權宣告死亡。這個政權的消逝，究竟是不是熙洽的力量有以致之呢？

熙洽對東北地方最高政權的死亡，當然要負最大的責任，但主動的不是熙洽，也不是于沖漢，是少壯軍人中以石原莞爾為首的那一群對俄積極主張的將校，聯合了在關東軍、在中央軍部、服務中國班的軍人，共同的決定。粗枝大葉的熙洽固然是被利用的工具，就是大名鼎鼎的策士于沖漢也何嘗不是「滿洲自治指導部」的一群日本人的「傀儡」。所謂自治指導部，也就是關東軍的「政工部」，參加工作的，不是滿鐵調用人員，就是當地的日本人，中國人也只有寥寥幾個旅大出身的「親日家」。

東北行政委員會復會的第二日，中途「出軌」，哈爾濱方面，接得張長官的電話，特區負責當局就向特務機關探詢究竟，土肥原賢二聞之，極表詫異，頻頻的說道：「絕不會有那樣的事」。後來他跑上機關的三樓，由無線電叫通電話，與板垣征四郎接談，他才知道變化的經過，他下樓走進客廳，向特區當局表示歉意，並喃喃自語：「這樣好像土肥原騙人似的，真對不過張長官、馬將軍」。土肥原和石原一系，始終水火，三月「滿洲」建國，四月土肥原升少將，調離「滿洲」，轉任廣島旅團長，都是石原系的手法，好像土肥原並沒有騙人似的。

據可靠的內幕消息，東北行政委員會復會的前兩天，關東軍的少壯幹部在陽瀋某料理亭集會，一致反對舊政權復活，並支持自治指導部擬就的「新政權方案」。當由石原將集會的情況報告板垣，轉向本庄繁提出要望。本庄因已向東北省區當局表示贊同，開會在即，斷難反汗，當囑板垣轉告司令部少壯幹部，不得輕率從事，除非中國方面有人作似此的有力主張，日本方面，才好因利乘便，轉變方向，否則「信義」所在，斷不能悍然不顧。

以後熙洽到瀋開會，石原、片倉、經由吉林特務機關長大迫貞通和熙洽溝通意見，定下密約。一方面便由石原約同關東軍政治顧問駒井德三商定發動的步驟，並徵得板垣征四郎的同意，指定片倉大尉，出面「放砲」，由片倉授意趙欣伯在本庄歡宴席上，邀請各區首長，赴趙宅談話。駒井曾任滿鐵本社農林課長，宮吏兼有浪人氣息，一身是胆，落拓不羈，自命是經營大陸的專家，事變後由陸軍次官小磯國昭推薦，任關東軍政治顧問，和板垣、石原打成一片，努力「滿洲國」建立工作，駒井出力最大。所以關東軍部，以板垣、石原為兩大台柱，而駒井德三實為「板」「石」兩合公司的靈魂，駒井依附板垣、石原，視為首腦、板垣、石原倚重駒井，推為腹心。以後「滿洲國」成立，駒井由國務院顧問搖身一變，而為國務院總務長官，集中樞大權於一身，視國務總理如無物，一時氣燄薰天，炙手可熱。

所謂建國工作，在瀋陽，至此已算大事粗定，唯一的關鍵，就看溥儀方面的交涉，怎樣進展，於是旅順乃成為視線集中之點。

石原莞爾與自治指導部

石原想以「滿洲建國」求解決事變，幹部欲以政治體驗去改造日本。

石原莞爾的「滿洲建國」理念，就中國人的立場來說，自然認為是日本擴張主義的結晶，侵略主義的飾詞。但日本人看來，尤其從「北進」政策的角度來看，石原莞爾的理論，不能不視為正確的戰略。

在民二十一年秋（一九三二），關東軍擴大組織，武藤信義大將以司令官兼任駐滿大使，小磯國昭中將由陸軍次官出任「大參謀長」，並調駐滬武官岡村寧次少將為副參謀長，石原莞爾晉級大佐，調參謀本部，派赴日內瓦，協助松岡洋右，出席國際聯盟會議。日本的事，向來以「人」的問題，為重大因素，人存政舉，人亡政息。何況「滿洲國」，還在「未定型」的階段，石原一走，石原的理念、做法，也就隨著他消逝。日本人，不客氣的說，事務家居多，非常的人才，特殊的識見，真如鳳毛麟角。所以「滿洲國」的趨勢，便成為似是而非的獨立國，也就變相為大同小異的朝鮮、台灣。

石原在七七事變後，因對華作戰的歧見，由參謀本部作戰部長轉任關東軍參謀副長——當時東條英磯任參謀長。石原的轉出，當然不無追放的意味，但石原並不因之懊惱，他能回到「滿洲」，對於他手創的「滿洲國」，盡心盡力，發揮他的抱負，彌補當年的缺憾，他毋寧認為欣幸愉快。他認識「滿洲」是日本的生命線。也就是日本國防基地的所在，守住北邊金甌無缺，不獨繫「滿洲」於苞桑之固，亦且置日本於磐石之安。他所以力主收拾中國事變，將派遣中國大陸的日軍調返北滿，以防俄國傳統大陸政策的南下，即係為此。以後太平洋戰爭突起，關東軍的精銳，大半調往南方，實力減弱，北滿空虛，石原雖早已退役在野，但對滿邊險狀時時為之危懼，憂國心情，竟至病倒。這些都是後話。

石原的「滿洲建國理論」，出發點固然多分在他的對俄戰略，但同時他還有一個理念，他認為只要「滿洲國」的長成，真如他所理想的一樣，舉民族協和之實，早早的造成一個王道樂土的國家，不僅為「滿洲國」三千萬人的幸福，或亦為中國四億幾千萬人所同情贊許，日本以此在中國民眾之前，陳謝瀋陽事變的咎責，謀取中國同胞的諒解，以事實求事變之解決，視坫壇的辯論，豈不勝過千萬。

七七事變後，戰局的擴大，確為石原莞爾所反對，石原重到「滿洲」，任職軍部，持論並未改變，信念且益加強，無如此時的「滿洲」，在東條獨裁下，已不容石原有所施展。

再有一點，當時「滿洲自治指導部」的一群日本少壯幹部，不少「愛國之士」。他們在石原領導下，得有千載一時的機會，參與偌大的「建國」問題，躊躇滿志，頗有主張，藉「滿洲」新天地，試行理想政治，排斥政黨、資本家，使「滿洲新政體」，吸取憲政的精華，但沒有憲政渣滓的政黨人，以政壇滿足個人的權利，藉政爭造成黑暗無天的勢力；更使「滿洲」的經濟儘量的開發，但一切以國利民福為本位，不許有私人的壟斷，或私營集團的榨取，走上資本主義的舊路，「滿洲國」的成就，果能於三年、五年、乃至十年，得有相當的表現，立下不可動搖的基礎，那末，今日的「滿洲」便是將來的日本，今日在「滿洲」大陸，試驗而得有成效，他日即用作藍本，努力從事於日本國內的改革，無論政治、經濟、以及社會問題，都可資為借鏡，改造「皇國」。這一群日本少壯「政治家」熱情的天真的打算，當然得到石原莞爾及板垣征四郎的同意與默許。然而日本內地的政客、資本家、甚且異已派的軍人，豈能充耳無聞，如何能長此放任，不爭所必爭？

二四　「建國」猛運動與旅順「行在」

「兩賢相厄」的鄭孝胥與羅振玉

君辱臣死，羅叔蘊確保分際。天開地闢，鄭大少爭取鉅觀。

彌天四海盡虛名，西抹東塗讓後生，七十老翁閒抱膝，商量次第便收京。
繁霜漸覺鬢毛侵，揭日移山尚有心。狂煞拿翁自天縱，字書難字不曾尋。
地闢天開待鉅觀，爭教理會到儒酸，莫從鼠窟營生活，敢請諸賢放眼看。

這是鄭孝胥當時「扈從」在旅順的三首詩。「收京」，「鉅觀」，「無難字」，「放眼看」等等詞藻，已充分表現鄭蘇戡的得意心情，同時從字裡行間也看到他們和關東軍的交涉，已有了相當的苗頭。還有蘇戡是年歲末，題所居「遐谷」的古詩，句云：

遼東避世多名士，只有幼女可追逐。真人已出猶龍潛，反掌乾坤見新局，豈知投老歸何計，夢想舊京倚喬木。結隣莫厭暫婆娑，自顧未甘棄溝瀆。

「潛龍已出」，「反掌乾坤」，「倚喬木」，「暫婆娑」等句，更可想見當時大事已定，只是時間的問題而已。

前文已述過當時溥儀左右抱有政治慾望的只有鄭蘇戡、羅叔蘊（振玉）兩人。鄭蘇戡才具開展的一路，羅叔蘊仍不免有些「頭巾氣」。自然新的政治和政治有關的一切，是他們難以想像和領略的。至於融洽貫通，得心應手更不是二十世紀以前的人物和政治久已脫節像鄭、羅等人，所能勝任愉快的。

不過就鄭、羅兩人來說，鄭蘇戡比起羅叔蘊，還似乎接近時代一些。所以鄭、羅競賽中，結果鄭孝胥搶著錦標，榮任「滿洲國」的國務總理，羅振玉不幸竟告落選。

熙洽的路線，是羅振玉一手打開，關東軍的折衝，自始即由羅擔任，玉手上握有這兩張王牌，應該可以操縱自如，穩操勝算。鄭孝胥父子隨溥儀抵達旅順，羅首先向鄭警告，時局關係微妙，最好深居簡出，少與人往來，以免是非，鄭氏父子，初到東北，自然也不便任意活動。

羅振玉和關東軍折衝多次，始終堅持的在「帝制」的政體一點。最初主張恢復「大清」，後讓步到建立「滿洲帝國」。他認為這是正名定分的大義所在，無可再議，他更認為溥儀的立場，至少限度，也非回到三百年前君臨「滿洲」的地位不能接受。「君辱臣死」，羅先生倒確保他的分際。

但是羅振玉對於關東軍的立場缺少認識，關東軍幹部的理念和自治指導部的建議，他更沒有任何情報。他所接觸的，本庄繁之外，只有板垣征四郎。其他「要津」，大概連面都沒有見過，無怪他注定了失敗。

一個偶然的機會，鄭垂（孝胥長子）經日友的介紹，在大連和駒井德三見著，駒井可能有意來找鄭垂。他們的談話，使駒井感到意外的滿意，鄭垂的意思，當然可以代表他的父親。鄭氏父子對時局的看法以及溥儀的出路，比起羅振玉的主張，接近現實，和關東軍的腹案距離較短。

駒井德三極興奮的回歸奉天，向板垣、石原報告，更將鄭垂的談話，轉陳本庄司令官，大家都感覺鄭孝胥的政治頭腦，比一般清室遺老，高明得多，是溥儀路線應該爭取的人物。於是用本庄的名義電報旅順，邀請羅振玉、鄭孝胥兩人到瀋陽一行，交換對時局的意見。羅叔蘊在驚疑交并的心情之下。約同鄭蘇戡，應邀赴瀋，商量大計。

旅順會談的最後一幕

溥儀及其側近諸人，所爭的就在「帝國」一點，此外一國主權有關的問題，絲毫沒有想到。

本庄繁這一次見鄭、羅兩人，鬧了一點笑話。本庄從鄭、羅表面看，總以為羅的年紀，比鄭大了一些，對於羅、鄭以往的經歷，更模糊的記不清楚。他在談話中，運用他應酬的詞令，恭維兩位老人一番。他表示將來「滿洲國」成立，兩老功業相等，只好敘齒，第一任國務總理借重羅老，第二任總理捨鄭先生莫屬。他以為說得很是得體。後來有人告訴他，鄭先生已過七十，年長於羅，前清的功名，鄭已做到方面，羅不過學部丞參，更難比擬，本庄才恍然大悟。

鄭、羅聯袂訪問本庄，談話時兩人的主張，自不能不一致，但羅振玉抱定他的原則，不稍通融，鄭孝胥卻從世界大勢，東亞特殊情形立論，認為日本和「滿洲」，精神上固然應該一致，政體上也不應彼此殊異，一個日本帝國，接隣一個民主共和的國家，政治的體制不同，如何能水乳相融，彼此親善。這種「高論」，在日本知識階級早已有人談過，鄭蘇戡不過用來佐證他自己的理論，但本庄繁對鄭的印象，因此深了一層。

這一席之談，雖沒有得著結論，氣氛上視羅振玉往日單獨會議，似乎親切和諧，增進了不少。分別的時候，鄭、羅允於返旅順後，奏明「皇上」，再圖良晤，本庄也託兩人代向「皇上」致敬，本庄且表示，必要時或派板垣，到旅順訪晤。

鄭垂本來隨侍乃翁到瀋，他乘機去訪問駒井，做了進一步的懇談。他表示他父親的意見，對皇上的出處，原則上難以讓步，但技術上不是沒有通融的餘地，只要日本軍方，真具有誠意合作，他可以代表他的父親說一句話：一定竭盡智能，在中日合作的大使命之下，作獻身的努力。鄭垂的日語，相當流利，頭腦也很不錯，這次的談話，更打開關東軍對旅順工作的僵局，同時奠定了鄭孝胥在「滿洲建國」初期的一段政治生命的基礎。

以後的旅順的會談，便由板垣銜命前往，駒井有時也隨同策劃，不再由羅振玉獨任其勞，板垣在那大半個月的時間，去了旅順三四次，奔走折衝，唇焦舌敝，彷彿美國馬歇爾將軍的八上廬山。

板垣到旅順工作也不很簡單，中間鬧僵過一次，板垣拿著公事皮包，走出肅王寓邸（溥儀寓所）曾悲憤的說道：「我與本庄只有切腹以謝各方了。」鄭孝胥接受鄭垂的意見，趕忙與溥儀秘密商談三數分鐘，著鄭垂在大連車站，追著板垣，返回旅順，從長計議。

這一度談話，只有鄭氏父子和板垣征四郎促膝密談了，轉圜的辦法：（一）關東軍保證「滿洲國」，在最近的將來——至多一年，改建帝國。（二）「滿洲國」元首暫稱執政，但溥儀在執政府宮內，仍保有舊體制。（三）日本政府正式承認「滿洲國」，由關東軍負責，在近期做到。（四）第一任國務總理決定鄭孝胥。

溥儀及其側近諸人，爭所必爭的，就是「帝國」一點，只要成立帝國得到充份的保證，他們似乎也別無條件，諸如日、滿的根本關係，日軍撤退問題，經濟合作限度問題，這一些國家主權攸關的犖犖大端，他們固然絲毫沒有想到，日本人當然利用他們的愚昧無知，也避免觸及。

板垣征四郎，攜著他的勝利果實，滿意的踏上歸途。抵達瀋陽的第二日，便通知新政權準備委員會，積極籌備，決定三月六日，舉行「滿洲國」的開國「盛典」。

二五　長春更名「新京」

「奉天運動」的勤民樓

天安門封官，輸卻毛朝真戲劇。勤民樓開國，居然前代舊威儀。

溥儀及側近諸人，由旅順赴湯崗子在對翠閣住了一星期，公開的接見中外（日）人士。東北各省區的請願代表、歡迎代表、及各省區文武首長，都到湯崗子進謁。關東軍司令官本庄繁，關東州長官山岡萬之助，滿鐵總裁內田康哉等，也先後往謁致敬。

先一日，新政權準備委員會，委員長張景惠以下各委員抵湯崗子，三月五日陪同溥儀，乘南滿鐵道株式會社特備專車，由湯崗子起程北上，沿途各站中日居民，均在站迎送，尤以瀋陽南滿站，逢迎至盛，奉天省市首長，各法團代表，齊集車站，本庄繁中將也率領關東軍幹部，在站候接。溥儀在瞭望車，對迎送行列照了一面，就邀本和他的高級幹部，及中國方面省市首長登車，在客廳小坐片刻，專車續開北上。

抵長春車站，迎接如儀，溥儀是晚下榻大和旅館，並在旅館餐廳，由建國大典籌備處督辦熙洽、張仁樂，長春市長金璧東——肅親王之子設備盛宴，奉迎「聖駕」。這一班攀龍附鳳的新貴，和扈從到長的遺老親貴，都照舊日儀式，行跪拜禮，極光怪陸離之至。

六日為「滿洲國開國大典」舉行之日，長春——新京的房屋，本來很少鉅宅大廈，以往最大的官員，不過一道尹，官署也狹小異常，在不得已的情況之下，只有徵用吉黑榷運局的舊址，收買附近土地，加以擴充，內部粉飾裝潢，將就使用。榷運局辦公的大樓，下面即作為客廳，樓上用為「皇上」辦公，及接見外賓，所謂勤民樓，就指此樓。是日開國盛典，就在勤民樓舉行，中日要人，準時齊集，首由張景惠以「准委會」委員長，宣佈「滿洲國」準備經過，奉戴舊主「宣統皇帝」，為「滿洲國」元首，就任「執政」，隨將執政奉戴文，及「滿洲國」「執政」大小印信，恭送溥儀之手，溥儀亦起立接受。旋由關東軍司令官本庄繁中將，代表日本文武致祝詞，內由康哉、山岡萬之助也都分別致詞，為「滿洲國」執政閣下及三千萬人祝福。最後溥儀起立，簡單的答謝一番。

同時頒佈「滿洲國」政府組織條例；執政府組織條例，並發表鄭孝胥國務總理，寶熙代執政府府中令，此項命令，均由書面發表，登載政府公報，與中共在北京天安門城樓，由毛澤東口頭唱名，大封官位，前者似乎不及後者富於戲劇性。

「滿洲國」政權，究竟是「責任內閣制」，抑或「總統制」，未有明文規定。執政頭銜，在民國政治史上，只有十四年段瑞祺用過，溥儀的執政，雖同此名義，但其性質與當時段執政不同，最初的段執政，不獨為一國主權的代表，抑且為全國行政的首長，既無國務總理，各部總長均直屬執政，執政的地位，彷彿美國總統，但沒有國會的牽制。段執政修改政府組織，設置國務總理，已到民國十四年之末，環境惡劣，非復年前，段氏已日坐愁城，待機引退。「滿洲國」的執政，就法理來說，實在是國家主權的象徵，政治上並不負有重大責任的「一國元首」。

國務院人事第一聲

冠蓋京華，人言物議。客卿主政，石破天驚。

溥儀在關東軍保證三年以內實現「滿洲帝國」的條件下，接受出任「滿洲國」執政，袍笏登場，詩人海藏樓主鄭孝胥也跟著做了國務總理，年前淡路丸船上的依稀舊夢，居然成為事實，蘇戡父子，此日躊躇滿志，不問可知。

在國務總理，執政府府中令任命的同時，發表重要人事如下：參議府議長張景惠，立法院院長趙欣伯，監察院院長羅振玉，外交部總長謝介石（吉林），民政部總長臧式毅（奉），財政部總長熙洽（吉），軍政部總長馬占山（黑），交通部總長丁鑑修（奉），司法部總長馮涵青（奉），實業部總長張燕卿（吉），國都建設局局長阮振鐸。

關東軍幹部會議，原來決定國務院以下各部，各置日本顧問一人，由軍部推薦，協助各首長，處理政務，關東軍政治顧問駒井德三，內定出任國務院顧問，北滿特務機關長土肥原大佐，曾由哈飛瀋陽，參加會議，會畢返哈，當以會議決議案，向特區留守當局說明，特區固與日軍前線司令官，訂有協議，對此項決議案，並無影響，但特區當局，如認有必要，得自行延聘日人顧問，不作硬性規定。

但「新京」第一次國務會議席上，情形就發生變化，駒井德三，經鄭孝胥的提議，任國務院總務廳長，後又升格為總務長官——特任。因此各部顧問均改為總務司長，外交部大橋忠一（哈爾濱日總領事），民政部金井章次（奉天省署顧問），財政部坂谷希一（關東州廳課長），交通部森田（滿鐵），司法部阿比留（日司法系），實業部松島鑑（滿鐵），軍政部仍照原議設顧問部，以多田駿大佐（後升大將）任首席顧問。

大橋忠一，由哈市辭別，一度返日復命，再來「新京」就職，哈市對「新京」變動的情況，在大橋辭行時，已有所聞，特區當局曾以此向土肥原探詢，土肥原初尚堅決否認，第二日由關東軍得到詳細情報，特將內幕情形轉告特區負責方面。原來鄭孝胥就任國務總理時，對東北各派，尤其在吉林熙洽一系，桀傲不馴，難以控御，不免憂慮，鄭垂代乃父設計對策，認為克服這一困難，只有借助外力，才能使各方帖然就範。本來內定鄭垂任總務廳長，垂自願讓出此席，由駒井德三擔任，駒井初猶遜謝，後經鄭垂代乃父親訪關東軍代表板垣征四郎，說明此意，並徵求板垣同意，由國務院發表任命，駒井此時忽又要挾，要求升格特任，與各部總長同一階級，鄭氏父子，為強北國務院起見，即日發表特任駒井德三為國務院總務長官。駒井就職以後，各部總務司長，亦升任次長，日系官吏，取得合法地位，各部人事，最初日系雖佔少數，但衝要位置，均由日系人員充任，院部行政大權，由日系官吏掌握，國務院知有駒井德三，不知有鄭總理，各部政務事務，亦均知有次長，總務司長，不知有總長。「滿洲國」成立後三數日間，鄭氏父子已將行政大權斷送淨盡矣。

第二次國務會議時，熙洽對此事提出異議。他指出日人任正式官吏，並未經國務會議議決，又未能於事前與各部總長取得聯繫，手續不合；且國籍亦成問題，更易引起國際間誤解。馬占山、臧式毅對熙洽所提意見，均有同感，一時空氣緊張，頗使鄭總理無以自處。但駒井德三卻義不容辭地為鄭總理解圍，起而「應戰」。

駒井德三得心應手

義正詞嚴熙洽發言碰壁，神差鬼使鄭垂「繳械投誠」

熙洽在國會議席上，此次敢於說話，確也有所仗恃。他從吉林特務機關長大迫少佐，聽得關東軍會議的決定，日人只充任顧問，他斷定這一變更，是鄭孝胥父子和駒井德三私相授受。他自命為新國家最大的「功臣」，沒有他在瀋陽放那一砲，東北行政委員會繼續存在，便不可能急轉直下，成立這新局面，而且，籌備以來，所有經費，都由吉林擔負，「宮中府中」，誰不承認「熙二爺」是大大的功臣。像這樣的大事，決定之前，鄭孝胥應該提出商量，才是正理。

熙洽本是衝動性的人，他對鄭孝胥的舉措，自然十分憤怒。羅振玉當時也在「新京」，且就住在執政府裡，他同熙洽每天都有往來，據傳他和熙洽說，這件事「皇上」大不謂然，認為鄭氏父子居心叵測，曾將蘇戡叫去，當面訓斥一番，蘇戡諉為軍方授意，藉以搪塞。熙洽聽到羅振玉的話，更覺得「仗義」執言，理直氣壯，熙洽並不是不懂得機巧的「莽漢」，他一方面對鄭孝胥出任首揆，不勝嫉妒之情，一方面明知關東軍並未有此主張，另一方面又得了「皇上」對鄭孝胥不滿的確訊，認為以正義的姿態，對不合理的變更加以抨擊，一定獲得同僚諸人的共鳴。至少讓鄭孝胥知道熙某不是窩囊之輩，可以任人擺佈，同時也叫日系人員，稍稍領略熙某有力的發言，是不容輕視的。

可是，出乎熙洽意料的，是駒井德三並不針對問題的本身，有所檢討，但盛氣凌人的指著熙格民，大聲喝道：「熙洽，你不要說話，你對這事沒有批評的資格，國務院以總理為中心，國務總理的大權，不容一部首長隨便議論」。很奇怪的，在駒井叱喝之下，熙格民果然忍氣吞聲，未嘗回嘴，出席同人，也都禁若寒蟬，一字不發，還是總理秘書官鄭禹，（孝胥次子）出而敷衍場面，報告了三兩項例行公事，宣告散會。

這一場風波，以後並沒有任何反應，似乎微瀾不興的就此過去。據說熙洽曾以此事，託大迫去問板桓，板桓回答得很妙，他說：「國務總理的發動，執政閣下的任命，我們有什麼話可說呢？」熙格民知道這事已無可挽回，他就託辭返吉，料理省政，財部由次長孫其昌（原任吉林省財政廳長）代理部務，出席國務會議，以後他雖到「新京」，也很難得去國務院參加會議。

駒井德三初到國務院時，對鄭氏父子還相當親切，關於國務院一切事項，都鄭垂先事商量，因為鄭垂兼有總理秘書官名義，院印和總理官章都由他保管，發號施令，蓋用印信，非經過鄭垂便不能辦通，駒井所以還不能加以「抹煞」。過了幾天，因為和大連滿鐵本社有事接洽，駒井故作神秘的對鄭孝胥說，這樣重大的問題，非有總理的吩咐，由鄭垂先生前往交涉，不足以昭鄭重，只有請鄭垂先生偏勞一次。鄭孝胥聽得很為高興，鄭讓予（垂字）更有點「飄飄然」了。鄭垂摒擋一切，出發赴連，臨行鬼使神差的，將國務院印信、總理官章，都點交駒井手下的須崎秘書保管，並取回總務長官秘書室的收據一紙，彷彿正式移交似的。駒井自此，成為名實俱全的國務院的「主人」。

二六　國務院集權與馬占山再起

講張為幻的駒井德三

外輕內重，國務院密謀大集權。公憤私情，馬占山決心再抗日。

駒井德三主持國務院，大權在握，予智自雄，關東軍派參謀和知鷹二少佐（後升中將）代表駐「新京」，擔任聯絡，高級參謀板垣征四郎大佐，不時往來瀋長，為新政府張目。國務院一切大計，駒井隨時與關東軍聯繫，總理除由總務長官聽取報告及主持國務會議之外，幾乎無所事事，真有古代「伴食宰相」之風。

當時「新京」——長春因政府機關林立，人口增多，屋荒情況，最為顯著，日系要人，群集日本旅館「滿洲屋」。駒井德三、和知鷹二，均下榻此處，板垣來長，亦寄寓於此，一時滿洲屋，成為「滿洲」最高政治策源地。

駒井在中央各部人事粗定之後，便著眼各省區的布署，目標在中央集權，但各省區首長，均係「滿洲」具有歷史的有力人物，一時難以更動，只得維持現狀，發表臧式毅兼奉天省長，熙洽兼吉林省長，馬占山兼黑龍江省，改從廳處長下手，任用日人充任，統一事權，但關東軍部和各省區特務機關，都反對操持過急，駒井乃不得不採取漸進主義。

東省特區，因為國際關係，又有關東軍簽訂的「進駐協定」在先，辦法自不能和奉、吉、黑相同。熱河的湯玉麟，在東北行政委員會復會時，原派有代表在奉，但新政權準備委員會成立，熱湯即未再派代表，奉、吉、黑三省發表任命，張景惠、馬占山、臧式毅曾共同主張，湯玉麟長熱的任命，同時發表，但未為日方容納，熱河關係，由此中斷，為以後對熱軍事行動的張本。

新政府成立後，特區長官並未另見新令，僅哈爾濱大市籌備，發表由哈爾濱特別市長東省特區市政局長兼任，以資熟手，哈市道外（濱江縣）及江北松浦，與哈市合併，成為一體，此外特區一切仍保持原狀。

張景惠這時居住「新京」，對特區長官未見新令，個人回哈，又經板垣和駒井挽留，未克成行，頗不自安。熙洽回吉以後，馬占山也以黑龍江省政待理，請准返黑，軍政部由次長代理，道過哈爾濱，小作勾留，特訪特區負責當局，詳談「新京」政府，並轉告張敘師（景惠）急欲返哈之意，特區當局因發電促歸，並分電國務院陳情，一時未得具體答覆，直至五月國聯調查團到滿，預定在哈訪晤，張景惠始歸抵哈市。

馬占山當時對新政權雖不表根本反對，但對日本人任正式官吏，及駒井以下日系人員把持政務事務，極端憤慨，熙洽破壞東北舊有政權，馬固異常痛恨，但對他在國務會議席上，受駒井一場污辱，代為不平，轉因此同情他們受人愚弄，馬占山在哈很坦率的向朋友表明心跡，認為日方如此作風，難以長久相處，如果日本方針，內外一貫，也只有相機自處，免得公私交困，身敗名裂，馬此時蓋已動念出走，重張漢幟了。馬占山這一次的大決意，和他以往的委曲求全，及未來的苦心孤詣，都已大白於天下，值得贊佩。

馬占山留哈三日，曾與土肥原賢二見面，談話時馬占山也很誠意的，和土肥原說明經過，以及個人最近的心情，他自然不會透露他出走的打算。土肥原對馬，除慰藉之外，也表示他本人的意見，他對「新京」錯誤的做法，認為並不是軍的政策，將來會有修正。同時他且面允在馬占山返省以後，當親自來黑，協助馬將軍布署黑省軍政，最少限度，必使黑省做法不受「新京」影響，和東省特區相彷彿。

馬占山出走前夕

土肥原守信踐言，懷柔備至。馬占山情殷義盡，公私兩全。

馬占山在哈爾濱事畢，即由土肥原代備軍用機飛回齊齊哈爾。土肥原跟著在第二星期也往黑龍江，協助馬占山整理黑省軍政。當時齊齊哈爾的特務機關長仍舊是林義秀少佐，但受北滿特務機關長節制指揮。

土肥原到了黑龍江省城，馬占山對於軍署、省署的布署，遇事直接和土商量，林義秀不必經過電報請示，自不能從中作梗，土肥原氣量較大，自己對馬占山向有好感，且在哈時，又有諾言，他既負有北滿「政工」全責，處理一切，自有權衡，關於省署人事的決定，很順利的就告解決，此外軍署的編制，軍區的劃分，土肥原亦儘量，容納馬將軍的意見。其中最關重要最不易得到結論的，就是黑省經濟困難，軍費政費，異常拮据，開源既不是嗟咄可辦，節流又已達最大限度。馬占山向土肥原提出這一難題，並由財政廳長，廣信官銀號（黑省金融機構）負責人，將財政金融實在情形詳列數字，以供參考。土肥原經過考量之後，對馬占山的請求，允予以經濟的支援並表示回哈之後，先墊借日金五十萬元（約合哈大洋一百萬元），維持現狀，一面電報「新京」政府，關東軍部，提供意見，根本檢討，斷不使黑省經濟偏枯，更不能令馬將軍獨為其難。馬占山及黑省文武官吏，對土肥原頗多好感。

黑省特務機關，自林義秀以下，對於他們的上官，委曲求全，懷柔備至的心情，很不了解。土肥原當然有所感覺，臨行特召集軍方人員談話，吐露個人的所見，指出「日軍在滿空前的勝利，並不是日軍力量的表現，北滿環境特殊，民心向背，所關至鉅，馬占山此次來歸，軍方曾盡最大的努力，馬固然沒有過大的實力。關東軍佐不就他的力量評定他的價值，但馬一旦再告脫輻，喊出抗日的口號，對於『滿洲』的大局，日軍的聲威，必有重大的影響，即使出以軍事行動，消滅或亦不難，但軍方所受打擊，其損失必十倍百倍於此，本人此次對黑省所採政策，確信計出萬全，具有大乘的見地。諸君在此服務，應為此神聖的使命，盡其努力，萬勿逞意氣，動感情，須知對中國人，凡事可以動以人情，不能施以壓力……。」

這一番話，說得林義秀心悅誠服。林義秀後在天津日軍部任參謀，曾提到此事，稱頌土肥原的「偉大」。馬占山卅八、九年在北平閒住，和人談起，據謂土肥原在齊齊哈爾最後的表現，確值得稱道。但是土肥原的懷柔政策，固然是他的高明所在，也正是侵略者最上乘的手法。

土肥原回到哈爾濱以後，馬上就滙出日金五十萬元，交林義秀少佐，轉交馬占山，黑龍江的軍、政兩署開始本格的活動。以後土肥原升任少將，調廣島第五師團旅團長，北滿特務機關改組哈爾濱特務機關，由小松原大佐接替，齊齊哈爾不再受「哈機」指揮。林義秀受到外部的誘惑，日人的挑撥，和馬占山的關係，漸趨惡轉，馬將軍藉視察部隊為名，到了海倫，便停留不返，最後決定出走黑河，還打電到哈爾濱，向他的代表趙某，詢問土肥原內調，已否離哈確訊。馬占山事後語人，土肥原不走，他還不決定「破臉」，抗日固然是國家大事，但人與人的情感，也不能不稍稍保全，公私兼顧。

黑河抗戰與國聯調查團

馬占山據黑河，抗戰繼續。李頓卿在哈市，工作展開。

馬占山由齊齊哈爾到海倫，猶在審慎觀望，由海倫到黑河，便已決心再舉義幟，號召抗戰。不過馬在當時，並未得有中國政府任何諾言，在物質或精神上加以援助，北平的張學良、萬福麟，雖不無直接、間接的音訊往還，亦止於私誼的酬應，這兩位舊日上官，也並未予任何的鼓勵，這是馬占山事後，不時向人的表示。

馬占山自然不脫舊軍人的窠臼，他固明白民族大義，但個人恩情至上的觀念，亦不肯絲毫含糊。廿四年宋哲元主政冀察，曾邀土肥原、馬占山，在天津私邸聚晤，班荊道故，舊誼重溫，土肥原固不提往事，馬占山亦絕口不談東北，宋明軒與人談及，每每盛稱其事。

馬占山決心脫出「滿洲國」，重要原因，計有四點：（一）看出日方銳意控制「滿洲」，絕不使「滿洲」獨立自主。（二）關東軍對恢復東北最高政權，未能保持信用，貫徹終始。（三）「新京」方面，「日系官吏」，以既成事實，取得合法地位。（四）駒井德三以下日系官吏專橫情形，令人髮指。

除以上四點之外，馬占山兼任的軍政部、顧問部業已成立，大批日軍將校，調充顧問，軍政部各司主管事項，包括經理部門，大權都集中顧問之手。各省決定設置四個軍管區，內定奉天軍區于芷山、吉林吉興、濱江于深澂，黑龍江雖仍屬馬的參謀長張文鑄，但無異使馬釋去兵柄，這對馬是最大的威脅。軍區一旦成立，顧問同時就任，軍區顧問部的組織，和軍政部大同小異，軍政大權必同樣的歸顧問掌握。土肥原榮轉旅團長回國，他以往的種種諾言，當然不復有效，馬占山豈有見不到之理？

再有國聯調查團李頓卿一行，行將來滿，預定日程，馬占山為必須訪問的中心人物。馬占山覺得自己抗戰成名，已具有國際聲望，殊不願以尷尬的立場。犧牲光榮的歷史，這也是促成他決心走的一大因素。

此外林義秀交付軍政補助費五十萬元，曾自作主張，提出若干條件，與土肥原所談大相違謬，因此又增加了馬占山不滿的情緒。接受此款之後，他便視察部隊為名，逕往海倫。海倫住了月餘，國聯調查團在滿竣事，返回北平，馬占山遂在黑河防次，正式通電，繼續抗日。

國聯調查團在滿期間，勾留哈爾濱時日最久。哈爾濱根據「進駐協議」，一切維持現狀，「新京」政權成立以後，亦未受多大影響。哈市對國聯調查團，成立接待委員會，以哈市市長，東鐵督辦為中心，負責招待，不使日人憲警，越俎代庖，不獨團長李頓卿等感覺滿意，即隨同赴滿的中國政府觀察員顧維鈞一行，亦以在哈行動最為自由。

李頓調查團在滿搜集資料，哈市為最多，馬占山從海倫、黑河，先後派有三次代表，與李頓會晤，並送到報告書，及不少有關資料，為調查團所重視，李頓一行所以在哈滯留最久，相信與此不無關係。馬占山每次派人來哈，均先電託特區當局關照，特區在可能範圍內，無不竭盡維護，予以便利。特區局面，當時尚未變化，內部團結，相當有力，日本人雖已開始滲透，還未起多大作用，這也就是「形勢比人強」的真理所在。有了國聯調查團在哈這一段經過以後，日本人對特區開始積極的對策，爭取特區，控制特區，打破特區的現狀。

二七　國聯調查團在東北

先遭碰壁的國聯調查團

「你們不是非來滿洲不可嗎？那末，你們就得承認既成事實」。

國際聯盟對「滿洲事變」，到了派遣一個調查團，赴「滿洲」現地調查，已算是無辦法的辦法。尤其上海一・二八事變——淞滬戰爭，經過國際調停，獲得休戰協議，在遠東最有關的幾個「大國」，同時也就是國際聯盟擁有決定性的有力「成員國」，已不無差強人意，相當滿足的心情，對已成事實的「滿洲國」，老實話講，似乎已沒有再接再厲，尋求解決的勇氣。所以國聯調查團從日內瓦出發，抵達日本，再由日本到中國，現實的情勢，急轉直下的發生變化，調查的方法，自不能不作另一番的檢討。小住北平，遲遲不發，固然對東京政府，與現地關東軍，在旅行日程，和調查步驟，取得聯繫準備萬全的必要，同時調查團主要領導者，英國代表李頓卿確已有形勢已非，難期收穫之感。

此一調查團，包括英、法、德、義四國代表，臨時邀請美國加入一員，以英國李頓卿為團長。中國與日本，以當事國立場，各派觀察員一人，由現駐美大使顧維鈞，日本駐土耳其大使吉田伊三郎分別擔任，並各攜隨員若干人，調查團全部人數，約在五十名以上，陣容不為不盛。

當調查團在北平準備時期，原定訪滿，只以日本當局為交涉對手，對「滿洲國」採取不理睬態度，抵滿以後，必要時須向滿洲地方當局——中國人有所訪問，採用相當於美國國會作證的辦法，「招邀」或「傳詢」有關方面，前來調查團辦公處，應答問題。這是國聯調查團的預定計劃。

以後日本政府，關於交通工具，根據關東軍報告，通告調查團，由山海關至瀋陽一段，係奉山鐵路局主管，由長春至哈爾濱一段，歸東省鐵路局經營，均非日本權力所及，特別列車調用行駛，非與「滿洲國」政府事先洽商，難以辦到，關東軍會同駐奉天總領事，已非正式與新京政府，一度商談，意見接近，請由調查團向新京外交部，直接聯繫，不但交通工具，可得最大便利，即抵滿以後，警備安全，「滿洲國」政府，亦當全力照顧，責無旁貸。這個通告，當然使調查團，在本身立場，不無相當顧慮，如果堅持原則性的預定計劃，只有中止赴滿，鎩羽歸去，揆諸調查使命，殊為事所不許。「滿洲國」既以獨立號召，「滿洲」建國，又標榜「民族自決」，日本政府通告內容，表面措詞，堂皇冠冕，無可駁詰，該團任務，既在「滿洲」，「不入虎穴，焉得虎子」，「滿洲國」固然法律上為國聯所不承認，但「滿洲」政權，事實上調查團容不能不有必要的折衝。西方人重視現實，為達成本身任務，自不能抹煞現實的「對象」，乃由調查團以秘書長名義，致電新京外交部，通告入滿預定日程，請代準備，果然新京接電之後，第二日即覆電歡迎，山海關車站，備好特別列車，聽候使用，並派出外交部、交通部專員，在榆關招待，同時通令奉山路沿線各站，妥為警戒保護，以策萬全。

據說，最初調查團的遠東專家楊格博士，認為南滿鐵道株式會社，關於南滿行軍，自有全權，奉山線——瀋陽至山海關，既在關東軍佔領之下，當更無問題。但這位曾任滿鐵「囑託」（顧問諮議相等）多年的遠東專家，竟未知奉山線，北寧路關外段，並不屬於「滿鐵」，至關東軍自事變以來，僅稱「保障佔領」，重點只在滿鐵沿線，由瀋陽至錦州，更由錦州與榆關，對張學良所部，跟踪追擊，軍事行動而外，並「保障佔領」宣言而無之，這更為楊格專家所未及料。

「你們不是非來滿洲不可嗎？那末，你們就得承認既成事實。」

國聯調查團在瀋陽長春

土肥原會談，不似行藏真「海盜」。勤民樓「覲見」，居然進退盛威儀。

國聯調查團李頓卿一行，在瀋陽勾留三數日，與關東軍司令官本庄繁中將，參謀長三宅中將談話，關於柳條溝事變以來種種經過，均有所徵詢。本庄與三宅很詳盡的說明日軍立場，及始終保持不擴大事變方針，並準備書面報告云云。

中國方面，僅有省長臧式毅，和李頓有一度的晤談。臧所說的，大致有關事變前的一般情況，與事變後的種種變化，以感當時的環境，和他的個性來判斷，他不會在答覆所問之外，有什麼說辭的。調查團進入「滿洲」之後，態度極其客氣，對中國關係當局，也和對日本人一樣，分別訪問，「移樽就教」，最初「招邀」，「傳詢」的方式，自動放棄。

到了「新京」，預定會見的，首為當時調任回國的北滿特務機關長土肥原少將。土肥原本定四月返國，就任旅團長，因調查團的希望，日方觀察員吉田大使電致關東軍，約土在滿候晤，土肥原在新京辭行，因此就地會見。李頓卿及美、法、德、義四國代表，以極興奮而且奇異的心情，與此國際知名的「滿洲勞倫斯」舉行會談，由吉田伊三郎大使親任通譯之勞。土肥原這一場談話，計有四小時之久。李頓諸人提出各種問題，土肥原也將個人對華的信念、觀點、與東北舊政權的關係，以及事變時正在東京報告，對有關懸案主張就地解決的建議，直至事變後，努力不擴大局勢的一切經過，向調查團五代表，詳細開陳，雙方均感滿足。事後據吉田大使談及，李頓卿曾以愉快的表情，和吉田說，土肥原少將的風度，並不像一般宣傳，出身海盜，兇惡猙獰，吉田當將土肥原的家世，和他在軍方的地位，以及長期在中國服務的事實，一一說明，土肥原在中國人方面，向有「土匪原」之稱，這本是意味著他和每次中日事變，總有些關係。或者以訛傳訛的，由「土匪」變為「海盜」，終且將錯就錯的，指他是海盜出身。宣傳力量之大，和「流言」不一定「止於智者」，於此益信。

李頓卿一行在長春，和趙欣伯也有過一度會談，日本人曾替趙欣伯準備了談話資料，重在「滿洲」建國的「法理論」，和事變與建國無關的主張。據說這些資料，係由吉田大使的隨員集體的精心結撰，趙欣伯是以日本法學博士出名，由一個法學家發表這項意見，自然引起國際調查團的注意。不過這次會見，據說因為通譯人才難找，由在美生長的日人川崎傳譯，趙欣伯自然只好講日本話，調查團的專家，認為有點蹊蹺。

此外調查團在新京還有過兩次禮貌的訪問，一次去訪「總理」鄭孝胥，一次去謁見「滿洲國執政閣下」。訪鄭蘇戡在國務院，只有鄭的兩子在旁招待，兼司通譯，寒暄數語，便辭去。吉田伊三郎曾告李頓，鄭蘇戡是中國最有名的詩人，這個介紹倒使五國的代表肅然起敬。李頓一行赴執政府時，均著朝禮服，白手套，高禮帽，事前並未經過任何商量，日人也覺得意外。溥儀照例在勤民樓握手接見，計談話時間不過十分鐘。新京方面，先以為這次談話分量較重，特致電哈市長，囑為推薦得力譯員，哈市遴選留英出身、哈市署顧問夏紹康前往擔任。據夏事後語人，會見莊重嚴肅，純禮貌的覲謁，未涉及任何問題，李頓且表示：「亨利・溥儀是舊大清帝國的皇帝，我們對他，應有相當的敬意。」

調劑精神江上行

熙洽運廣長舌，李頓卿聞所未聞。大橋擺龍門陣，顧博士窘其所窘。

李頓卿一行「新京」訪問後，復由吉長路，作永吉——吉林省城之行，「滿洲國」外交次長大橋忠一陪同前往，此行除訪問吉林行政首長熙洽，兼有一賞松江春色調劑精神的意味。吉林關係方面，受接待委會囑託，在江岸，準備停驂處所，並招名庖治饌，特別以有名的松江生魚饗客，視日本與廣東「魚生」別饒風味，但吉林當局並未出面為東道，因調查團事前聲明，在滿期間，不赴宴會。此行整日清遊，興盡而返，無不感覺滿意。

抵吉下車，先訪熙洽談話。熙洽對「滿洲國」成立經過，侃侃而談，他先指責張漢卿（學良）對外交不負責態度，確為中、日關係趨於惡化的最大原因。同時易幟以後，南京對東北始終歧視，總以挑起外交糾紛，為削弱學良勢力，迫使依附的最大目的。十八年中、俄事變，與九一八瀋陽事變，前後如出一轍，南京既使學良引起不必要的外交事件，事後袖手旁觀，又從未有方策的指示，或實力的支援，隔岸觀火，殊令東北人痛心。他說：「滿洲建國運動，有歷史的背景，係東北三千萬人『民族自決』的表現，與瀋陽事變，固不能說毫無關係，但此種民意的醞釀，即使無瀋陽事變，遲早總有發動之一日。『滿洲國』當今元首，原係『滿洲』舊主人，故土君臨，兆民擁戴。」

調查團代表有詰以日本與新國家關係的，熙洽答道：「完全平等，相互尊重。」但某國代表——似為法國克勞戴爾將軍，詢以新京日人官長，內容如何，熙洽仍說，以客卿立場，協助新政府建設，一時的辦法，以後當逐漸退出。這在當時之關東軍，確有過似此的聲明，倒不是熙洽的外交詞令。

李頓調查團的報告書，對於熙洽的談話，紀載很詳，他們好像對熙洽的說話，抱著相當的懷疑。這在客觀的看法，自然不算不正確，不過熙洽在事變後的錯誤，過分的主觀，過分的任性，過分的聽信日軍將校的說話，固屬事實，但他和調查團所說，倒沒有騙調查團的意思。熙洽是受了騙的人，騙他的是日軍一部分將校，和依附軍人的政客、浪人。

李頓一行和熙洽談畢，即赴江邊遊覽，盡歡返，已在萬家燈火的時候。吉長歸途中，大橋忠一特找著中國觀察員顧維鈞博士談話。大橋在美國當過領事，在北京使館任過參贊，和顧少川也算有一日之雅。大橋先向顧說明友誼的閒談，彼此不必矜持，他和顧東聊西扯一陣，彼此倒也無所謂。這時大橋攜有秘書俞某，年少倜儻，且操日、俄、英三國語言，相當流利，顧少川對俞，自不免稍加青睞，大橋指俞說道：「這是滿洲國的惠靈吞•顧，他擅長語學，俄語第一，日、英語或且比我漂亮，顧博士看他怎樣？」顧少川微笑點頭，但未說什麼。大橋忠一忽鄭重的向顧少川表示：滿洲新國，正在延攬各方人才，顧博士如果不嫌委屈，我當建議禮聘來滿，最少以外交總長借重，將來國務總理，自非顧博士莫屬。在大橋說這話時，可能沒有任何機心，或有意刻薄對方，但顧少川聽這話時，實在萬分尷尬，窮於應對。這一位名滿坫壇，辯才無兩的顧博士，這一次竟經驗到平生未有的窘狀，可是大橋忠一還始終認定他的話沒有絲毫的惡意。

駐哈兩週的李頓調查團

萬全準備，代表團任務遂行。兩度會談，特別區調查終了。

李頓卿一行，由永吉歸來，準備首途赴哈。東省鐵路管理局接得特區長官公署通知，特為備妥專用列車，調集東路最好臥車，飯車，及瞭望車，以供調查團乘用，同時特區當局更電令護路軍、路警處、特區保安總隊部，對行車安全協力負責。哈爾濱臨時成立接待委員會，以哈市長為主委，東鐵督辦，東鐵理事老外交家沈瑞麟為副主委，各有關單位首長均為委員，特區警務處長兼哈警察廳長王瑞華（張學良部舊軍長），會同特區保安隊、東鐵路警處、負市內警備全責，對國聯調查團駐長期間安全問題，計劃周至，期無遺憾。但日軍憲兵、及日領館警察，均經當局謝絕，不使參加，且向新京外交部大橋忠一，先事洽商，所有新京方面隨同調查團來哈人員，請其優先遴選「滿人」，並開單送接待委員會，以憑招待，此外，均不得混入調查團的宿所，以防意外。

調查團一行，包括中、日兩國觀察員及隨員，均下榻哈爾濱第一流旅館、馬迪爾飯店，二三兩層樓全部，指定調查團專用，臨時特製「國聯調查團」徽章，以示識別。飯店侍應生，事先經過挑選，由馬廸爾飯店負責保證。警衛人員，在飯店服務的，一律便衣，擔任飯店門禁的，仍著制服佩槍。訪客均須登記，得調查團秘書處同意，始許登樓。調查團所用汽車，備有二十輛，供辦公之用，有司機，先經特警處考驗審核，李頓卿以下四國代表，及中、日兩大使出入，均由警備人員，隨時警戒保護，但不得妨礙行動自由。

李頓卿一行抵哈次日，先至哈爾濱特別市政局，詢問鮑市長，寒暄後，鮑氏為避免觸及事變後政治問題，當向來賓詳述個人與東北最高當局，張雨帥（作霖）及少帥（學良）的關係，以至本人出長哈市經過，協助張景惠長官應付艱局，和各國領事團協力維持特區，種種事實。這一場談話，雖未經傳譯之煩，已耗去一小時又三十分之久，李頓卿諸人，如聽朗誦一篇有內容的故事，似感相當興趣。

李頓卿於是問到哈爾濱應付事變情形，以及東北行政委員會恢復經過，鮑氏當答以翌日已約定與張景惠長官會見，張長官特由新京趕回，他以特區最高行政首長，及東北最高政權領導者地位，當有詳細說明，以供調查團參考，本人明日亦預定參加，屆時再謀暢敘。李頓卿目示四國代表，均表首肯，李頓卿酬應幾句，乃起立告辭，在市府門前，攝影留念，握手道別而去。

翌日，李頓卿及四國代表準時至長官公署，張長官由鮑市長陪同舉行會見，市署顧問夏某任翻譯。張景惠當將（一）特區應變，（二）日軍進駐協定，（三）東北行政委員會恢復各經過，詳細說明，他並強調所見，略謂：「事變以前如果雙方當局提高警覺，並非絕對不可避免。事變發生後，如在三個月內開誠商洽，結局或不至如此之僵，個人事變前後，竭盡微力，欲謀挽回，均告失敗，區區苦心，敢質天日。」李頓卿商得各國代表同意，向張長官發出問題：「閣下對新國家的意見怎樣？」張長官答：「我以東北老百姓的立場，替老百姓說話，老百姓望安居樂業，餘無所求，有國家自然比沒有好，有政府自然比沒有強，東北的老百姓以往也苦夠了，休養生息，喘一口氣。」

這一場重要會談，就此結束。

外交戰在哈爾濱市

神祕獨持，調查團延見訪客。天荒突破，市當局招宴嘉賓。

國聯調查團李頓卿一行，在哈爾濱和特區當局，兩度會談以後，公開的「行事」，可以算是終了，但非公開的活動，也就開始。據調查團秘書處發表消息，哈爾濱五月氣候最好，團長李頓卿以下同人，願在哈小作勾留，整理調查資料及有關「書類」。其實調查團各國代表，正分別擔任他們的特殊調查工作，和有關人士秘密會見。

這些會見，當然不在馬廸爾飯店，由各國代表借用各國駐哈領事館，或總領事官舍舉行。李頓卿接見秘密訪客，有時約同一二代表，在英國總領事館會面，但馬占山第一次派人來見時，五國代表全體出席，因此日本方面得有情報，由吉田伊三郎向調查團訪問，不過馬占山在海倫，尚未公開反抗，且仍負有軍政總長黑龍江省名義，即使派有代表和調查團聯絡，也不生多大問題。但此後對此種會見，調查團更提高警覺，保持最高的機密性，當時哈市警備權，仍在中國當局之手，日本方面也顯不出多大的神通，這是事實。

在哈和調查團秘密會見的，馬占山代表外，尚有丁超、李杜的代表，東蒙王公代表，及奉、吉、黑三省民間代表，張學良也派有專人來哈，替調查團居間聯絡。

調查團入滿當時，聲明不赴宴會，除在瀋陽，曾應關東軍本庄司令官之邀，有過午餐會一次，吉林「生魚」宴，只算調查團自己人的野餐會，並非對外酬應。在調查團方面說，避免酒食徵逐之煩，固然為的加緊工作，但最大原因，仍在對「滿洲國」「不承認」的那一點。所以調查團在新京那幾天，每餐都在大和旅館的餐廳，集體會食，連私人的「便酌」，都沒有一回。

大概在駐哈的第十日吧。英國總領事和市當局會面，談完正事，英領事提及代表團對哈市招待周至，極表滿意。市當局當然客氣遜謝，同時對英領指出，哈市係自治市，有二十一國僑民參加的自治會，有七國代表參加的參事會，與其他純政治性的地方政府，迥乎不同，稱得起「哈市市民的哈市」，如果調查團對這點有認識，哈市在該團離哈以前，可以設宴招待，藉資聯歡，且留紀念。英領當謂哈市立場，確然兩樣，當以個人意見，促請李頓卿考慮。第二日英總領事電話，李頓卿獲得同僚一致的同意，如哈市邀宴，準備接受，因此有東鐵俱樂部一夕的盛會。是晚出席的李頓卿一行，在哈五國總領事，加入蘇俄總領事，日本總領事，日本觀察員吉田太使及其他各國領事。張景惠長官，也以來賓資格赴宴。中國觀察員方面，事先聯絡，據顧大使的秘書施某說，顧氏小有不適，恐難出席，因此未發請柬。

李頓卿在席上答詞，鄭重的說：「鄙人代表同人，向二十一國僑民參加的自治市——哈爾濱特別市市長致謝……」充分的表現英國人典型的外交。宴畢更有俄國舞術，日本歌舞，中國「京劇」，種種餘興，以娛佳賓。

過了兩天，調查團離哈南返，在車驛送別時，顧少川曾與市當局，握手道謝，且對前晚未能出席宴會，深致歉意，中國人究竟有中國人的「人情味」。

閒情逸致的調查團

緊張局勢中，好整以暇的領略中國藝術使知文物悠久的歷史，和偉大的潛在。

李頓卿調查團駐哈期間，另有一件可紀的佳話，就是在馬廸爾飯店舉行的楊令茀女史書畫展覽會。

楊女士家在江南，簪纓門第、乃兄楊味雲（壽枬）科第出身，民國初年在周學熙財長下，任財次兼鹽務署長，辭官後專心辦實業，所謂民族資本家一類人物。楊女士少承家學，詩、書、畫堪稱三絕，也曾赴新大陸，留學數年，歸更遊歐洲，訪古代藝術，民十三以後，入故宮觀摩古物，且臨摹所藏書畫，蔚成巨帙。九一八事變前年，楊女士至哈，任職東鐵理事會，事變後兼任特別市秘書，英、法、俄語，均有相當造詣。

楊固假寓馬廸爾飯店調查來哈，暫讓移居他所。楊女士向市當局建議，於調查團留哈最後三日，假馬廸爾二三樓客廳，展覽書畫，所有個人成品，臨摹古本，以及收藏名家字畫，精選佳品，陳列其間，以娛此負有重大任務，遠來北滿之嘉賓一行。市當局極贊其意，乃介紹楊令茀女士，往訪調查團秘書英人某氏，托為徵詢李頓卿諸人意旨，秘書長報告李頓，翌日特邀楊令茀面談，對於女楊女士展覽書畫，表示甚大興趣。楊女士乃悉出所藏，公諸同好，展覽會雖因門禁關係，不公開招待，但有關人士，均得一飽眼福，尤其調查團同人，及在哈領事團，在緊張局勢中，得此好整以暇的時日，領略中國藝術，知中國文物悠久的歷史和偉大的潛在，此中宣傳力量，又豈是標語口號所能望及。

寫到此處，因憶及最近由美來港的張大千所談。美國近年來，對中國古畫失卻往年的興趣，中國古畫，已難得善價沽出，各博物館亦極少搜購。揆其原因，贋品充斥，魚目混珠，固喪失不少信用，國事蜩螗，國格墜落，不受外人重視，亦佔有重大成分。此外中國文物展覽，一切標識都用英文，而日本同樣展覽，則一切力求東方化，漢和文字，大書特書，標識燈籠，古香古色，結果前者門前冷落，後者其門如市，中國人不懂西方心理，更不懂得宣傳技術，於此益信。今後代表東方藝術，將轉向日本方面，至少在美國有此跡象。令人聞之，不禁灰心短氣。

楊女士展覽會三日，均親自出場招待，李頓卿暨四國代表到會時，楊運用其擅長外語，一一為之指點解說，因此增加諸貴賓興味不少。臨行，楊女士繪山水、花鳥數幅，分贈諸人，以識鴻爪，楊女士以後復出遊歐美，經過英、法、德、義，曾受當年來哈諸代表，慇懃照顧，這一場國民外交，無形中對國家民族當有不少影響。楊令茀女士，貌似丈夫子，不事修飾，冰雪聰明，無所不學，學無不精，在北滿當時，蜚聲國際。據傳初抵哈時，受知於張敘帥，好事者有勸張譜求凰之曲，張以年老為辭，楊令茀亦間接表示，此身已許藝林，今世不再論嫁。日軍抵哈後，楊亦涉獵日文，不久能操日用會話，閱讀亦大致了解。新京執政府，有意延攬，經與乃兄有舊某氏，向楊女士道意，溥儀后鴻秋且願聘為西席，讚研國畫，兼及西文，楊令茀初尚允為考慮，及民國二十三年三月，「滿洲」改帝國，「康德」臨朝，形勢又變，楊令茀決意終止新京之行。是年東鐵收買交涉成立，理事會解散，楊摒擋行李，在不聲不響中，搭車直赴大連，轉乘海輪南下，不久出國遠遊，專心藝事，茫茫人海，近且不知踪跡何在矣。（編按：一九七八年九月五日，楊令茀病逝於美國卡麥爾城，終年九十一歲。）

二八　馬占山抗戰

日本軍部「擺烏龍」

馬占山再舉義幟，明知不行。日本軍大擺烏龍，將無作有。

馬占山終於再舉義幟，宣告繼續抗日。他在行動以前，特派人來哈，向張景惠說明他決心和經過，希望諒解。他此次的布署，以海倫為起義場所，以黑河為後方退路。他決不中途妥協，任日本人如何威脅利誘，只要日本一天不退出「滿洲」，他便盡力於他的「抗戰」。

他當時至少看到五年至十年的遠景。以「滿洲事變」為出發點，中、日從此多事，日本人老是向前進逼，中國人老是隱忍退讓，但侵略者的擴張，不碰著硬性的抵抗，有力的反擊，始終不會回頭，消極的綏靖，固然不是辦法，就是比較積極的圍堵政策，又何嘗能夠阻遏侵略者的野心？這次再起抗日的馬占山，確有以有生之年，盡瘁抗戰，死而後已的決意，功名思想，英雄主義，似乎一切都談不到。

這時日本方面，軍部控制政府，已逐漸得手，犬養毅以政界「宿星」，政黨的「大物立」，也不能不受制於「三宅坂」，終至殞命官邸。這些內幕，從他兒子犬養健的筆記，和在國際法庭的證言，可以看到。所以九一八事變初起時。日本政府不擴大、不增兵的決議，已不復具有束縛性。

淞滬休戰協定簽字後，日本派遣軍的兩個師團，姬路第十，宇都宮第十四，就由上海直接調往「滿洲」，充實關東軍的力量。馬占山海倫起義後，日軍大舉進攻，以松木中將的十四師團為主力，聯合原駐黑龍江的村井、長谷部等旅團，向海倫「討伐」。馬占山在海倫附近，也曾打了兩次硬仗，予日軍以重創，但人力、武器、交通工具，處處都陷於劣勢，正規戰絕難討巧，只有化整為零，隨時隨地，出以有利的襲擊，——游擊戰。

馬占山有一晚，正宿營某窩棚，隨帶的部隊，不過兩營，被松木師團的斥堠發現，黎明日軍四至，搜索前進，馬軍應戰不利，已瀕潰散，馬占山正往廁所的一剎那，日軍已衝入馬所住的這一間民房。馬占山乃由冬天藏白菜的地窖鑽出，走小路繞出了窩棚，找著他的隨從，弄到兩匹馬，奔向西南的大道。他幸而地理熟，人緣好，老百姓聽見打日本，也都拚命的掩護他、幫助他，這才逃出重圍，收容部隊，慢慢的向黑河進發。

松木師團某大隊（營），走入馬占山的宿所，眼看牆上掛著一件軍服大氅，三顆金星，火坑上還擺著精製的鴉片煙具，點得明亮的煙燈，和一桿象牙煙槍，就是馬占山日常所用的，煙盤裡還有一杯剛倒出來的熱茶。他們自然斷定馬占山就在這裡，他們警戒的搜查這所屋子，及其附近。無巧不巧的，在菜園小屋前，發現一瘦矮有鬚的人，中流彈身死，臥倒地上，經過十四師團上層官兒們查驗、研究，他們便確定這是馬占山的屍體。一面拍照向上級報告，一面購了一具相當不壞的棺木，將這個假「馬占山」收殮 埋。一時宣傳「馬占山確已擊斃」，且以此帷幄上奏，報告日皇，馬占山的這一套煙具，和上將軍服大氅，送回東京，都陳列在明治神宮的游龍館，作為戰利品，耀武示威。松木師團長，因特殊功勳，進昇大將。

重提反抗倍心酸

龍江改組，馬占山勢力剷除。海滿鏖兵，蘇炳文壁壘摧毀。

馬占山發表繼續「抗戰」通電之後，黑龍江省軍政機關，自然跟著有一番更動，除軍區公佈，張文鑄任軍管區司令外，黑龍江省長由久任軍職的程志遠繼任，廳處長大致仍舊，程志遠一個簡單的舊式軍人，搞政治非其所長，卸任黑河道趙仲仁，原是黑省官場中的活動家，馬占山和日本分而復合，合而復分這一過程中，趙仲仁已大現身手，但馬究竟機警天成，總算沒有上他的大當。程志遠接任以後，趙仲仁對他，更不放鬆，以黑龍江省長代表名義，駐「新京」擔任聯系，在關東軍、政府、黑省三者之間，出賣風雲雷雨，操縱挑撥，極盡控制省政、包辦省政的能事。結果，將這個「老實人」程志遠，逼得無路可走，在「新京」辦事處，親手開槍，結果趙仲仁的性命。這是馬去程繼幾個月以後的事，震動一時。

在「滿洲國」成立那一年，「滿洲」的將領，以號召抗日，馳名中外的馬占山、丁超、李杜外，還有駐防海拉爾滿洲里的蘇炳文。丁超、李杜，在日軍進駐特區時，毅然退守三江（依蘭）其後日軍進迫，李杜即率所部，得到蘇俄允許，經西伯利亞，繞道至新疆，戍邊十年，士疲兵老，始終未得相當安置，李杜個人，回到抗日戰都的重慶，亦只得窮愁潦倒，終老牖下，三十八年重慶淪陷，消息未聞，生死莫卜。丁超初與李杜合作，李杜退出依蘭，丁超即間道入關，第二年復回遼寧，隱居一載，經日軍謀略參謀居間，通過軍法會議，明令特赦，旋被任國務院囑託（日本名詞，相當顧問諮議），最後且一度任新設安東省省長。

蘇炳文踞海拉爾，滿洲里，對「新京」軍政部命令，拒絕接受，日軍部有鑒於馬占山、丁超、李杜前事，又以所部地臨邊境，不無投鼠忌器之慮，力謀以協商途徑，求得解決，屢派代表前往說服，均未達成願望，翌年一月始開始軍事行動，迫使就範，同時並派遣以第十師團特務班長橋木欣五郎大佐（俄國班出身，甲級戰犯，現仍在巢鴨監獄）為首的「軍使」，先與蘇俄遠東軍在滿邊會議，密商收容蘇部辦法，以免又蹈馬占山、李杜所部經俄遣返中國的覆轍，橋本是日軍部有數的「霸才」，久任東歐國家駐在武官，操俄語，精通蘇俄問題，結果相當成功，蘇炳文個人雖獲蘇俄保護，安然回國，蘇部除拒絕遣返者外，大部分均由「滿洲」軍政部接收。當時蘇俄遠東軍兵力，尚未充實，對日本態度，異常遷就，日本既出面交涉，蘇俄自沒有不順水推舟，表示好意。

二九　東省特區轉變中

特區「中央化」第一過程

如何使特區打破現狀？如何使特區中央化？國務院計劃從變更人事入手。

馬占山出走後，「新京」軍政部總長決定由張景惠兼任。在哈的張氏，接到電報，即起程前往「新京」，張原任參議府議長，並不另派人接替。軍政部易長後，所有顧問部制定統一軍權，改組各省區軍事機構等案，均積極準備，付諸實施。

這時日本人最大的注意，便集中在特區——如何使特區「中央化」，如何打破特區的「現狀」。不先使特區現狀變更，進駐協定依然有效，特區的「中央化」，不可能實現，便難以控制特區，「滿洲國」行政統一，未做到金甌無缺，日本人對整個「滿洲」，就來完成預期的「統治」。關東軍「代理店」——新京國務院，為達成他們的願望，計劃從改變特區人事入手。

國聯調查團入滿之前，「新京」召邀哈市市長，東鐵督辦，到「新京」會議。在本題討論終了後，駒井德三曾約哈市當局，單獨談話，駒井很坦白表示，張景惠一時不會北返，特區方面的政務，既由市當局負責，他個人主張市長為名實俱至的首長，或逕以特區行政長官，兼任大哈爾濱市籌備事宜。市當局為避免糾紛，只好含糊敷衍，未遽作具體的表示。張景惠由哈再度赴長，就任軍政部兼職，數日後，板垣征四郎大佐——關東高級參謀，「新京」政府幕後指導者，忽然到哈，經駐哈特務機關長小松原大佐電話約定與市當局當晚在「武藏野」料亭便酌。

板垣大佐飯後，與市當局在別室密談，提出特區變更人事辦法，張長官在「新京」任務重要，不能長此遙領特區，行政長官一席，由市長坐升，以謀統一事權，革新特區行政，徵詢意見。鮑市長當向板垣開陳所見，認為：「特區國際關係，比較複雜，新政權建設伊始，總宜力求靜化，少事更張，張長官資深望重，各方均有好感，個人數月以來，代負特區重任，差幸免於隕越，但用張景惠名義對外，與用個人名義，分量究竟不同，效能亦自差異，個人代張長官，處理事務，凡百勞怨所不敢辭，若逕以本人，謬膺行政長官，驟儕高位，自維譾陋，實難承擔，揆諸東方道義觀念，亦無以對長官部屬，殊非區區之願」。

板垣聽此一席話，知不便再說下去，乃自轉談鋒，謂此項提議，出自個人意思，並非硬性決定，彼此交換意見，決無其他作用，特區一時不宜更張，此點亦有同感，當向有關當局說明，俟將來時機成熟，再作商量。

日本人經營大陸，以打破現狀，為唯一的秘訣。打破現狀，慣用權位為釣餌，分化對方，只要有人覬覦權位，相互角逐，陣營未有不亂，團結因此瓦解，現狀也就不攻自破。日本對華，尤其瀋陽事變以後，活用分化政策，所如輒合，應手得心。這一次武藏野的談話，板垣征四郎，確不無意外之感。然而日本人對變更特區的計劃，越發加緊圖謀，期其早日實現，絕不會暫時擱置，等待時機是無可疑議的事實。

張景惠兼長軍政部以後，與日本軍人，事務接觸，日益頻繁，日本人對張景惠的認識，自然加深。張景惠的長處，是知大體、富人情味、有融通性，這種種在日本人看來，正是可以利用他的條件，張景惠在東北元老中，碩果僅存，為東北人所尊重，亦即東北人信任所集中，也正是日本統治「滿洲」現實的需要。這時候在滿的日本智囊團，對扶植「滿洲」「土著派」，為經營「滿洲」的工具，建設「滿洲」的基幹，這一方案，已由理想，漸漸的「具體化」。「張景惠中心」主義，也由醞釀，而趨於表面化。張景惠以後的「滿洲帝國總理大臣」，一任十年，與「國」終始，實以軍政總長為發軔的初步。

廢止「進駐協定」與人事異動

在前以更易長官，打破特區現狀，一變為調走市長，徹底廢止「進駐協定」

張景惠接長軍政部以後，仍兼參議府議長，且已穩握未來國務總理的預約券。參議府秘書長係日人荒井，由日本樞密院調來，所有參議府的事務，都由秘書長處理，據他們同張景惠說，這是樞密院的「老大哥」的「先進經驗」了。

軍政部的大權，操諸顧問部，最高顧問多田駿，說得一口的「中國話」，從他的舊長官，坂西利八郎中將，學來一套中國官場的皮毛，他將張景惠敷衍得極好，張景惠在不知不覺中，便入了他的牢籠。軍政部的人事，早有了安排，張景惠只帶了一個副官到任，連日文秘書，都是部裡用的人——顧問部推薦的。

到了「新京」的張景惠，確已在日人勢力控制之下，特區的人，沒有法子和他接近，更無從向他有所建議。日人對特區打破現狀的工作，已算完成「圍堵」，事實的發動，是時間問題。

特區行政長官的異動，這時擱置不提，特區的政務，仍由哈市長代理，亦不見任何變化的跡象，自從駒井德三，板垣征四郎兩度提議，未得滿意的答覆以後，市長真除行政門官一節，無形打消，新京的政策，略有些變更，在前以調走張景惠，從而打破特區現狀，現已變為更易哈爾濱市長，徹底的廢止「進駐協定」。只要進駐協定，不復存在，日系官吏，可以進出特區，面目一新，特區中央化，立時就能實現。即使為應付國際觀瞻，張景惠的特區行政長官，一時不妨仍舊，「政由寧氏，祭則寡人」，豈不面面俱到。

因此關東軍、國務院兩方面，積極考慮哈市鮑市長的出處問題。在「滿洲國」成立的第二個月，「新京」本就制定一個臨時駐外官制——駐日本全權代表公署，當時設立這個機構的用意，為的宣傳「滿洲」建國意義，博取日本輿論的同情，因而促成日本帝國的正式承認，內定擔任全權代表的人選，屬意趙欣伯和丁鑑修兩人。以後趙欣伯交卸奉天市，和關東軍參謀鬧得不好，丁鑑修以國民使節去過日本，好像日本人對他，印象不見佳，所以這事便暫予保留。

國聯調查團離「滿」，馬占山抗日通電發表以後，日本人對特區改組問題，更趨積極化。

七月，松岡洋右決定出任國際聯盟日軍首席代表，來「滿」聯絡，抵哈前先電長岡代總領事，約鮑市長會面，松岡上午飛機到哈，下午即飛返奉天，預定午餐在江上俱樂部，由日領事為東道主，松岡與鮑氏即席舉行談話，松岡以議論風生，享有「盛譽」，見面時先讚揚哈市接待調查團，周到得體，隨即表示他此來已得到日、滿當局的意嚮，「滿洲」派往日內瓦特使，內定以閣下充任，本人極表欣快，以後彼此共事，當可隨時領教。鮑氏突聞此訊，頗難為適當的應答，又不便以本人不知此事為對，只好就一般原則，相與議論，一直談到下午四時，始送其登機南返。

過了幾天，大橋忠一來哈，並有美國人顧問布朗生・瑞（Brownson Rea）同道，兩氏與鮑市長晤面時，由大橋代表政府，徵詢意見，略謂日內瓦國聯大會召開時，「滿洲特使」一席，內定借重，在赴歐以前，先以駐日本代表，赴東就任小住兩月，以便充實對日認識，且與日本政府交換意見。鮑氏當答以本人既係國家命官，自以政府命令為進退，哈市如果得有替人，隨時均願息仔肩，至新任務能否勝任，在答覆之前，應有充分時間詳細考慮，擬請稍候數日，再行答覆大橋同意。布朗生・瑞，係美國名記者，就任做外交顧問，即為協助出席國聯，主持宣傳事項。

三十　日本對「滿」國策決定

所謂舉國一致的「國是」

有利便罷休，若槻禮違心欺主。請君且入甕，犬養毅爛額焦頭。

談到日本人對華——尤其對「滿」的政策，大多數都是主張積極的，儘管有程度、技術的不同。日本因為天賦所限，人口過多，食糧不足，自明治維新以後，逐漸走上資本主義的前途，更感工業原料，非向外爭取不可。經過甲午中、日戰爭，以及日、俄戰爭，兩度軍事勝利，志滿意得，越發東施效顰，欲以軍國主義，激揚民氣，殖民政策，拓土開疆，「滿洲」大陸，當然是「日韓合併」後，日本唯一的發展對象，犧牲二十萬人的生命，耗盡二十億元的國幣，戰勝帝俄，逐斯拉夫人於長春之北，日本經營「滿洲」，換取非無代價，——這是日本人口頭語。所以日本人視東北為囊中物，是他們所謂舉國一致的「國是」。軍人、政客、政黨、財閥、包括有名的事變首相若槻禮次郎、犬養毅、以及溫和外交家幣原喜重郎，都無例外。

所謂「田中奏章」的內容，實在是日本割台、征韓、取滿、侵華、百年大計的藍圖，這是不容否認的。不過日本人總在堅決的根本否認有此「田中奏章」，據松岡洋右、森恪（政友會幹事長）、鳩山一郎（田中內閣書記官長）在閒談時，觸及這一重公案，他們都說田中確未有此奏章，按照日本政治體制，也確無遞此奏章的必要，可能出自當時田中首相的好友，為田中借箸代籌，起草一紙備忘錄，展轉落到外人手中，遂以此為「田中奏章」。日本人相互間談話，提及天皇，總稱「陛下」，用做代名詞的「三身」，與中國人僅以面對君皇，總稱「陛下」，情形不同，以訛傳訛，乃有「田中奏章」之說。這是關於「田中奏章」的「有無論」，大致當近情理。至於日本大陸政策的「一貫論」，在一九四五年八月十五投降以前，八千萬人的大和民族，英雄所見，彼此盡同，事實所在，是不容多所爭辯的。

就近點說，九一八事變後的日本政府，若槻內閣、犬養內閣，以至五•一五以後的齋藤「聯立內閣」，儘管有政友會、民政黨、軍人、政黨的門戶之分，但試一追問，有那一個內閣，曾從根本上反對事變的發動，積極的從事制止？若槻所喊的是希望迅速結束，不能擴大，最大的辦法，也不過計劃與政友會組織「聯立內閣」，設法統制關東軍行動（見若槻自記）。當時幣原外相的日記，九月十九日若槻謁日皇報告，說：「瀋變不會再擴大，我軍獲得有利地位，即可停止」，幣原更謂首相遭此難局，只圖依賴皇族（閑院宮）元老（西園寺），以求解決，內閣本身，並無堅定政策，殊可憂慮。犬養毅以宿望而兼霸才，又與中國國民政府，向有淵源，拜相登台，所能為力的，亦不外防止擴大，就地「彌縫」，組閣前既無確定計劃，主政後自然難免周章，而且政友會政客，率多傾向擴張、勾結軍部，內閣翰長森恪，對犬養派親信萱野長知密赴南京，向犬養健，提出警告，囑為轉報乃翁。舉此一例，犬養內閣的分量，不待問鼎，可以知其輕重。

以後一・二八淞滬戰起，犬養毅已就任首相月餘，事前既未聞有徙薪曲突的嘉謨，臨時陷為爛額焦頭的當軸，責任既有攸歸，豈僅諷刺可比。

所以犬養對瀋變政策，除因襲若槻不擴大方針，也並無其他高著。舊時代日本人，根本上不知「侵略」這一句話的意義，對華固久已廁身列強，抱分我杯羹的願望，對「滿」則更視為禁臠，特殊地帶，不容第三者染指。

關東軍改組與承認「滿洲」

秘密外交，倒綳孩兒犬養死。龐大組織，將軍大使武藤來。

挑起淞滬戰爭的重大因素，是日本陸海軍人聯合的，聲東擊西「圍魏救趙」的最高戰略，在前業已說過。日本軍人挑起這一場不必要的戰爭，用意不外三點：（一）牽制南京政府力量，不使北顧。（二）轉移國際的視線，減弱日內瓦國聯的壓力。（三）打擊犬養毅首相和南京的秘密聯繫。

犬養毅在民國二十年（一九三一）十二月十三日，就任日內閣總理大臣，十日後就密遣舊友，和國民黨向有淵源的萱野長知，赴南京活動，一時傳有前司法院長居正，赴日商東北善後之說。犬養毅這一著棋，不能說不好，但他對政友會和政府的要人，連內閣書記官長森恪在內，都沒有商量，足見他左右的形勢不利，像這樣重大的措施，又豈是「一人政治」，「秘密外交」，所能蕆事？無怪一經森恪警告，以後他連萱野的電報，都收不到，一月二十八日，淞滬就發生戰事，形勢的緊張，且在東北以上，三十老娘，竟作了倒綳孩兒。我們看到犬養健以後在國際法庭的證言，很驚異這位縱橫政壇四十年的老鬥士，何至髦而昏瞶似此，我們更聯想到五·一五的事變，這位老相公為少壯軍人所手刃，殞命官邸，慷慨悲壯，固自有聲色，然而高齡當國，神智聰明，已非往昔，或亦不無自取其咎的所在。

海軍大將齋藤子爵，以朝鮮總督，奉大命組閣，集合政、民兩黨，成聯立內閣，齋藤內閣的使命，由收拾「滿洲事變」，進而為支援「滿洲新國家」，由防止擴大事變，進而為日、滿國防聯合防衛，日本將不顧一切的，排斥國際干涉，壟斷「滿洲」。

事變當時的關東軍幹部，和有關政客浪人，原來的計劃，「滿洲」新政權，絕對排擊日本政黨，資本家的干與，甚且有建設「新滿洲」為改革日本的榜樣，那樣的遠大抱負。但是「滿洲國」一旦成立，軍事、政治、經濟、外交種種有關問題，風起雲湧，有非關東軍所能獨力解決，勢不得不借助於東京政府，政黨、財閥，不能對「滿洲國」直接干涉，但東京政府當時的情況，政黨、財閥的潛勢力，依然存在，齋藤內閣，自不能無視現實，予以否定。這是關東軍少壯幹部始料所不及的。

齋藤內閣，成立不久，「滿洲國」承認問題，已達到非解決不可的機運。在軍部慎重考慮之下，決定擴大關東軍組織，起用大將級人物，任軍司令官，並兼駐「滿洲國」大使。本庄繁中將調軍事參議官，以「凱旋將軍」，返回日本。教育總監武藤信義大將，出任關東軍司令官，兼駐「滿」大使，陸軍次官小磯國昭中將任參謀長，原任上海派遣軍副參謀長岡村寧次少將任參謀副長，喜多誠一大佐第二課長，主管對華（關內）關係，原田熊吉大佐第三課長，主管「滿洲國」政府關係，人事方面，陣容甚盛。舊參謀課長石原莞爾中佐（旋升大佐）調參謀本部附，內定伴松岡洋右，出席日內瓦國聯會議，石原的助手片倉衷大尉，調九州久留米師團參謀（杉山元時任師團長）。板垣征四郎大佐，在關東部遷往「新京」後，調任奉天特務機關長。

關東軍面目一新，重要幹部，幾全為新人，說者謂為日本軍部中，中央派戰勝現地派，統制派凌駕改革派，非無根據。

武藤信義、小磯國昭「兩合公司」出現之日，承認「滿洲」案，已大致決定，同時更攜有「日滿共同防衛」的方案，交由小磯攜來現地，實地研究，小磯抵任後，第一工作，即為此事。經過小磯簽註意見，攜回東京，作為定案，一面與新京政府，作必要的意見交換，一面由東京政府迅速完成法律手續，九月十五日，便在「新京」正式調印。

三一 特區大洪水與「中央化」

不盡洪流滾滾來

這是一世紀以來北滿僅見的大洪水。

一九三二年（民國廿一年）夏北滿大水災，是一世紀以來僅見的洪水，據當地父老說，北滿以哈爾濱為中心，大概六十年有一次大水災，十二年一次小水災，上一次的水災發生，還是朱慶瀾將軍任護路軍總司令兼特區行政長官的時候。

那一年冬天，氣候冷，下雪多，到了春天，松花江上游的積雪開化，江水增漲。六月底駐哈爾濱的日本第十師團中川旅團長，由松花江上游，視察防務歸來，特訪市當局，說明旅行中，看到江水增漲的實況，希望當局對水患特予注意，日本人來自島國，對水患確有經驗，據中川旅團長的意見，除非上游水勢不漲，——這是不可能的——哈爾濱一帶至遲在七月中旬以後，會有「大水」的信號。

特區和哈市當局，在得到此項消息，趕緊組織「特區防水委員會」，羅致水利工程專家，著手調查、計劃、防堵等工作。同時打電給特區各市、縣、及吉、黑兩省有關區域，將江水漲落情形，隨時具報，這樣才喚起各地方官的注意，但有的地區報告還很輕鬆的表示，六、七兩月江潮照例增漲，八月可以減退，不致為患，他們的判斷，大都是依據巷議街談，不是根據科學分析，特區當局，更三令五申，詳細指示調查水位，預籌防堵的辦法，這班地方官才稍稍有些警惕，逐日以電報及電話，報告水勢。

到了七月十五日，松花江沿岸，遭受水災的，已有多處。哈爾濱沿江一帶，水位日漸增高，加以陰雨連綿，逾月不止，水位已到了危險程度。雖經防水委員會，集中人力，以沙袋堵塞，但水勢的高漲，幾與防堵的工事，成了正比，人工的防堵，愈為得力，江水的侵臨，也來得愈快，「人海」與大自然的「江流」作戰，終於敵不過江流，江北的松浦市先進水了，南岸的防堵工事，一夕數驚，八月七日的凌晨，哈市道外，沖破防堤，「水寇」便由這個突破點，擴大攻勢，天明進入道外中心區，正午便佔領濱江縣區的全部，跟著道裡，也受波及，同日下午沿江一帶的防堤，均遭「水寇」的破壞，白俄居住最多的太陽島，以及特別市商業區，全部淪陷，只有居高臨下的南崗——秦家崗，沒有受到水災，特區的官署，如長官公署，大市籌備所，東鐵理事會，英、美、日、俄等重要領事館，以及要人的住宅，都在南崗。此時的南崗，真成了特區的「特區」，避難的桃源，一時逃出的災民，集中南崗者，不下三十萬人。

特區立時成立水災非常委員會，以大市籌備所為中心，統一事權，對水作戰。特區長官張景惠，先一日由長春返哈，強調非常時期，統一指揮權的必要性，自己願站在督導的地位，授權市長，便宜行事。水災非常委員會，置有總務、治安、食糧、衛生等部，並由在哈中外工程專家，組織水災善後工程小組委會，集合了十一個不同國籍的工程師，計劃及早退水的方法，及建築防水堤的工程。此外，在極樂寺附近廣場，張蓋臨時帳幕，收容難民，在南崗馬家溝，造木屋，亞寒帶的木屋和亞熱帶木屋不同——一萬間，為半永久過冬之用，徵用南崗所有麵包房，饅頭舖等食品店，每日製麵包、饅頭、大餅、分配難民，開水儘量供給。瓜果一律取締，避難區市民，強迫注射，預防時疫。這一場百年難遇的大洪水，在哈爾濱方面，事前事後總算還沒有出過大的錯失。大水進入道外道裡這一天，恰巧本庄繁正為奉調返國，來哈辭行，是晚在東鐵俱樂部設宴，招待特區官民，市當局以「事務蝟集，心緒棼如，難應寵召」，特函辭謝。本庄繁對此，非但不以為侮，且慨捐日金十萬元助賑，此款即用以搭蓋木屋萬間，以應需要。

「水落石出」特區「中央化」

特區現狀，不容維持，進駐協定，已失時效，形勢比人強，還有什麼可說？

特區大水災，使得特區改組，特區「中央化」延遲了三個月實現。

在大水災的過程中，「新京」方面，沒有絲毫的干涉，除使張長官返回哈市督導，並派曾任駐哈總領事的外交部次長大橋忠一，到哈慰問激勵，餘無動作。

水災善後工程小組委會，擬定了一項緊急計劃，排洩餘水，建築江堤，經過全市中外專家，包括滿鐵，及日本內務省工程師的簽字，呈送非常委員會批准。因為哈市一過中秋，天氣變化，馬上便呈現初冬的景象，如果不趕速排水，道外道裡的房屋，一經凍結，來春必定倒塌，至於江堤的修築，更是一勞永逸的計劃，興工建築，必須在冬季來臨以前，趕速完成，爭取時間，尤為必要。工程小組委會，附帶呈送的預算，約在哈大洋二十七萬元（合現洋八折）左右。市當局當即照案批准，積極動工。

批准的當日，駐哈特務機關小松原大佐，突然來訪非常委員會本部，要求暫緩批准此項工程，另提出日本工程師所擬計劃，擴大江堤工事，計需工程費現洋一百伍拾萬元之譜，市當局的答覆，有以下幾點：（一）時間的爭取，不容曠日持久。（二）經費過鉅，一時難以籌劃。（三）此案經哈市中外工程專家共同決定，簽字提出，日人工程師既參加小組委會，何以當時不在委會提出研究。（四）既經批准，礙難收回。小松原反覆陳說，糾纏兩小時之久，市當局終不為所動，這才悻悻然辭去。原來有些日本「土木組合」，來哈想做生意，——日本人的「生意熱」固不自今日始——和日本工程師合作，請求小松原出面，以為只要特務機關長說一句話，市署沒有不賣面子的。這次的小松原，算是碰壁了。

但在十月，特區改組以後，日系官吏進入特區，首先就停止築堤工程，第二年仍以現洋一百伍拾萬元，照日人工程師設計，完成這一偉大工事。可是到了一九三四年，哈爾濱幾乎又來一次大水，這一道江堤，並不能發揮多大作用，對日本工程專家，確是一大諷刺。據市署白俄工程師說：如果照原定的藍圖去做，一九三四年的這一場虛驚，是不會有的。

特區水災善後工作，告一段落。九月十五日，日本正式承認「滿洲國」，武藤信義大將（後升元帥）以首任駐滿大使抵新京，與國務總理鄭孝胥、簽訂日滿議定書，共同防衛協定。所謂「日滿一體」的體制，踏上了第一步。

駒井德三、大橋忠一又開始和哈市鮑市長商赴日就任駐使問題。但當時情形，與三個月前不同，日本既已承認，大使又已到任，「滿洲國」駐日使署官制，係五個月前的舊案，根本應予修正，才算合理。外交官是交換的，沒有甲國派遣大使，乙國派遣臨時特使的理由，所以在正式發表任命的時候，除特任令之外，另由執政溥儀，親筆寫了「親任式訓詞」一通，以昭隆重，煌煌典誥的文章，加以二王的書法，倒是值得一看的。訓詞中指出這一任命，和武藤大使交換，是以全權大使資格，派遣日本駐在的。這一篇文章，據說是執政府秘書長，江西人胡思源（晴初）太史的手筆，溥儀自己寫了一道，策動的當然是駒井德三、大橋忠一之流。

日本人當時的重大命意，還是在打破現狀，改組特區，使特區「中央化」。所以對駐日使節的任命，力求隆重，唯恐當事者有何異議，且表示於赴日就任後，即派往日內瓦參加國聯會議，在這一過程中，趕辦手續，制定駐日大使館官制，俟日本正式脫退國聯，「滿洲國」駐日本大使館，法律手續，當可完成，正式公佈。

三二　日本脫退外交戰

日本外交作戰的戰略

一而二，二而一的「進」退戰略，能進則進，否則便聲明脫退，不再參加國際聯盟。

一九三二年冬季，日內瓦國聯大會席上，中國首席代表顏惠慶與日本首席代表松岡洋右，正在唇槍舌劍，難解難分中，英國代表西門外相起來說話，松岡洋右聽完西門外相的話，熱淚盈眶，情不自禁的說道：本人的「蹩腳」英語說了半天，西門爵士用簡明的幾句話，都闡發無餘了。

當時英國的態度，好像很嚴正似的，英國對遠東權益，當然不能放手，對於日本咄咄逼人一切壟斷，更不能沒有戒心。但是東北問題，英、日同盟未廢止以前，第一次大戰中，英國與日本，早有某種程度的諒解，華府會議前後，英、日同盟廢止，英、日關係，雖不無相當的變化，但對英國沒有多大利害關係的東北，英國便提不起多大的興趣，淞滬戰爭休戰，是英國外交代表最大努力的成就，因為長江一帶，尤其上海，英國投資最多，直接的利害最大，日本本來不想打這個不必要的仗，也樂得向英國送個人情。英國在淞滬休戰，對日本曾用了相當的壓力，獲得休戰，另一方面對「滿洲」問題，就不能不給日本一種「酬報」，日本在日內瓦會議席上，暗中得到英國的助力，也不僅西門外相這一次而已。

由「滿洲事變」，阿比西利亞戰爭，直至希特勒崛起，蹂躪全歐，國際聯盟的威信，一再遭受打擊，英國的安撫、綏靖，助長了侵略國家的野心。

侵略者的擴張主義，只要不碰著抵抗，是永無止境，不可能適可而止的，老謀深算的英國政治家，相信不會不明白此中奧妙。現實外交，現實政治，時至今日，確有重新衡量評價的必要。

日本當時對滿政策，扼要的說，對內是打破現狀，由所謂「中央化」，達到全面的控御；對外是造成事實，由所謂既成事實，爭取國際的承認——至少事實的承認。三月的「滿洲」建國，九月的承認「滿洲」，交換使節，最大的用意，就是為應付李頓調查團，歸國報告後的國聯大會，準備外交作戰。

這一場外交作戰的戰略，是一而二，二而一的「進」「退」戰略。能進則進，「滿洲國」的特使，從日內瓦國聯的大門進入，國聯即使不能作法律的承認，「滿洲國」無疑的，可以取得事實的承認。如果國聯的情勢，日內瓦的氣氛，此一理想不一定能夠如願以償的實現，「滿洲國」便不派特使，「滿洲國」也不必由大門或後門進入國聯，日本便老老實實的，聲明退出，不再參加這國際組織，自己關起門來，搞「日滿一體」制。

這是當時日本的「名案」。現在看來，日本倒還夠不上一個「不打臉的強盜」。合則留，不合則去，還不失為「磊落光明」的舉措。要是蘇聯，只要有個組織，他絕不會自己聲明脫退的，他要利用每一個機會，施展拿手的一切本領，運用捭闔縱橫的技能，滲透對方，分化對方，爭取最後的勝利。俗語說的好，老虎也有瞌睡時，一九五〇年六月二十五日，蘇聯沒有參加安理會，聯合國便決議出兵援韓，以致共產集團，遭受制命的打擊。蘇聯此後，越發死纏住他有名的「磨菇」戰術，和西方國家，相與周旋。反之，天真的美國議會的議員，還大喊大嚷，「只要怎樣怎樣，美國就退出聯合國。」

決定脫退下的松岡代表

日本名評論家，認為松岡的活動是多餘的，不值得的，不明智的。

美國在瀋陽事變後，態度比較嚴謹，民間的議論固多，政府的表示，不失為正確。這時共和黨胡佛在任，史汀生任國務卿，民廿一年（一九三二）二月二十九日，美政府聲明否認日本在華一切違約行動，這就是史汀生的「不承認」主義。美國雖然不是國聯的成員國，但應國聯的要望，曾派遣代表，參加「滿洲」調查團，以示對國聯的道義支持。

李頓卿為首的國聯調查團報告書，九月完成公佈，對事變經過，鋪敘詳實，當然對「日滿」不利，對日軍在「滿」行動，殊少恕詞。

日本政府，鑒於日內瓦的空氣，以及國聯參加各國，受到華府的影響力量，決定對國聯未來會議，不復抱有過大的希望，「滿洲國」特使，當然無派遣的必要，僅由執政溥儀，以私人名義，派前北京政府段系的丁士源，赴歐報聘，順道至日內瓦，列席旁聽，丁士源訪歐主要目的，在與歐洲幾個君主國家，取得聯繫，重點仍在英國。喬治五世，與清廷有過往來，英國對亨利·溥儀，印象尚在，前英文教習莊士敦爵士，仍健在英倫，活動或且較易。但結果丁士源此行，並未能有所成就，尤以在英國，一籌莫展。據丁歸來報告，英國宮庭，對清遜帝的私人代表，接見尚可商量，但事實上溥儀已就任「滿洲國」執政，與英尚無外交關係，不倫不類的情勢之下，英王室無法接待，英政府要人，對中國人留學英國的丁士源，（丁在前清留英習海軍）可以延見，但丁負有官式頭銜，轉不便公開往來，莊士敦以此告丁。因此丁返「滿」後，向日本方面，力主早日實現帝制。

松岡洋右十月起程赴歐，出席日內瓦會議之前，日政府已決定脫退國聯，向松岡面授機宜。松岡在國聯會議，雖力竭聲嘶的大運其廣長之舌，一逞其雄辯長才，但他的內心，確具有十分的矛盾，他根本沒有敬事而信的理念，也沒有作戰致果的目的，這與最近三年來，美國統帥在韓從事有限度的戰爭一樣的不合理的處境。

當時松岡的友人名評論家某氏，在中央公論發表了一封公開的信。他說：既然決定脫退國聯，你又何必多此一行？一紙的通牒，幾行的聲明，可以做得一樣的周到，你的跋涉長途，嘵嘵口舌，豈非多餘？日本國家，為一些多餘事，派遣一個「語驚四座，辯才無兩」的松岡「大人」，親自去辯論，勞民傷財，廢時失事，我覺得松岡太不值得，太不明智，擔當國家命運的人，不應做多餘的事，和不值得的事……」。可惜松岡對這種忠告，不能領會，以至後來更做了好些不明智的事。

松岡是一個苦學出身的，幼年到美國，半工半讀的完成學業，回國才讀日文漢文，初受三本條太郎的提攜，由外交官轉入政界，任代議士，更由三本的推薦，出任滿鐵理事、副總裁。十七年張作霖死後，曾計劃以滿鐵改中日合辦公司，謀合理解決「平行鐵路線」懸案，經北方財界要人張弧，與張學良密商，銀行界如中國、交通也都贊成此意，預定投資。張學良初有允意，以後忽又中變，拒絕續商，居間的張弧，無法交代，只得離開東北，松岡亦因此事掛冠。假使滿鐵由中日合辦，東北平行路線懸案得到解決的辦法，三年後的瀋陽事變，也就不至於發動得如彼之速。

三三 「滿洲」建設與「日滿一體」制

日系官吏與對「滿」國策

「一體制」踏入「滿洲」建設的初步。「滿洲國」成為日本官僚的尾閭。

特區改組，以中、俄事變的主角，東省鐵路督辦呂榮寰為市長，翌年兼任東省特別區行政長官，呂接事後，第一件事就是承認平沼騏一郎的首席顧問，由平田推薦日系官吏分任市署總務、工務處長，翌年且以日人任副市長，及長官公署總務廳長。特區「中央化」完成，日本的「日滿一體制」，也就踏入建設的第一步。

當小磯國昭來滿就任關東軍參謀長時，「滿洲國」的所謂「滿系」要人，都曾有一度的興奮。鄭氏父子——孝胥及其子鄭垂，苦於駒井德三郎的跋扈專橫，滿腹牢騷，因日人某訪滿之便，託為向舊友平沼騏一郎道意。平沼在東京政局中，以司法界出身，廉謹自持，受大多數青年將校、愛國志士的擁護。國本社的組織超然於政憲財閥之外，以改革政治號召，推平沼為領袖，小磯亦國本社有力分子。平沼在小磯轉任「滿洲」時，即函鄭蘇戡紹介，且謂小磯通達事理，必有以報命，鄭氏對小磯，自然抱有甚大的期待。

小磯抵任後，忙著日滿議定書及日滿共同防衛協定，又正準備關東軍部，遷往長春，前兩個月，沒有時間考慮別項問題。但小磯在瀋陽時，已與臧式毅有過幾次會面，對「滿洲國」重要問題，交換意見，臧式毅表示，「滿洲」同人共同的見解，對於日系官吏的存在認為最不合理，日滿加緊合作，儘有其他辦法，不必非「日系官吏」不可，日本所望於「滿洲」的，經濟重於政治，「滿洲」有賴於日本的，國防高於一切。「滿洲」既已建國，自然要和世界各國，成立正常外交關係，日系官吏這一不合理的制度，可能為各國承認「滿洲」最大的阻礙。小磯也表示同感，並保證在最短期間必有合理的措置。

小磯對此事當然有過一番經過。十一月小磯因公赴東京，和駐日使署當局約在紅葉館晤談，酒酣耳熱，脫略情跡的談到深夜，小磯很坦白的敘述他為此事的種種努力，政府和軍部的上層都很有理解，認為不宜，也不必要用日系官吏，但中級以下的幹部，都強調日系官吏的重要性，最少限度在「滿洲」建國的第一階段，建設時期，不容退出，有的且謂既屬已成事實，何必又作更張。小磯進一步更指出，日本國內各階層，得有「滿洲」這樣的一個發展的新對象，又怎樣捨得放棄，在此情況下，我小磯如果非取消日系官吏不可的話，可能立時有身命的危險，還談得到什麼「小磯政策」「小磯抱負」？

小磯國昭在中少將時期，倒有些「國士」風度，人也爽朗痛快，他談到這裡，大有盈眶淚至，欲哭無從的樣子。臨分手的時候，他說第三日就買車回「滿」，希望和臧式毅在安東道上會談，稍稍避人耳目，他託咐使署替他用密電和臧式毅約好。大概他同臧氏所談，也就是一樣的話。

本庄繁的時代，日系官吏，還是臨時性質，可以說是日本未定的國策，所以當時關東軍的幹部，還不斷的表示日本官吏的協助是有時間性的，希望「滿洲」諸君自身多多努力，日系官吏，可以及時撤退。到了武藤——小磯兩合公司的時期，「日系官吏」，已成日本對「滿」國策的基本條件之一，日系官吏，除在「滿」不任「部長」「大臣」外，確定為政府中堅幹部，政策的掌舵人。不過建國初期的一群「浪人」官吏，「素人」官吏，自駒井德三以下，逐漸退陣，以後的日系官吏，大都來自日本中央和地方政府，有些且是日本優秀的官吏，「滿洲國」遂成為日本官吏的尾閭。

「滿洲經濟建設本部」

遠矚高瞻的有心人，卻以為日本吞下這一顆炸彈，將來必自食其果，替他擔憂。

關東軍遷至「新京」——長春以後，便開始「滿洲國」經濟建設，第一步著手調查研究。關東軍特務部成立，由小磯國昭參謀長自兼部長——這就是「滿洲國經濟建設本部」。

武藤信義關東軍司令，兼駐「滿」特命全權大使之下，軍部方面以小磯國昭為大幕僚長，使館方面以川樾茂參事官為領導人，不過當時現實的情況，是軍為主體，外交公館，除備軍的諮詢，隨事協助，實在顯得寂寞。川樾是外交官起家，人也相當冷靜，他雖然在私人情感上，和武藤、小磯，沒有什麼隔閡，但是一個富於自尊心的人，處在這種情況之下，當然不能無些微身世之感。在遷到「新京」以後不久，他便以「歸朝報告」的名義回到東京，不再返任，新京使館便由花輪書記官，鶴見秘書官（鶴見祐輔的兄弟，兼武藤大將秘書）料理館務，和軍方聯繫。

小磯國昭領導的特務部，著手經濟的一般調查，以農學博士吉田七郎為助手。吉田係畜牧專家，久任軍部囑託，對滿、蒙問題有豐富的知識。調查範圍極其廣泛，舉凡交通、礦業、農林、電汽、水利、畜牧、同時著手，除滿鐵會社，「滿洲國」政府的專家之外，更向東京政府各部門，地方經濟機構，以及日本國內各大學，徵調專門人才，參加工作，預定三個月完成初步調查，提出報告書，同時擬具初步開發計劃。這一偉大工作，擁有五百名以上的專門技術家，四百人以上的職工，在翌年二月底，告一段落，「滿洲國」經濟計劃，乃於「大同」二年（一九三三）三月一日建國周年紀念，正式發表。

「滿洲國」的經濟建設，當然離不了經營「滿洲」大陸具有悠久歷史的南滿洲鐵道株式會社（滿鐵），這是日本對「滿」的國策會社。也就是經濟侵略或者說殖民政策的先遣部隊，滿鐵所經營的，不僅是鐵道關係，所有本溪湖煤礦、鞍山鐵礦、安東木材、鴨綠江水電等中日合辦的經濟事業，無不以滿鐵為日方最大的投資者，同時這些公司，也就無異於滿鐵的「子會社」。日本勢力籠罩全滿，經濟開發，滿鐵自然當仁不讓。以後「滿洲國」的經濟，雖逐漸的轉移於日本國內財閥資本的系統之下，但滿鐵仍然擁有極大的力量，尤其在經濟建設的初步，

「滿鐵王國」確握有「滿洲國」經濟的鎖鑰，為關東軍所重視，滿鐵副總裁八田嘉明，理事兼鐵道部長宇佐美寬爾、理事河本大作（退役陸軍大佐，皇姑屯炸車案責任者），均為小磯國昭領導的「滿洲經濟建設本部」的有力人物。

「滿洲國」經濟建設的經濟原則，是計劃經濟、統制經濟的混合，以國策會社擔當經營，以國防第一為最大目標。財閥投資，固已由絕對摒拒變為相當容納，但壟斷企業仍懸為厲禁，資本家一方面迫於軍方壓力，一方面也自願進而染指，而且財閥的支配人（經理）率多依附軍人，自謀活動，所以初期建設的資金調達，一呼百諾，並無任何困難。

大約在二月下旬，「滿洲國」經濟建設方案，次第完成，由關東軍第三課參謀攜返東京，經陸軍省秘密審核決定，復經關東軍送「滿洲國」政府完成法律手續，以便公佈。

這是武藤、小磯兩合公司，「滿洲」最初的、最大的建樹，這是日本經營「滿洲」大陸，數十年夢寐以求的初步實現，這是二十一條「滿洲東蒙古條約」以上的最大收穫，這也是日本軍人不惜冒天下大不韙發動皇姑屯炸車挑起柳條溝事變建立「滿洲國」目的所在。日本在軍部、官僚、政黨、財閥通力合作之下，決定了開發「滿洲」的大計劃，這是日韓合併、戰勝帝俄以來的日本人的最大勝利。然而遠矚高瞻的有心的東亞人，卻以為日本吞下這一顆炸彈，將來必自食其果，替他擔憂。

鐵路委託經營與國策公司

滿鐵當局，臨事現周章。會社總裁，定案出奇蹟。

大同二年（一九三三）三月一日公佈經濟開發計劃——關東軍起草，陸軍省審定的原案。同日公佈「滿洲」國有鐵路，委託滿鐵經營，在瀋陽成立鐵路總局，以滿鐵路理事宇佐美寬爾為首任局長，但宇佐美是滿鐵系統，他的局長也不是「滿州國」政府任命，他對滿鐵本社負責，並不受「新京」政府節制。

從這一點，也就看出當時日本人對「滿洲」政策，還在狐埋狐猾，動搖不定，內地（日本）和現地的認識、理解，也還有若干的距離。其實日本對「新京」政府已控制在握，日本對「滿洲國」一切已囊括無餘，漂亮點，或者合理點的做法，應該是實行松岡洋右以前的方案，解消南滿鐵道株式會社，改組「滿洲」國有鐵路公司作為「滿洲」的「財團法人」，經營鐵道事業。主持這一「鐵路公司」的，還不是滿鐵的原理幹部，滿鐵的總裁，副總裁，可以轉任「滿洲國」鐵路公司的總裁，副總裁，宇佐美寬爾仍然可以任理事兼鐵道部長。這樣換湯不換藥的辦法，日本人都不肯做。總之既得的權利，是照舊持有，不能放棄，未得的權益，仍然要積極攫取，不肯含糊。

關於旅順、大連，以及滿鐵沿線，直至長春為止的已得權益，還是維持現狀，儘管兩面主管的都是日人官吏，但「滿洲國」與關東派附屬依然是兩個不同的系統。好幾年以後瀋陽市擴大組織，才將南滿附屬地改稱大和區，併入「奉天市」，長春的附屬地也統一在「新京」市區管轄之下，但旅順、大連租借的年限，業已屆滿，租借的主權者已為日本所否認，但繼承中國東北省區主權的「滿洲國」，在旅順、大連租借案中，日本似乎又不甘認為「對手」。古今中外，侵略的面目，侵略者的作風，大都類此，非理智與法律所能索解。

「滿洲國」鐵路委託滿鐵經營，這一協定，在「新京」由國務總理與日本大使簽訂，同時在東京由滿鐵本社，「滿洲國」使署，分別發表。因為宇佐美事變當時，在哈爾濱任滿鐵駐哈事務所長，不時策動，干與特區問題，曾為哈市長所拒斥，此事滿鐵最高負責人當然早有所聞，滿鐵方面，深怕公佈委託經營聲明時，「滿洲國」使署會有異議，滿鐵副總裁八田嘉明先期特至東京，訪問使署說明委託經營經過，二月底，滿鐵總裁，貴族院議員，伯爵林協太郎博士，復親至東京，與使署當局懇摯商量發表手續，並表示屆時願前來使署，共同發表。使署方面告以此種照例公佈事項，只要「新京」訓電一到，使署自當遵照執行，共同發表殊無必要。滿鐵當局當時臨事的周章，充分表現日本人處事的小心仔細，這在日本所謂「小漆作」（譯意）的工夫，有時候實在是多餘的。

關於經濟開發機構，在初步建設時期，除鐵路總局外，有（一）滿洲電電會社——電報電話，（二）滿洲電業會社（鴨綠江小豐滿水電即屬此），（三）滿洲炭礦會社，（四）滿洲採金會社等國策會社。

電電會社的資本金，初期定為二千萬元，電業會社三千萬元，炭礦會社二千萬元，採金會社一千五百萬——滿幣初與銀幣同值，以後改與日圓同價，所有會社總裁，除採金會社，由前北洋政府財政總長張弧出任總裁，副總裁日人，算是奇蹟，其他，如電業總裁廣瀨中將（退役），電電總裁吉田大將（退役）、炭礦總裁河本大佐（退役），滿系均屈居「副貳」，日本人重視國策會社，從人事方面，可以看出。張弧因資望和才識，向為日本文武所重視，此次又經日內瓦會議歸來的松岡洋右推薦，「九鼎一言」，總算在國策會社初期人事，打破「日人總裁」的定案，以後滿系也有過少數的總裁，都是援照張弧的前例。

三四　蘇俄與「滿洲國」

蘇俄對「滿」「友好攻勢」

托里揚諾夫斯基，松岡洋右，吉田茂是當時「滿洲」大使館留有最深印象的訪客。

「滿洲國」大使館在東京成立之始，受到日本人以及國際方面的最大的注意，尤其蘇俄方面，曾表示最「友好」的態度。駐哈爾濱蘇俄總領事史拉烏斯基，東鐵副理事長庫茨聶索夫，對哈市當局在應變中的措施有相當的印象，其實特區當時以維持現狀為最高政策，對內對外，都根據這一政策，推行政務，並非對蘇聯，有所偏重。哈市長轉任東京的時候，駐哈領事團以美總領事翰生為首，設宴餞行，且以領事團領袖名義鄭重函謝任內圓滿合作種種，史拉烏斯基早單獨造訪，殷殷道地。

東京使署開始辦公，照例以公函通知各國大使館、公使館，各國使館也照例覆函將意。惟有蘇聯駐日大使托里揚諾夫斯基，在收到公函後二日，特訪「滿洲國」使署，著朝禮服，未帶高帽。談時謂接到駐哈總領事史拉烏斯基的函電，對在哈照顧好意極表感謝，蘇聯對「滿洲國」抱有善隣友好的態度，希望以後與貴使保持聯絡，促進兩國友誼關係云云。以後兩國駐日使節，時有往還，兩國使館高級人員，且相互宴會，聯絡感情。托里揚諾夫斯基大使，且向「滿洲國」大使表示，蘇聯政府有意對「滿」承認，建立外交正常關係，因「新京」方面，對此未有任何決定，這事一時便無從談起。以後史拉烏斯基總領事有電到東京，報告鐵路委託經營之後，「新京」方面正在計議收回東鐵，統一全滿交通，蘇聯大使特向「滿洲國」使署探詢，使署據「新京」覆電否認，轉告俄使。未幾托里揚諾夫斯基奉召返國，離東京時，至「滿洲國」使署辭行，尚鄭重相約，為滿、蘇兩國友好努力。

托使返俄後，不久轉任駐美大使，由包格諾夫繼任東京駐使。日本脫退國際聯盟，「新京」方面內定改組駐日使署，降格為公使館，鮑大使先期請辭返「滿」，由丁士源任駐日公使。這時收買東鐵案業有決定，大橋忠一已向蘇聯駐哈領事提出，新京政府商以鮑使赴蘇聯，任交涉特使，並兼東鐵督辦，日本陸相荒木貞夫，外相內田康哉力贊此議，經鮑使堅決辭退，表示以後願以在野之身，盡瘁於中日關係的改善，不欲再受新的任命。

「滿洲國」大使館，初在東京麴丁區萬平旅館辦公，旋購麻布區櫻田町後藤新平伯爵邸宅為館址，萬平旅館時期，訪客如雲，留有最深印象，且有歷史意義的，蘇聯大使托里揚諾夫斯基之外，尚有時任出席國聯首席代表，征裝待發的松岡洋右，及當時駐義大使返國，侘傺不遇，現任日本五屆首相的吉田茂。

松岡來訪，是某日上午十時左右，高談闊論，逾三小時，萬平樓下餐廳，正午有人招宴，竟爾忘懷，不是主人留飯，松岡還不會想起，及至他匆匆起立告辭，下樓宴會，主催（主人）及與宴來賓，都已不及拱候，先已入座，松岡健談，往往誤時，數見不鮮。

吉田茂因為張弧有信，特意紹介，吉田在天津總領事任內，與張弧關係極深，此時軍人抬頭，吉田落落寡合，極感無聊，不俟行客來訪，已先「移樽就教」，在萬平館臨時使署見面，除寒暄外，吉田並將東京政界，軍部種種內幕，以及對英、美、蘇俄外交關係，加以分析，詳細說明，這對新履任的駐使，當然有甚大的裨益，吉田且慨允以後如有必要，隨時見詢，無不竭其所知，盡量貢獻。吉田對人的熱意，以及他超人的見解，和「硬骨漢」的風度，都有值得稱道的所在。尤其反軍、反戰、反法西斯，他的十年不遇的逆境，實在也就是他今日連任五屆首相的政治資本。

唯恐天下不亂的蘇俄外交

革命退卻，實在是戰略反攻，戰略退卻的最大作用，也就著眼在戰略的反攻。

蘇俄的外交政策，一言以蔽之，「唯恐天下不亂」。

共產黨人，侈談什麼「規律」，外交戰當然也有所謂規律了。他們侈談什麼客觀條件，「客觀實際」，列寧在他的「遺教」中，一再強調「具體的分析具體的情況」，認為是馬克思主義最「本質的東西」，馬克思主義「活的靈魂」。所以列寧的革命退卻，實在是他的「戰略反攻」，戰略退卻的最大作用，也就著眼在戰略的反攻。十月革命後，俄國布爾什維克，排斥「左派共產主義者」的意見，對德簽訂和約，據毛澤東說，這就是布爾什維克的聰明，也就是馬列主義的方法——政治、外交、軍事的望遠鏡。

在日本人積極的有事於「滿洲」的時候，蘇聯的環境——「客觀實際」，還不容許他有所「施展」，雖然在一九二九年，他曾一舉而戰敗張學良軍，但也就因為同一樣的理由，他才「趁好收帆」的簽訂伯力協定。國內二次五年計劃，正在著手，第一次的所謂成績，也止於宣傳式的自我陶醉，布魯邱（加倫）的遠東軍基礎未固，舉凡軍事上防禦的必要條件都未具備，兵源尤其貧弱。蘇俄和中國政府斷絕國交，正想利用九一八事變的機會，和南京政府再送秋波，以圖打進中國，待機發展，他自然不願和壓倒優勢的日本對抗，他正在利用中日兩國間的矛盾，以造成自己有利的「客觀實際」。他只有運用馬克思主義最本質東西，和列寧主義活的靈魂——革命退卻。

駐北滿的蘇俄代表，對日本進行徵用東鐵車輛的時候，不但不敢正面拒絕，且暗示日本以直接手段達成徵調的目的，這已充分的表現蘇俄「避鋒」的策略，但這並不是蘇俄自卑的解釋。如果具體的分析具體的情況，蘇俄當時的策略，無寧有縱使日本擴大事變，增重中、日兩國的糾紛，和中、日兩民族的仇視，使中、日同陷於長期戰爭，坐受漁人之利的意圖。

事實的證明。蘇俄一方面經由日內瓦國聯會議中，蘇兩國代表的折衝，二十一年（一九三二）十二月中、蘇國交，正式恢復，一方面在「滿」對日軍種種諂媚，解決蘇炳文軍，竟不惜為日軍張目，同時駐日俄使，公然向「滿洲國」表示蘇俄準備正式承認，其後且以極少的代價，讓渡東鐵權利，這種種舉措，都根據所謂戰略退卻，也就是「唯恐天不亂」的一貫政策。

二十一年（一九三二）的五．一紀念日，哈爾濱的勞動階級，在少數日本浪人指揮下，到南崗蘇俄總領館示威，將領館包圍，要求面見俄總領事。俄領館緊閉鐵門，史拉烏斯基電話日軍特務機關長小松原大佐——俄國班出身，通俄語——求援，小松原很冷淡的回答本，日本在哈、對地方事，一樣的無能為力。史拉烏斯基乃電話特區當局請求予以助力，並保護領館安全，當局為執行任務，維持治安，令由警察出動，向示威群眾勸告，俄領館之圍始解。

第二日史拉烏斯基親訪特區當局道謝。談及示威事，特區當局告俄總領事，民十以後，北平曾有過幾次盛大的示威遊行，據說領導階層，都是從莫斯科學習而來，且有傳說東交民巷的蘇俄大使館，不無關係，貴總領事，從事革命有年，對此示威，當已司空見慣，日昨不知如何感想。史拉烏斯基很老實的說：「示威者和被示威者的心理，究竟不同，本人當亦不能例外」，雙方的談話，都打破外交詞令，俄領的表示尤其天真，不類共產黨人。大概第一天的一場虛驚，餘悸尚在，對特區當局的照顧，銘感未忘，說出這幾句良心話。然則共產黨人，也不一定是不能「感化」的嗎？

中東鐵路讓渡交涉

一時高興，伸手出來翻碰壁。十年易逝，掉頭不顧又回峯。

內田康哉伯爵，以高年任外相，又值多事之秋，身心交敝，不勝煩劇，一九三三年春，日本正式脫退國聯以後，提出辭呈，外務大臣起用年前歸朝的駐蘇大使廣田弘毅，同時外次有田八郎，亦因調外去職，遺缺由駐華公使重光葵繼任，日本外交，側重中、俄兩國關係，於此可見。

廣田弘毅，雖係外交官出身，但家庭成分，起自石工，更以九州鄉里關係，少年時期，曾加入黑龍會，獻身日、俄戰爭，從事特務工作。且傳廣田幼年，半工半讀，為美國使館武官潘興將軍——第一次世界大戰美軍統帥——執役，麥克阿瑟以通家子，寄寓潘興將軍官舍，廣田一日忤麥克阿瑟，麥怒撻之，廣田亦以牙還牙，不稍畏卻。說者謂此次戰爭終了，廣田以戰犯處死，仍係舊時恩怨關係，麥帥褊急，似不至此，應作疑案論。

廣田外交，實在說來，是秉承軍部意旨，所謂軍國外交的代辦人。五・一五以後，齋藤內閣以來，日本的一切均視「軍的意思」為準則，豈獨外交為然。關東軍的對「滿」新政策，首在肅清蘇俄勢力，統一「滿洲」，收回東鐵，已有決定，由廣田外相居間，「滿洲國」與蘇聯在東京舉行讓渡東鐵會議，滿方以丁士源公使為首席代表，東鐵督辦李紹庚，理事沈瑞麟為助，俄方以包格諾夫大使為首席，東鐵副理事長庫茲聶索夫及大使館參事官為助，大橋忠一及俄參事分任會議秘書長。

廣田招宴雙方代表，宴畢坐走廊閒話，談至高興時，丁士源向包格諾夫伸出手來，包格諾夫卻冷冷的，坐著一無表示，這是共產黨人看家的本領，原無足怪，不過攝影記者搶著這一鏡頭，令人看到，不禁瞿然以驚，意味著共產國家和自由國家畢竟不能和洽相處，列寧以來所說的謊言，難以置信，自由世界應有的認識。

這一場交涉，名義上雖是「滿洲」與蘇俄，事實上實在是日本與蘇俄。蘇俄是最認識現實與力量的。所以他儘管對「滿洲」代表冷冰冰的拉下面孔，但對一時稱覇東方的日本卻不惜委曲求全。會議儘管有幾度陷於僵局，但一經日外相廣田弘毅出面，便有了轉圜，而每次轉圜，結果總是蘇俄讓步。「滿洲國」或者就說日本，已經看透蘇俄非放棄東鐵不可，蘇俄勢力非退出「滿洲」不可，亦即蘇俄非走退卻的路線不可。

這一次會議，中間也停頓過一個時期。但「滿洲」方面對蘇俄的壓力，是不停止的。大橋忠一直接和駐哈總領事史拉烏斯基不斷的會議，且對東鐵加以種種的限制，甚至公開的壓迫，東鐵在經營業務上，受到許多的阻礙、故障，幾乎有不能繼續維持的狀況。

最後蘇聯決定接受任何條件，出售東鐵的權益，翌年夏在東京簽字。原來讓價由八千萬盧布到五千萬，更讓至三千萬盧布。但「滿洲」的出價始終不出日金三千萬元——「滿洲國」幣同價——且扣除俄方欠付各款，淨得日金二千一百萬元——一盧布合日金一元二角。這條帝俄時代伸入遠東的大動脈，便輕易的切斷，拱手讓人，俄帝在遠東滲透的據點也同時放棄，赤化中國的基地，不復存在。沒有一九四五年，廣島、長崎的兩顆原子彈，日本不決定降伏，蘇俄又豈能立時向「滿洲」進兵？在長驅直入無人境地的情況下，駐防西伯利亞的紅軍，又一度的登臨黑水白山，重圓舊夢，說起來是不是又有日本所謂「天意」？

三五　「滿洲國」日本化

正規官僚進入「滿洲」第一步

「滿洲國」的內容與面目，和一個獨立國家，相去愈來愈遠。

「滿洲國」進入建國第二年，內容與面目，已在變化。日系官吏正規化以後，大批的所謂內地「官僚」，由日本中央和地方，轉任「滿洲國」官僚，所有待遇，大都提升一級，判任（委任）晉奏任（薦任），奏任晉勅任（簡任），勒任晉親任（特任）。正規官僚在日本已有定型，和「素人」官吏是不可能水乳交融的，對於帶有三分「浪人」氣息的國士型人物是更鑿枘不投的。所以在國務院總務長官駒井德三退陣，原任愛知縣知事遠藤柳作繼任以後，一批一批的內地官僚轉勤來「滿」，「滿洲國」的「宦」界，一變為第二日本。當然啦，橘逾淮而為枳，這些官吏服務「滿洲」，原始的帶有一種「殖民地統治」的錯覺，他們對於所謂「滿洲」建國的理念和經過，又從無印象，「滿洲國」的內容與面目，和一個獨立國家，相去愈來愈遠。

駒井德三，生有自來的「浪人」「國士」，自己雖然學的農科，但不甘安於本分，就職滿鐵，也做到農林課長，還不滿足。他便進而向中國大陸發展，一度由陳公俠（儀）的介紹見過狀元實業家張季直（謇）。曾貢獻了一套理論，標本兼施的挽救「南通王國」的不景氣，向日本資本家借款，彷彿有過一些做法——九一八事變以後，小磯國昭由軍務局長薦升陸次，駒井便因他有力的推轂，任關東軍高級囑託，轉「滿洲國」顧問，因利乘便的，弋取國務院總務長官，造成日系統治的局面，固然非駒井始料所及，「滿洲國」成立不久，他的薦主小磯中將，抵任「滿洲」，大權在握，他轉不能安於其位，迫得提出辭呈，翩然引去，更令人不無意外之感。

小磯國昭主持「滿洲國」大計，受到日本政客，財閥甚大的壓力，對「滿洲國」日系官吏中異端分子，主張與好事的少壯軍人，同時澄清，粉碎建設「滿洲國」以改革日本的密謀。一方面鄭孝胥得到平沼騏一郎的支援，排斥駒井德三，另一方面舊東北地方實力派，如臧式毅，熙洽等對日系官吏抱有不滿的情緒，這種種在小磯參謀部長，都有極早以行動為答案的必要。同時關東軍參謀部第三課，以原田熊吉大佐為首，成立伊始，亦正在計劃如何控制政權使與軍部配合，對神經中樞的國務院，從人事上變更，以達到打破現狀，實現軍的計劃，認為爭取時間，不容多所猶豫。駒井德三的退陣，在多方面的要求上，由醞釀乃成事實。

駒井的專橫跋扈，固不容否認，駒井私人生活的不規律化，更為日本式的浪人所習見不鮮。在「建國」初期，長春正鬧房荒，日本軍政要人多集中滿洲屋旅館，駒井與某女侍有染，且已得孕，駒並復移愛某「藝者」，迫使旅邸主人解僱女侍，遣往公主嶺。當時關東軍駐「新京」代表和知鷹二少佐，亦同寓旅館，對駒井驕妄凌人已甚不滿，獲知此事，更鄙其無行，某夜，和知便服持劍，直入駒井住屋，歷數其罪狀，並責以坦白認錯，極謀自贖。駒井在正義、權威震懾之下，唯有表示深深的懺悔，以求和知的諒解。

這一故事，是完全日本式的，和知表現了日本武士的風度。但和知對駒井的不滿，政治性的成分，或且在這一本題之上，不過他以軍代表的立場，不能獨自主張的行動，暴露日本軍方的「不一致」，借題發揮，確係事實。這一事件後一年，和知便調回東京，旋改任駐香港武官，和知的調動當然與此事有關，然而駒井此後在軍方，信用與情感，喪失無餘，從此斷送了政治生命。

永久性，本格化的遠藤時代

政務何關，鄭孝胥得『相談』對手。無為至上，張燕卿作義皇上人。

駒井德三退陣時，最出人意表震動一時的，就是拿到退職金滿幣一百萬元，當時固然沒有人鬧什麼外滙，但是照外滙來說，這筆款子，合到英鎊十萬以上，美元三十三四萬了。中國人那時本來就少聽說退職金，就是在日本，一個供職一年的公務人員，一下子會拿到如此鉅大數字的退職金，也實在駭人聽聞。據說當時決定這一件事的，是小磯國昭和板垣征四郎，小磯、板垣兩人，都算得有魄力的人物，不是小家寒氣的日本人可比，所以因此還鬧出些閒話，甚至說一九三三年塘沽協定以前，板垣在天津的工作經費，就是這裡面開支。這種話似乎不甚正確，因為板垣的天津工作是關東軍的事，有什麼不好說話，就是以板垣的地位，必要時從「滿洲國」支付一筆工作費，也很可能，不必假駒井退職的名義，駒井德三以不羈之才，向好揮霍，多年放浪江湖，虧空自不在少，小磯、板垣於酬功之中，寓照顧之意，這大概是對這個特殊人物，特殊待遇的唯一理由。

駒井退職後，寄寓大阪，辦了一個「滿洲學院」，帝制後改「康德學院」，專門研究「滿洲」問題，學生不過二十人，教授也由駒井和他的左右三二人，無聲無臭，不引起多大注意。以後板垣入閣任陸相及小磯任首相時，他曾兩度出現東京，但也未見下文，日本對中國大陸——包括「滿洲」已攤出牌來，到了長槍大戰的階段，縱橫家和駒井德三之流，當然束之高閣，無所施其技了。

遠藤柳作正途官僚出身，定型的事務家，絕少政治性，受命之日，先請改總務長官為總務廳長，樸實無華的作風，一下便得到好的「下馬評」。尤其國務總理鄭孝胥以下滿系要人，在駒井德三不可一世的氣燄之後，碰著這樣穩健的一個人，自然刮目相看，認為「佳士」。這時候忽然又增多一員國務顧問，延聘日本內閣某部門退休長官宇佐美充任，宇佐美作為國務總理的「相談役」，備政務方面的諮詢，鄭總理一時似不感寂寞。但遠藤倒因此減少和鄭的接觸，他所主持的一切，直接與關東軍部第三課聯繫，發號施令，又都為日系官吏，明修棧道，暗渡陳倉，日本統治「滿洲」的局勢，由不定型的無規律的駒井時代，走上永久性的本格化的遠藤時代。遠藤因此享有盛譽，以後回國一度任內閣書記官，實緣於此。

遠藤柳作統治時期，總務廳助手以財、金、專家阪谷希一為助手，財政次長星野直樹（後為東條內閣書記長官），專家次長岸信介，（後為東條內閣工商大臣），外交次長大橋忠一（後為松岡洋右外相時次官），軍政部最高顧問板垣征四郎（近衛內閣陸相），各部負責首長，均屬「知名」人物，極濟濟一時之「盛」。不過「滿」系自鄭孝胥以下，越發感覺名高而實不至，政簡而事不煩，中級以下的滿系官吏，也只供奔走口舌之勞，任人驅使而已。

在這一階段中，閣員中比較活躍，自己能作相當主張的，有實業部總長張燕卿，而各部中，獨標異幟，居然有一員「滿系總務司長」，就只有外交部的朱之正。張燕卿為張之洞（清末湖廣總督軍機大臣）十一子，家世鼎盛，才調翩翩，對內對外，均能有所施展。朱之正原名綸，清末督撫朱家寶之子，有名的振貝子參案中有關的一人，中年寥落，才氣盡銷，因謝介石推挽，備員外部，不起任何作用，大橋忠一升外次，即由朱繼長總務司，此係大橋標新立異的作風，與朱之正「人」的問題無關。但同時可證明所謂「日系人事政策」，並非一成不變，硬性的規定。然而張燕卿終因自己能做事，喜做事，為日系官所嫉視，第二年乃由煩缺的實業部，轉任無事可辦的外交部長，繼謝介石之後，與大橋忠一做「伙計」，岸信介大奏凱歌，張燕卿從此也不能不轉入以「無為」為「有為」的黃老派。

三六　「滿洲國」與華北

承德協定可能代替塘沽協定

因為鈴木貞一中佐的塘沽協定案，就是蔣作賓公使攜回的「停止攻熱」條件。

民國二十二年——一九三三——一月，日本攻陷榆關，二月，日軍三路進攻熱河。這是武藤小磯兩合公司的第一次事行動，但東京政府的主張，仍傾向安定「滿洲」，不再挑釁。

當時中國駐日公使蔣作賓，仍在東京，但與外界很少往來，蔣公使固無必要赴外務省訪問，即或有事，也只和亞細亞局長聯繫，外相次官，是見不著的。這時候有湖北國會議員鄭江灝，正在東京遊歷，與蔣作賓係同鄉同學，向有交情，和「滿洲國」駐日使節，亦有相當深的關係，鄭江灝因中國使館參事官江華本的居間，見著杜門謝客的蔣公使，敘舊之外，兼及中、日問題，蔣雨巖（作賓字）很牢騷的說：「我們還有什麼可說，國交不死不活，個人如坐針尖，不是數十年的老友，我是不願晤面的。」談到「滿洲國」代表，蔣公使表示很興奮，他說：「人家說的話，有些是我們不能說的，但卻是我們想說的，我個人對這位的言論，清新潑辣，表示敬佩。」鄭江灝當以雙方私交的關係，向蔣公使表示：「如果有必要的話，可以替中國和公使，從旁幫忙，我想這位朋友是肯盡力的。」鄭氏更進而與蔣雨巖談判，中日問題，總要打破沉默，大家來談，才會解除目前的僵局，日本如果決定脫退國聯，中國如果不趕快設法，以後恐怕愈鬧愈壞。蔣公使也很有同感，並希望先知日本軍方的真意。

鄭氏乃將當天的談話，和鮑代表商量。這一天恰巧是星期六，鮑氏直接和荒木陸相通話，約時會面，荒木那晚有個宴會，相約於九時在私宅會談。

當晚鮑與荒木，談了幾個鐘頭，荒木很堅決的表示，日本對中國絕對和平，訴諸軍事行動，殊非日本所願，因為中日共同的敵人，另有所在。荒木是徹頭徹尾的「反俄」，他所指的共同敵人，就是蘇俄。荒木對日本的真意和中國政府的希望，認為蔣公使如親自回國，面向中國最高當局直接報告，得有政府具體指示，回到東京，才好商量，如果蔣公使有意此行，他可以通知外相，和公使詳談，並對公使旅行給予應有的便利。

這一談話，總算相當滿意，蔣公使在第二個星期，便同內田外相，有田次官，都見到了。只要中國政府願與日本方面直接商談，熱河軍事行動可以中止。蔣公使決定行期，登輪之前，在橫濱某料理館，和鮑代表秘密會見，只有江華本，鄭江灝二人在座，約定到南京後，即來電報，由江承轉，對荒木陸相方面的運用，希望鮑氏協助。

蔣雨巖抵達南京，只有報告行踪的一個簡單電報，以後好多天沒有消息，一直到一月之後，才來電說明，最高當局有事江西，先讓他在京稍候，俟返京面談，經他一再請示，來電約他赴贛，發電時他就準備起程前往。

蔣雨巖到江西之後，東京使館便沒有再得到他的電報，江華本也不肯打電催問，恐替蔣惹麻煩，於事無濟。日本方面，可等得不耐煩了。三路攻熱的準備，停頓了一個時期，又發動了。承德攻陷，接著就是長城戰爭，日軍打到密雲，北平震動，這才有塘沽協定的安排，黃郛受命於危難之際，出而跳火坑，以華北政務整理委員長資格，和北平軍分會主席委員何應欽，共同負責，簽訂塘沽軍事協定，緩和華北緊張局面。假使中國方面，爭取時間，爭取主動，可能在塘沽協定以前，簽訂了承德協定，熱河至少保全半壁，長城就不會遭受戰禍，因為鈴木貞一中佐（後升中將）的塘沽協定案，就是蔣公使攜回的停止攻熱的條件。

僅僅贏得休戰的塘沽協定

贏得休戰不是贏得和平，因此一波未平，一波又起，關東軍轉握有華北安危的鎖鑰。

熱河攻略，長城戰爭，雖然在關東軍的「滿洲」防衛體制上，具有絕對的必要性，但日本軍部，東京與現地，如果在或種條件之下，可能達到所謂「國防安全性」，三宅坂的軍首腦部對避免軍事行動，是求之不得的。荒木貞夫和真崎三郎（參謀部次長）合作下的三宅坂統帥部，確有意在脫退國聯之後，稍稍緩弛一下緊張的局勢，以免過分刺激歐、美各大國的神經，這是當時的事實。

因為蔣作賓公使返國請示，久無音訊，關東軍準備好的熱河攻略戰不能再等，因此一鼓作氣，下承德，入長城，佔密雲，逼近故都。息影上海的國府前外交部長，和蔣先生最為知己的「日本通」黃郛，經某種路線，和陸軍省軍務局課員鈴木貞一中佐，取得聯系，鈴木貞一銜軍首腦部的密命，赴滬接洽，鈴木所攜的條件，與蔣作賓回國前，和日本政府所談內容，初無二致。

黃膺白在當時，是蔣先生智囊中日本問題的第一權威，私交和信任，當然在蔣作賓之上。再有一點，當時蔣先生對日本外交，總不願經外交的正常的途徑，使中央政府負有過多的直接責任，寧可採取軍事休戰底方式，由地方當局折衝樽俎之任，即使問題不能徹底解決，或條件比較正常外交還得吃虧，亦在所不惜。在前如淞滬停戰由上海市作交涉主體，在後如塘沽協定由北平軍分會出面，是同一作風。這次收拾華北局面，以黃膺白為中心，當然得到蔣先生充分的支持，然而蔣先生絕不願自己惹第二個「二十一條」交涉的麻煩，這是蔣先生比袁世凱聰明的所在。

黃膺白既為國民黨對日外交的王牌，在他傘下的日本通，卻也極一時人選之盛，蔣先生的親信，如張群，楊永泰，甚至陳儀，熊式輝，都以黃郛為背景，聲息相通，其他在南在北的「親日家」，如殷同、何澄、李擇、劉石蓀、殷汝耕、許修直、陳覺生、劉玉書、也都奔走黃門，替黃奔走。蔣作賓回國以後，當然先與黃郛有過詳細的商談，黃得到蔣先生的示意，在外交途徑以外，和日本軍方直接取得聯繫，負責折衝。證以黃就任華北政委會委員長後，蔣作賓便匆匆返任，不久且與日本有吉明公使同時陞格，就任大使，和黃郛的華北工作相與配合，蔣先生當時確另有一番打算。

黃郛收拾華北的使命，如果在熱河戰事未發生前，爭取時間，扭轉主動，形勢自然兩樣。日軍不入長城，緩衝區便不會在灤、榆、薊、密二十二縣，這二十二縣在塘沽協定內，不定為非武裝區域，長城以內，臥榻之旁，不至任人鼾睡，何梅協定，也可能無從引起，以後的香河事件，冀東事件，甚至冀察的半獨立局面，也都不會發生，黃膺白的政權，可能保持相當時期的小康之局，黃膺白跳火坑的宏願，或者會收獲相當的好果，國家的命運，民族的命運，以至世界人類的歷史，或許另有一個寫法。從這一回憶中，可以得到寶貴的教訓，就是擔負國家民族命運的人，一舉一動，都應以國家民族利害為前提，一念之差，便有招致亡國滅種的危險，這點應該發人猛省。

塘沽協的簽訂，是黃郛政權的「人情紙」。簽訂的雙方，日本方面為關東軍，代表參謀副長岡村寧次少將，中國方面為北平軍分會，代表者熊斌中將，武藤信義和何應欽兩將軍是最高責任者。休戰協定，本不是和平的解釋，贏得休戰，不一定就贏得和平，因此華北多事，一波未平，一波又起，關東軍轉握有華北安危的鎖鑰。

急轉直下的華北休戰內幕

假使中國能掌握「日本非休戰不可」這一點，可能在更有利的條件下，成立協定。

塘沽協定的簽訂，是急轉直下的臨時的決定。儘管東京軍首腦部，先有蔣作賓公使返國報告，後有鈴木貞一和黃郛聯繫，但在現地軍——關東軍部，確係二十四小時以內的緊急行動，代表簽字的副參謀長岡村寧次少將，奉到命令，隨即偕同主管華北事務的第二課長喜多誠一大佐，急赴旅順，改乘軍艦至塘沽，簽訂協定。這個協定的條件，是鈴木貞一在上海與黃郛決定，南京方面由黃負責，日本方面由陸軍省訓電關東軍，以現地軍立場，和華北的中國當局——北平軍分會簽訂，其實關東軍與北平軍分會，連文字的推敲更易，好像都有來不及的模樣，當然喜多大佐，對於鈴木在滬的活動，事前獲有機密的通報，不能說滿不接頭，不過這一決定，在東京，不在現地，確係事實。

當時任侍從武官長的本庄繁和參謀次長的真崎甚三郎事後談及此事。據說，在日軍進入古北口，抵達京北——密雲縣，軍報到皇宮，由侍從武官長轉呈日皇御覽。裕仁晚間拿著中國地圖，參閱軍報——實在是戰報，看到密雲，已是長城以內的一縣，而且和北京近在咫尺，馬上便打電話找本庄武官長，本庄深夜應召入宮，日皇見到本庄，問及密雲的所在，本庄當然就地圖加以說明，日皇很堅決的吩咐本庄，轉令陸相荒木，參次真崎——參謀總長係皇族閑院宮——

應遵照熱河用兵時大元帥批准的原案，「軍事行動，以長城為限，不得侵入關內。」同時裕仁向本庄說：中、日兩國不應以兵戎相見，日本對中國，應努力親善，才能共維東亞和平，侵入長城，絕對不能許可，軍首腦部儘速收束軍事行動，退出關外。本庄當據日皇面諭各節，緊急傳令軍部兩負責人知道。荒木真崎，乃授權在滬的鈴木貞一，加緊黃郛方面的聯繫，謀取休戰協定，無論如何，日軍決退出關外。鈴木得到東京決定撤兵的指示，這是對中國方面最大的讓步，也便是中國方面唯一的要望，自然使黃郛意外興奮，但鈴木提起黃郛的注意，說這件事是中央首腦部和平派主持的，要做就得快做，並且必須黃先生出馬收拾華北，如果拖延，夜長夢多，可能再生變化。黃郛在四十八小時以內，居然得到政府最後的決定，華北政整會成立，以黃郛任委員長，擔當華北全面責任，休戰條件，只要日本撤兵，其他均無問題，簽訂協定，立刻電令北平軍分會主委何應欽遵照辦理。

這一場長城戰爭，就這樣休戰，總算故都北平，危而復安，冀東二十二縣，名義上收復主權，黃膺白以不入地獄誰入地獄的姿態，挑起這一副千斤重擔，欣然就道，重到他十年前任外交總長，（民十一）攝政總理，（民十三）有三百年歷史的故都。「跳火坑」這一句話，固然是黃郛悲歌慷慨的表示，同時也見出他躊躇滿志，一喜一懼，差堪自得的心情。

最可遺憾的，中國方面對日本的情報，向來沒有注意，一鱗一爪，缺乏準確性，黃膺白雖有大批的「日本通」圍繞左右，對當時現實的情況，似乎也少充分的認識，關於日本軍部、中央派、現地派的意見、行動、以及政府、元老、甚至日皇左右的出處動靜，都沒有可靠的資料，分析研究。對於當時日軍進關的動作和以後不得不撤退的情勢，當然更無從推斷。假使中國方面，能看透日本非休戰不可這一點，掌握主動，爭取時間，塘沽休戰，可能在更有利的條件之下，成立協定。因為那時候的日本軍部，羽毛還未豐滿，積極的少壯派，很少盤據要津，元老重臣還敢說話，影響及於天皇，一言片語就能旋轉乾坤，可惜這種種心理作戰的條件都沒有具備，休戰協定就止於一時休戰而已。

塘沽休戰有關「兩將軍」

旅順乘風，岡村兩度作「天使」。析津出走，板垣一敗「擺烏龍」。

華北休戰的內幕已如前紀。這時候關東軍的高級幹部，和這件事有關的是岡村寧次、板垣征四郎兩少將，岡村任關東軍參謀副長，板垣任奉天特務機關長。

小磯國昭正在忙著「滿洲國」的經國大計，因為副長岡村寧次是中國班出身，有名的「支那通三羽烏」之一，而且比起土肥原賢二，板垣征四郎，他隱然是三人中的「翹楚」，所以關東軍部對中國關係，小磯付託岡村全權處理。第二課長喜多誠一大佐，作為岡村的助手。

奉天特務機關，一向是關東軍的「前進指揮所」，有關華北的活動多半由奉天特務機關長擔當，以前土肥原如此，板垣征四郎轉任奉天，仍然負有對華北策動的使命。長城戰爭期間，板垣秘密赴津，指導敵後地下工作，他在天津的做法，仍就不外和居住租界的軍閥、官僚、政客，取得聯繫，希望由這班失敗的軍人政客，找出推翻現政權的辦法。他到津的時候，北方在野唯一重鎮的段祺瑞，為避免無謂的纏擾，悄然南下，息影滬濱，這使日本人意外的失望。吳佩孚由四川回到北平，高唱赴難禦侮，別的話說不進去。曹錕當時雖然在津，但每日潛心佛典書畫自遣，不談政治，更不見外客。所以板垣的活動，只得從二三流的人物下手，皖系自（段）合肥南行，銷聲匿跡，無法運用，直系政客和板垣拉上關係的，有徐東海（世昌）的智囊，且與曹、吳均有關係的，前內務總長張志潭，及小孫派（孫洪伊系民黨）健將，曾任吳佩孚的秘書長，政務處長白堅武二人。張志潭結合齊燮元、孫傳芳兩大軍閥，以及北洋舊時文武，號召北洋大團結，圖建立政權，與日本協商，調整中、日關係，在他的私寓，有過一次大聚會，並邀板垣征四郎參加，板垣極感興奮，可是齊、孫各不相下，團結不易，一時未有進展。

白堅武的錦囊妙計，是憑他舊日在吳幕的關係，想說服駐津軍事首長，兼河北省主席的于學忠，脫離南京，自己獨立。張學良下野出國時，于學忠確曾稍稍動搖，和白堅武見面談過，但于詳細考慮之後，對白的遊說表示拒絕，白堅武乃又設計由于部前師長馬廷福出面，聯絡舊日袍澤，攬出新河兵變，于部一旅兩團，發表通電，宣言擁馬，另謀出路。但在同時，塘沽協定，急轉直下，板垣征四郎星夜秘密離津，行後始通知白堅武，停止活動，新河事件，鬧得一場無結果，徒然犧牲了幾個團營長，馬廷福僅以身免。

板垣征四郎對塘沽協定，事前確未得有消息，臨時奉到關東軍的緊急訓電，始匆匆離津，這不能說板垣對人缺乏誠信，因為塘沽協定的決定，神速機密，雖關東軍部的關係當局一樣的感覺意外，何況遠在天津「出張」（出差意）的板垣征四郎？

大概在奉命代表簽字的前一星期，岡村寧次曾到過大連，寓居星個浦星廼家，同人談到華北情形，岡村暗示北京局面，可能有急遽的變化。這時候日軍已抵密雲，北平天空，每日有飛機偵察，繼張學良坐鎮故都的軍分會主委何應欽將軍，對於進戰退守的機宜當然請示中央，可是北平市人心惶惶，不可終日，已呈現動搖阢隉的態勢。岡村所據以推斷情況的，華北前線的戰報而外，即為平津敵後工作人員的情報。岡村離大連，返「新京」（長春），不過數天，就負有代表關東軍簽訂休戰的重大任務，又來旅、大，乘軍艦首途，岡村雖然自詡為「休戰專家」——淞滬之停戰，也由岡村以副長代表——但塘沽休戰的決定，他是最後一刻才接獲命令，殊為不爭的事實。

三七　「滿洲帝國」出現

閃電式的「帝國」決定

覆雨翻雲，竟將帝國興長白。天功人事，會遣遺民見「後清」。

雪後重陽夕照明，高臺縱日俯神京，平原已覺山川伏，投老翻教歲月輕，燕市再遊非浪語，異鄉久客獨關情。西南豪傑休相厄，會遣遺民見「後清」。

這是鄭蘇戡癸酉（民二十二）重九文教部登高之作（蘇戡兼文教總長）。作為詩人的海藏樓主，每年重陽，照例有詩，抒寫心曲，從這一首詩，看出蘇戡不僅不以「滿洲」的局面為滿足，且有燕市再遊，「後清」復見的雄心，刻刻不忘。

鄭蘇戡不是一個高頭講章的書生，自己也絕不以書生自待。他從少年便以才氣蓋人，經濟報國，名實俱至，譽滿士林，他就任「滿洲國」國務總理，雖受制於駒井德三，牢騷滿腹，他的兒子鄭垂在當年正月，忽攖急病暴斃，垂老喪明，心情益為惡劣，但他逆來順受，絕不似中年「愛好」「負氣」的結習，引用他在帝制前一個月的雜詩兩首，可見一斑。（癸酉二月）

倉皇任國事，倏然歲再易。空拳冒白刃，非主反為客，拙棋受幾子，此局難對弈。何能貪天功，潛轉豈人力！一忍乃致此，失馬忽復得，塞翁不辭瘁，夜起未改昔。忠信出懸流，稍驗身所歷。

插架書無多，枕藉止一室。拋書尋餘味，坐待穿窗日。日光天下奇，力解祛抑鬱。脫身行日中，造化與我一。養氣塞兩間，此語真可必。

蘇戡這時的工夫，以「一忍」，「坐待」，養氣兩間，解祛抑鬱，雖已蹈空拳冒白刃之嫌，安知無造化合一之日，這是鄭詩人宰相的人生哲學，「王道政論」的精粹。

本庄——板垣離開了關東軍的崗位，關於任內的諾言，自然無從報命，不過本庄任侍從武官長，側近奉侍，對軍對政，仍具有一種「不可與京」的潛力，他公開的固然難以表示，但私人談話，他依然認為他所作的諾言，必有兌現的一日，希望「皇上」與鄭總理安心，當時溥浩然的二弟溥傑，妻弟潤琪，都在東京留學，由本庄予以照料，這些話都由溥傑和潤琪替他傳達。

三宅坂的首腦部，對這一件事不很表示興趣，有一次「滿洲」民間代表訪日，和荒木談話，表示「滿洲」人民很期待帝國早早實現，荒木顧左右而言他，沒有做正面答覆。新京方面在壬申、癸酉（民廿一、廿二年）兩年間，由熙洽領導的滿洲協進會，建國請願代表聯誼會，不斷的做這一運動，且曾向關東軍有過表示，小磯除找熙洽表示他的意思，甚至授意憲兵去向這兩個團體的負責人非正式的警告過。一時滿洲的「帝國」氣流，低壓到透不出氣來。

「大同」三年（民國二十三年）三月，日本陸軍定期異動，小磯國昭在二月中旬，得著內命，調任廣島第五師團長，關東軍參謀長，由參謀本部第四部長西尾壽造中將繼任。大概在內命到「新京」的三兩天之後，小磯中將造訪鄭孝胥於私邸，密談了一小時之久，臨行賓主的表示，都意外的興高采烈，只聽得一向少有表情的「詩人宰相」，很朗爽的讚譽小磯的才能，期待他非常功業的成功，小磯並不謙遜的說道：「那是沒有問題的。」

原來小磯國昭決定在離開「新京」之前，完成「滿洲帝國」的宿願，已得到中央軍部的諒解，東京政府的正式訓電，早晚可以到達，希望「滿洲國」政府，積極準備，在三月一日，實行「皇帝」即位大典。他並表示他個人調任的「辭令」（任命之意），屆時也可發表，能在本人任內，完成這一件非常事業，這是他畢生的光榮，也是他對「滿洲帝國」「帝國陛下」和鄭總理「差堪報命」的一大快慰事。

「滿洲帝國」與郊天禮成

遠次郊天，是「康德」臨朝的第一次，也就是「滿洲帝國」僅有的，最後的一次。

「大同」三年（民國二十三年）三月一日，「滿洲國」改稱「滿洲帝國」，執政溥儀，即皇帝位，郊天禮成，改元「康德」，因此「大同」三年，就是「康德」元年。

鄭孝胥有詩紀其事：

三王家天下，傳子以相繼。秦政稱一統，二世至萬世。生民立之君，道在仁與義，仁義自無爭，豈為一家計？苟以力假仁，上下每征利。舉世治此學，自謂巧且智，日居爭競中，孰能救其弊。

夏后厄有窮，中絕四十載。吾皇歸「滿洲」，二年定遼海。中興與開創，赫赫有真宰。人心不忘舊，制勝若因壘。中原可徐復，修德猶有待。一言幾興邦，惟以敬勝怠。勿曰我得天，天命固未改。

同時蘇戡還有述懷一首：

夜起二十年，倉卒當此局。依然坐待旦，自顯殊碌碌。習氣最難除，求治誰能速。先富而後教，解此意已足。為政好握權，一念等流俗。國僑以治鄭，葛亮以治蜀。區區法家語，王道未易復。

這一首述懷，是在「康德」即皇帝位之後寫的，可以看作蘇戡兩年「當局」的總結報告，也可以作為蘇戡「當局」的經驗談。求治不能過速，為政握權、一念流俗、這固然是蘇戡的見道語，然而這許多道理，又豈是可以輿論「滿洲國」的政治，蘇戡得無以此解嘲？

溥儀即皇帝位這一幕，最精采而又具有歷史意義的，就是「郊天」。溥儀特派人事前赴北平，由北府——醇王府取來海龍外掛，貂皮外掛，貂皮平頂冠，和最大的東珠頂，據說這是前清歷代皇帝郊天的服式。隨扈祭天各大臣，照例應著貂掛，戴篷絨帽，寶石頂，除宗室寶熙尚保存此項衣冠，此外諸遺老，包括鄭孝胥，都付缺如，只好穿著普通袍褂，聊以應典。

但是這次郊天，是「康德」臨朝的第一次，也就是「滿洲帝國」僅有的最後的一次。日本方面，對這一典禮認為不合時宜，不切實際。「滿洲帝國」並不就是大清帝國的繼承者，不能視同「後清」，從而「滿洲」的皇室典範應該從新制定，日「滿」既成一體，新興的「滿洲帝國」即應以日本皇室為規範，一切取法日本，大清帝國的舊制在「滿」絕對不能因襲施行，「大清會典」，也就不能替代「滿洲帝國」的新「朝儀」。

所以郊天大典也便只此一次，下不為例。後來日本軍閥，更強迫溥儀，接受天照大神，奉祀「滿洲」國廟，溥儀歲時伏臘，祭祖都不能公開，溥儀對側近伺候的人不時有憤慨的表示，每次前往國廟，舉行祀典，都是十分勉強。

「滿洲帝國」成立，僅有「光桿牡丹」的皇帝，沒有皇室，沒有皇族，一部皇室典範，十年未見公佈，連皇帝的配偶——皇后，都未見明文，好在鴻秋——溥儀后係在北京結婚，確是從「大清門」進入大內的，她自民國十三年起，已享有皇后的尊號，倒不一定稀罕新興帝國的正名定分，鴻秋在前一年，秩父宮以「御名代」訪問「滿洲」，贈送執政夫婦日本大勳章的時候，曾經盛裝出見這位日皇御弟，雍容華貴，有似天人。但在帝國以後，鴻秋從未露面一次，所有大典，總是溥儀一人，孤零零的好像沒有配偶。溥儀在「滿」時期，曾納過一個蒙古妃子，不久因病逝世，日人有慫恿從日本貴族選妃的，溥儀設詞拒絕，後經關東軍參謀副長兼宮內「御用掛」吉岡少將，由「新京」女學校，遴選民間女子，進充貴人，溥儀為杜絕日本方面的糾纏，立予照准。溥儀對日本人妃嬪，絕無考慮的餘地，歷任關東軍司令官兼大使，有時談及，都會意外的遭受碰壁。

三八 「滿洲國」組織法批評

病態體制和不健全性

組織概念，既失之模糊，法制精神，自難以確立，日人正因此施展其控御操縱的能事。

談到「滿洲國」的組織法，實在是雜湊的急就章，無論從政治或法理來分析、批評，都不是成熟的作品，以後日本的法學者，談起來常常搖頭太息，但怕開罪正走上風的「軍部」，不願形諸筆墨。

第一、九一八事變後，關東軍不獨對於消息採取封鎖主義，即日本人來滿投效，除非和少壯幹部有特殊淵源或由軍部要人特別介紹之外，絕不輕於延攬。日本有學問的「學者」固然不習慣於鑽營，對氣燄不可一世的軍人避之唯恐不及。「御用學者」，一直到「滿洲國」成立，尤其在七七事變之後，日本決定大舉侵華，才大量產生，應運而出。東條主政當年，依附的文人策士，風起雲湧。「美新」文章，一時有「膨脹」紙賤的笑話，但真正飽學之士，寧願寂寞無聞，老死牖下，比比者是，日本所以還能在蹉跌之餘，蹶而復起，非無故在。

當時關東軍特務部——駒井德三以顧問主持——人才消乏，日軍幹部，亦未必肯以此項「極機密」之件，提出相與商討。且「帝制」、「民主」兩大根本問題，截至板垣最後旅順會談，才勉強取得協讓，政府組織條件，急就成章，自無充分時間，加以闡討，據說起草該案之松木俠——原係滿鐵本社參事，後為國務院法制局長，在起草時，取北京政府、南京政府組織條例為藍本，製訂「滿洲國政府組織條件」，對於當時特殊情況，與東北特殊環境，均未能細細研究，囫圇吞棗，依樣葫蘆，自不免草率從事之弊。

「滿洲國」的「執政」，固以民十四段執政為先例，但執政的地位，又不似當年的段祺瑞，此點在前已有論列。國務院以外，設置立法院、監察院、似採用國民政府舊制，但國民政府的組織係根據孫中山的五院制，「滿洲國」既無考試院、司法院，而立法、監察兩院，又非採用選舉制度，且僅有院長，並無立法委員、監察委員、負實施憲法、行使民權的重大使命。三院以外，另有一參議府，這個相當於日本樞密院的機構，關於政府的重大施策，在國務會議決議之後，負有最後審定的最高權利。結局，立法院視清末的資政院且不如，監察院比諸清朝的御史臺亦形愧色，立法院只位置一個趙欣伯，監察院只位置一個羅振玉，因人設官而已，以後趙欣伯得一考察憲法名義，去日本長期居住，立法院等諸「匏繫」。羅振玉因彈劾黑龍江省長韓某，竟遭關東軍嫉視，監察院終且解消，羅振玉亦抑鬱致病，息影旅順。固然以後的這些事實，政治的因素較多，但「滿洲國」成立之始，組織的概念，既失模糊，法制的精神，自難以確立，條例不少漏洞，運用諸多窒礙，病態的體制，配上不健全的組織法，這就是「滿洲國」成立的一幅實體寫真。

本來，一個國家的成立，完全站在外國軍隊槍刺支持之下，和三數政治有關投機家的穿插，沒有民眾意志的表現，怎能望有健全的組織？即使有一部健全的精湛的組織法，又能起多大的作用？

所以，當時參與其事的日本人，固然缺乏必要的政治理解和法理上技術，然而日本人也正利用此不健全，不合理的組織法，才好施展其控御操縱的能事。日本學者的分析、批評，亦只供學理上一種研討而已。

無疾而終的立法、監察兩院

揭參封疆，羅叔蘊虎虎生氣。拒辭院長，趙欣伯振振有詞。

「滿洲」建國當時的官制，是雜湊成章，因人設官，尤其立法、監察兩院，定制之始，就沒有賦與一定的權能，怎能有所表現？這種似是而非的，因襲南京政府的組織法，到了武藤、小磯「兩合公司」的時期，關東軍掌握「滿洲國」的內面指導權，看來更不順眼，這兩院本來沒有健全的組織，因此更陷入癱瘓，終於無疾而終。

監察院的院長，因為是「從龍」有功的，「大名士」羅振玉，院長以下，又有一日本人的監察部長——品川主計，在第一年還有過一個極短的活躍時期。「大同」二年黑龍江省長韓某和齊齊哈爾市政籌備處長金憲立——清肅王幼子——互控，經品川往查，認為省長貪污違法，羅振玉遂拿出御史臺的風格，揭參封疆，黑省長因此撤職，形諸政府明令，但日本方面對黑省長的某一段工作，極表滿意，於此「滿洲」籍的新起人物，尚多期待，且對金憲立一向行為，早有定評，為人才計，尤不願抑韓揚金。因此不滿品川主計的操切，聯帶對羅振玉書生頭腦，不明政治，更加深一層不良的印象，品川主計不久便去職回國，羅振玉經過幾個月的光桿院長，調任參議府參議，監察院就此無言的解消。

羅振玉在「新京」住了一個時期，便回旅順，從此真的潛心金石考據，不再過問時局。羅氏寫的《雪堂自傳》，後半段對於「滿洲國」的種種，極致憤慨。大概在七七事變後兩年，羅氏就在旅順逝世，蘇俄佔領旅、大，沒收羅氏收藏的圖書金石，且強脅羅子整理，旅順市設專館陳列，羅叔蘊一生心血，結局算是歸於「人民」了。

立法院長趙欣伯，以院址為官舍，採「家天下」主義，除設有秘書處，延東北奮國會議員，前眾議院副院長劉恩格為秘書長，任用少數職員，包辦經費，一時傳為笑談。關東軍對趙似乎也很少辦法，奉天市交代，曾由軍部授意繼任市長闞傳紱，趙怎樣交，便怎樣接，不必挑剔。趙在立法院的搞法，自然免不了閒言閒語，後來原任熊吉大佐和遠藤柳作商量，以憲法考查名義，先使趙欣伯赴日，然後再相機結束立院，趙欣伯在東京住了兩年，一事未做，「新京」方面，本也未有任何期待，倒無所謂，但談到立法院問題，趙始終拒絕，而逕與日政府，軍部當局，提出討論，「新京」更覺頭痛。一度由原田出面，託「新京」要人中與趙較有好感的去函和趙欣伯商量自動請辭，趙很直率的拒絕，他的答覆說：「我不願替諸公開一惡例，滿洲特任官，可由軍部課長，任意去留，且脅迫提出辭呈。」

這一問題，一直到原田轉任時，才在某種條件之下，圓滿解決。趙欣伯將「新京」立法院的一切動產，均運往東京，劉恩格接收時，僅有空屋一所，劉負責保管，為時甚暫，立法院也就無疾而終。

「滿洲國」的政治，「天經地義」的，一切以日本為背景。由「大同」元年，至改建帝國，參議府的地位和職權，相當於日本的樞密院，所有政府的重要法令，及特任人事，均須經過參議府決議。政黨政治，議會政治，在日本人當時，為右傾人士所反對，解消政黨，改造議會，又為日軍部所支持，「滿洲國」絕不會再有政黨、議會出現，此理至明。國民政府的五院制，在日本人看來，原有異樣之感，執政時代，且不願因襲效法，帝政以後，當更不願有此特殊機構存在。立法、監察兩院的解消，勢所必至，倒不一定是人的關係。

「滿洲」的協和會，是日本軍人理想中的民意機構，下宣上達，負有政府和國民的居間使命。這是議會政治的「改良品」，同時也是議會的「代替品」。反映全民的意思，不代表某一政黨。所謂舉國一致的政治，實在就是「法西斯」、「納粹」政治的唾餘，以後日本的「大政翼贊會」，也就是這一類的政治理念。

三九　石原莞爾與協和會

政會一體下宣上達的協和會

政治以王道標榜，民族以協和號召，這一方案，與建國計劃，同時制定的。

協和會這一個組織，和「滿洲」建國，具存不可分的關係，是建國藍圖的製作者，在石原莞爾領導下，精心結撰，同時的傑作。他們的理念的「政會一體」，政府執行政令，協和會則負「下宣（傳）上達」的使命。

在民國廿一年三月建國之後，協和會的「名案」，隨即提了出來，由關東軍特務部，自治指導部的一群日系「專家」，著手研究，以便付諸實施，這時候的有力分子，如奉天特務機關囑託小澤，「滿洲評論」主筆，北京坂西公館出身的小山員治等，在石原、片倉指導下，展開活動。

中國人在東北，和外來的民族，只有親愛，沒有仇視，就是當政的人，向來是用懷柔代替「鎮壓」，用情感啟發理智，可是日本方面看來，如果日本對「滿洲」，沒有急切的打算，沒有切身的利害，日本何至犧牲二十萬的生命，二十億的金錢，和北方之「熊」，角力爭覇於「滿洲」之野。尤其日本人口過剩，亟圖開拓，大量移民，以「滿洲」為目的地，日本盡量向朝鮮移送，朝鮮人便向「滿洲」「轉動」。「滿洲」建國以後，日本決定大舉移民，計劃中的數字，十年中日本對「滿」移民，將有一驚人的數字。所以日本對「滿洲」民族問題，不得不為未雨綢繆之計，日本必須掌握「滿洲」民族，以日本人為領導民族。大和民族的優異性，這是日本軍閥，日本右傾分子的妄自尊大的病態「狂」，由來已久。

因此在「滿洲」建國計劃的當時，即有民族運動的方案，政治以王道為標榜，民族以協和為號召。所謂協和者，固係本諸尚書堯典中「協和萬邦，黎民於變時雍」那句名言。但拆穿來說，就是要做到反客為主，以日本人團結整個「滿洲」的其他民族，漢、滿、蒙、回、白俄、朝鮮等，以日本民族為中心，使一切東北原有的民族，相安無事的，環繞在日人領導之下，這才是日本人的「協和」的真解釋。

在這一階段中，有一個最奇異而特殊的現象，朝鮮人往往在日本人的指揮下，替日本人服務，向中國人肆其侵凌欺侮，不肖的鮮人，且以日本姓氏（鮮人多已改姓），日本語言，自炫為日本天皇陛下的「臣民」，不但事事為日人先驅，而且處處為虎作倀，以至「滿洲」事變後十四年中，東北老百姓對朝鮮人的印象，惡劣的程度，有時在日本人以上，就是這個原因。

日本人的「民族協和」運動，其主要動機，已如上述。建國當年的秋季，關東軍準備擴大組織，本庄繁內定調回國內，關東軍重要幹部，全部他調，石原莞爾、片倉衷，自然在內。石原、片倉，對協和會這一工作，更積極的開展，務使此民族運動的總樞紐，在轉職以前，具體實現，不但本身在任內建此不朽的功名，也預為將來捲土重來，留有相當基礎，以後石原重到「滿洲」，任關東軍參謀副長，片倉也回任關東軍很久，任第四課長，掌握「滿洲國」的內面指導權，也都得力於此。

在他們八月轉勤，命令發表的前一星期——七月二十五日，「滿洲國協和會」，舉行盛大「發會式」，擁載執政溥儀為總裁，鄭國務總理為會長，由實業部總長張燕卿任理事長，外交部總長謝介石中央事務局長，「新京」及各省區政府首長，均任理事會理事。中央事務局的重要幹部，如小澤、小山等，控制全會的中樞發號施令，都操之這一班人之手。

溥儀在發會式之前，對協和會表示異議，他不明瞭此會的意義，他也認為在東北沒有設立此會的必要，甚且有人說他以為這是朝鮮以往「東學黨」那一套的做法，不應見諸「滿洲」。然而異議儘管異議，協和會還是如期「誕生」了。

石原莞爾再到「滿洲」

此去竟無功，枉把心神勞漠北。再來真不值，有何面目見江東。

談到「滿洲」建國也罷，協和會也罷，石原莞爾的「大名」總脫不了關聯。關於「滿洲」

建國和協和會的理念，就石原莞爾的腹案說，他的出發點是：對俄的國防充備計劃第一主義，就是「滿洲國」第一主義。

如以前所紀載，石原莞爾中佐，和片倉大尉在東北行政委員會復會的第二日，支持吉林熙洽一派，對政委會施以致命的打擊，急轉直下的掛出「滿洲國」建國準備委員會的招牌，兩星期內，在白出黑水間出現了這個新興的但是多災難的「國家」。片倉衷姑不具論，但以「東亞聯盟」主義「東洋道義派」自命的石原莞爾氏，不能對這一重大的錯失，推卸其應負的責任。

固然石原在軍部，由大佐而少將、中將、由參謀本部作戰課長、而作戰部長、關東軍參謀副長、以至左遷閑曹——舞鶴要塞司令官，京都師團長，退役。因為鷄群鶴立，遭忌庸才，尤其重到「滿洲」任副長時，在參謀長東條之下，環境惡劣，抱負無從施展，這是他平生不遇之秋，贏得一般的同情。然而石原的思想，理念是不是有異於當時得意的一群軍人？他獨持異議的出發點是不是因為身受東條的排擠，乃轉為反東條的言論以洩其憤懣情緒？假使石原與東條異地相處，石原飛黃騰達，大權在握，會不會真有所作為，與東條迥乎不侔，從而使「滿洲」壯大結實，中、日相安無事，日本亦適可而止，除警戒北邊而外，不向美、英挑釁，庶免一九四五年八・一五無條件降伏的悲劇？

關於這些問題，只有就石原自身的經歷，和他的主張，才能得著結論。

石原的國防計劃，既然以「滿洲」為防護北邊的基地，當然對日本人參與「滿洲國」，日本人指導民族協和運動，不會持絕對的反對論調。不過石原的王道樂土理想，和真實的民族協和，是以「滿洲」民族為中心，政府方面尊重「滿人」的意志，生活方面尊重「滿人」的習慣，不使「滿洲」官吏貶於依從的地位，更不使「滿洲」民眾陷於「奴役的苦境」。

康德三年（一九三六）十一月，石原作戰課長視察「滿洲」，認為「滿洲」的實情，迥異建國當初的理想，確表無限的憤慨。他說：「滿洲國這樣，絕不是王道樂土。所謂安居樂業的，只有日本軍人，日系官吏。滿洲人渺不足道了。」

第二年升任參謀本部作戰部長，因反對中國戰爭擴大，不久轉任關東軍參謀副長。這時候他的舊屬，片倉衷中佐，正任第四課長（原田熊吉的第三課改組），掌握「滿洲國」的內面指導權，聲勢顯赫，有「滿洲國」「王樣」（王子意）之稱。石原抵任後，曾草有「關東軍內面指導權撤廢意見書」，一字一淚，確係肺腑之言。他反對關東軍，放棄野戰軍本來的使命，高踞宮殿式的雄巍建築中，發號施令。他主張關東軍部移轉哈爾濱市，專心於國防，恢復野戰軍的真面目。第四課即時廢止，內面指導權同時撤廢，「滿洲國」惡政根源所在應予正視，努力剷除，戰時的日本，不從決定大方針下手，一切唯採干涉主義，朝一法令，夕一法規，以至官吏稱為「法匪」，民眾卻不知何所適從，「滿洲」的「日系官吏」，所取法的，除日本形的「法令」、「法規」外，對滿洲的傳統、習慣，竟一無考慮，「滿洲」民眾的生活，日在「法匪」的「干涉」「強制」之下，目前固只能出以無言的反抗，一旦戰局變化，此種積久的憤懣，可能猝然發動，激成不可收拾的局面。這是石原參謀副長的「滿洲國改良論」。

石原的「改良論」，第一個利害關係的，第四課長片倉衷先自不安，通過退役憲兵大尉甘粕正彥，向參謀長東條英磯，讒言中傷，謂石原擅專，目無首長，同時「滿洲國」政府的總務官星野直樹，產業部次長岸信介，這一群「法匪」，與東條早結成不可分的關係，這一有力的「反石原」聯合陣線，終使石原不能有任何的施展。

四十 「滿洲帝國」兩代「宰相」

「無機無怖，不受束縛」的詩人宰相

爇天吐燄輝山川，舉世驚疑空拭目。

鄭孝胥辭去國務總理，是「康德」二年五月——乙亥四月十九日。他詩紀「辭官得允」，如下：

行年七十六，自詡好身手，雖曰非健兒，亦未齒羸叟，今朝得辭官，快若碎玉斗。屈伸數張臂，嘘嘯頻撮口，千秋酸寒徒，豈易覓吾耦。營營鼠窟中，莫復論誰某，造物定何意，留此老不朽。知我者天乎，問訊堂下柳。

這一首詩，是蘇戡三年總理的總結報告，但是有兩句詩：「今朝得辭官，快若碎玉斗，」

卻頗為當時日本權要所側目，幾乎要發生問題，總算關東軍的最高當局，還識大體，這事沒有鬧起來。

鄭孝胥的下文是「前官禮遇」（日本名詞），建國功勞金三十萬元，退職金五十萬元，按退職金來說，比駒井德三還少一半，但詩人宰相，三年所得，比諸傭書滬瀆，歲易鉅萬，當亦不無「好官不過多得錢」之感。他在辭官前的十日，便在「新京」買一所住宅，並有一首「買宅」詩：

> 三年況瘁人，得此一區宅。何如舍桑下，三宿情難釋。自比柳下惠，援止非有擇。北窗容膝地，敷坐親書冊。休日須作字，支板劣五尺。意中苦未展，紙素亦頗積。稍欣廊下步，群鴿久就食。無機自無怖，飛集繞我側。初夏柳始芽，默計好將息，婆娑廿株樹，暫輟磨人墨。舊京數寄書，花事如過客。南歸興不淺，來日誰能測。

蘇戡心事，總不忘舊京，歷歷如繪，他更有一首「新邑」：

> 黨人駭狠絕無顧，意輕死灰不復燃。老夫傭書居滬瀆，歲易鉅萬年復年。忽聞奉帝奔日館，坐得國寶俱垂涎。穿窬寵各自喜，流毒南北成滔天。天迴地轉有新邑，爇天吐燄輝山川。舉世驚疑空拭目，自怪熟視無泰山。東來二帝更攜手，此輩眩伏將何言。津沽蜷局有群豎，留取微命思舊恩。

他雖乞得骸骨，無官身輕，但他心繫中原，還京願切，未嘗或渝初志。他的大兒子鄭垂，在他總理任內第二年年初，便以暴病，六日致死。他有詩哭垂，中有句云：「忽如爇天燄，致死止六日，傷哉兒之愚，捨我為異物。」老懷愴悒，情見乎詞，究竟鄭垂怎樣得的病，始終無人知道。

蘇戡在辭官後二年，七七事變後，北平秩序稍稍恢復，一肩行李，翩然蒞止。他收拾在西直門內的園宅，預定修理完畢，重整舊藏書籍，為卜居之計。留連匝月，再返「新京」，約定來春入關，不意第二年摒擋行李中，忽為關東軍阻止，欲行不得。蘇戡自謂平生「愛好負氣，結習難忘」，受此意外打擊，竟染不治之症，病死長春，葬骨瀋陽，稱「總理陵」。據傳關東軍當局對蘇戡之行，原已同意，適有前任「滿洲」宮內待從武官副長，日本退役中將某來「滿」，訪鄭蘇戡，知有赴平久居意，乃轉謁關東軍司令官，責以「滿洲」初代首相，不能安居「滿京」，實為新國之恥，軍當局不能辭此咎。關東軍當局乃堅留蘇戡，中止「南歸」，在某中將的執言，未始非善意，但竟因此而促人以病以死，又豈此君始料所及？

蘇戡七七後訪舊京之前，曾有「神往」一詩，如下：

閑閑一老人，衣食不須紀。平生了萬事，抱膝息在此。耳聰目亦明，無病聊自喜。已忘胸中書，並掃文字軌。逍遙輒終日，諸念絕不起。夢中惟舊京，神往即我里。城西得荒園，種樹今稍美，淵明歸去來，足以娛暮齒。

蘇戡此詩，雖還未抵故都，但已悠然「神往」，及到平小住，再返「新京」，「還京」之計，已決無問題，忽爾臨時生變，而尼其行者，又為統治者——關東軍，蘇戡身心所受打擊，豈復語言可喻。假使蘇戡如願以償，舊京息影，相信當年必不致死，「長廊徐步閒吟地，定有乾坤眼底收，」或且更閱一滄桑，也未可知。

張景惠一口氣做了十年「相國」

鄭去張繼，儼然東京『組閣本部』的一幅縮影圖。

「滿洲國」十四年，國務總理只有兩代——鄭孝胥與張景惠。由「大同」元年三月至「康德」二年四月為鄭孝胥，由「康德」二年以至日本投降，張景惠一口氣做了十年「相國」，雖然各部的首長，有過人事的更動，但只能說是內閣的局部改組。

鄭孝胥的更易，在「康德」改元之初，就有了內定；或者更早在「建國」的第二年，關東軍和日系官吏間，對「滿洲」人事方針即已有重大的變更，支持東北「土著」，逐漸排斥非東北人士。據說當時決定的理由，因為非東北籍人士比較見多識廣，且多多少少帶有「反抗性」。反之，東北籍的人，身家觀念比較重，對日本人多遷就，因此富有服從性，這是非東北籍的人，所難望及的，旅順、大連，及金州一帶出身的中級官長，大都受過日本教育，日本語文自無問題，而且因為和日本人交往既久，習慣於殖民地政策，以這一班人作為「滿洲國」官長，接受日本指導，相信必無鑿柄不投之感。上層的領導階級，如張景惠的明白大體，具有融通性，在日本人心目中，早已認定為適當的領導人物。

關東軍司令官武藤信義大將，榮升元帥不久，巡視關東州，某晚在星個浦星廼家招待席上，窗外忽飛入「毛頭鷹」一頭，大家驚顧失色，據傳第二日武藤便得了急病，急遽間由大連乘軍機返回「新京」，不治死去，有的說武藤在旅大就已斷氣，屍身由飛機運返後，才宣布死耗。總之武藤的暴卒始終是一個謎。

繼任的菱刈隆大將，在前曾一度任關東軍司令官，丁令重來，滄桑局變，已不似當年旅順時代侷促的狀態。菱刈隆是一個樂天派，無拘無束，不像威儀嚴整的日本將軍。他和溥儀很談得來，對鄭蘇戡也很不錯，他不主張隨便更動政府首長，致使政局興起波瀾，所以在帝國以後，鄭孝胥還蟬聯了一年。

菱刈隆的後任是南次郎。參謀長小磯國昭的繼任者是西尾壽造中將。板垣征四郎由軍政部最高顧問轉任參謀副長，實為關東軍參謀部真正的負責人。「康德」二年五月「滿洲帝國」的鄭內閣辭職，張景惠受「大命」組閣，總理官邸成立組閣本部，國務院總務廳長遠藤柳作任組閣參謀長，儼然日本東京「倒閣」、「組閣」的一幅縮影圖。

新政府的陣容如下：國務總理兼軍政部大臣張景惠，民政部大臣臧式毅轉參議府議長，以呂榮寰繼任，財政部大臣熙洽轉宮內府大臣，以孫其昌繼任，交通部大臣丁鑑修轉實業部大臣，以李紹庚繼任，外交部大臣謝介石轉駐日大使，以實業部大臣張燕卿調任，司法部大臣馮涵青仍舊，文教部大臣阮振鐸。

張國務總理偕遠藤總務廳長，在總理官邸依次延見各大臣，告以內定的新任所，大都無何異議。惟實業部的張燕卿，對調任閑曹，不甚滿意，即席請辭，詞意堅決，張總理倒不甚介意，還藤卻有些驚訝，以為這是「滿洲國」大官中特異的事件，當時說了幾句應酬話，沒有做任何決定。張燕卿回到私宅，一會兒就來了兩名日本憲兵，說是奉命前來駐守的，情形不甚客氣，張燕卿只得向板垣通電話，詢問這用意所在。他說：「官做不做，個人似乎應該有自由，突如其來的幾位『皇軍』憲兵，究竟和辭官有無關連，這是那一方面的命令，很希望明白指示。」板垣沒有作正面的答覆，但約張燕卿出門，可能還有問題呢！板、張一度談話，板垣力勸張燕卿接受新命，稍緩再另想辦法。板垣說：「此時萬不宜單獨拒絕，激起『同人』的憤怒，外交部固然事務比較清簡，但在每一國家，外交是首要的部門，轉任外相，應該認為榮譽，不應辭退，至於憲兵駐守，意在保護，並無其他問題，新閣告成，立時可以撤退。」張燕卿在這一尷尬局面下，只得勉強的就任張景惠內閣的外交部大臣。

四一　關東軍與關東州

「三位一體」的關東軍司令官

南次郎兼長官，關東統一。張煥相叫「老豆」，闔座不歡。

「大同」元年（民國二十一年）八月武藤信義大將，繼本庄繁中將，任事變後首任關東軍司令官，兼駐「滿洲國」全權大使，簽定日滿議定書，日滿共同防衛協定。軍司令官兼大使的權威，是事實上的「滿洲」統治者，不能僅以一個野戰軍的指揮官，更不能以一個外交官視之。

第二年武藤信義，因少壯軍人的擁護，和荒木貞夫、真崎甚三郎「合記公司」的中央軍部的推戴，竟打破「軍」的慣例，不必有汗馬功勞，一樣的榮晉元帥，這是上元帥以後「非皇族」的第一個「平時」元帥。可惜武藤在升任元帥後兩個月，忽然暴卒，這一元帥的頭銜，差不多等於身後的「追贈」，武藤令子夫人，好像有過似此的「感慨語」。

武藤以後、寺內壽一、杉山元兩大將，居然在太平洋戰爭中，也獲得元帥的榮銜，更是異數，寺內純「大少爺」式的將門之子，杉山的渾號，在軍部是有名的「便所之門」，亂世功名不值錢，於此益信。無怪這兩位元帥，也就是日本軍部末路的象徵。

菱刈隆在「滿洲」任所兩年，除留予接近他的人種種不同的好印象、好情感，別無建樹。「滿洲帝國」這一幕，在他的任內，功勞簿上，應該記入一筆，但這一「奇蹟」，是大參謀長小磯國昭，最後的「一手」，人人盡知。菱刈隆的軍司令官兼全權大使，是高拱無為，無災無難的時期。

繼菱刈隆的南次郎大將，就是事變當時的陸相，和宇垣一成有較深的淵源，在軍人中，也算有相當風雲雷雨的一人。但處理瀋陽事變，沒有定見，沒有手腕，既不能執行內閣決議，又不能控制軍部行動，首尾兩端，一無是處。犬養內閣成立，南次郎與參謀總長金谷範三，同時退陣，任軍事參議官閒職，除陸相官邸，偶有讌會。「敬陪末座」，日惟與老妻稚女，對座斗室——日本大將私宅，木屋兩楹，極簡單化。

「滿洲」改帝國後，一切都上軌道，林銑十郎任陸相，起用南次郎大將，出為關東軍司令官，兼駐「滿」大使，幾年冷落，又登要津，老懷欣悅，不難想像。南在民十前後，一度任天津駐屯軍司令官，與北洋政要頗多往還，抵任「新京」，自溥儀以下，相處洽然無間，若張景惠等，平津舊侶，十載重逢，杯酒論交，彌增稠至。

在此期間，隨張學良入關，前任航空總監的張煥相，棄張投「滿」，先回撫順原籍，修建乃木神社，潛心供奉，為當地日系官警所讚許，舉以報告「新京」當局，依軍法審判手續，張煥相又登仕版，由協和會囑託，榮轉司法部大臣，全靠日人推挽大力，與東北新舊方面均少關聯。某日宴會中，張煥相忽起立以中、日語發言，進向南大將執杯為壽，聲稱「南大將是『滿洲國』的爸爸（日語「滿洲國之父」），也就是大家的爸爸，我們對這個慈祥的爸爸，應表示十二分敬意，並祝他老人家康強安泰。」這種不知廉恥的一面倒詞令，比起「史爺爺」來，有異曲同工之妙。就是最富融通性的張景惠也都聽不下去，他大聲呼道：「紹棠（煥相字），你坐下吧，少說兩句，你要叫爸爸，隨你，你不能硬拉別人……。」闔座鼓掌叫好，張煥相才不再說。南次郎雖然聽不懂華語，但張煥相「三腳貓」的日語，他聽懂了，他感覺情緒不妙，便起立說幾句話，沖淡了一席的緊張。他說：「日、滿兩國這樣的緊密關係，語言習慣，究竟還有差別，我在『滿洲』，『滿洲』人中，有的是我的父老，有的是兄弟，有的是子侄，如張總理就是我的老大哥，張大臣也是我的兄弟，『滿洲國』之『父』，只有皇帝陛下，才稱得起，本人實不敢承當。」

南次郎到任的那一天，他又兼任關東州長官，統一旅順、大連的政權，成為三位一體的關東軍司令官。

關東州「一元化」與軍警衝突

土肥原賢二，自承是處理日本人問題的道地的「生手」

南次郎兼關東州長官，是一九三四年冬，日本方面在「滿洲」最大的變更，當時確引起一度騷動，但這是關東州對關東軍裡面的「對抗」，和中國人無關。以後州廳移往「新京」，兼長官之下，設司政部長，主持州廳事務。軍參謀長，大使館參事官——以後改派公使級——，司政部長為「三位」的最高助手，但軍參謀長是事實的「大幕僚長」。

關東軍對關東州的「巍然獨存」，不在管轄之內，久已認為不合理，關東州由都督制改為純文官的長官，與關東軍成對峙之局，由來久矣。不要看日本人對外，是團結一致，日本人對日本人，派系之爭，門戶之見，比諸其他國人，也未遑多讓。關東州的官吏，尤其警察，自事變以後，和關東軍，日有距離，憲兵警察，在執行任務，時有爭執，各不相下，關東軍認為統一事權，展開「滿洲」攻防計劃，甚至維護軍的威信，都有必要將關東州併入關東軍司令官節制指揮之下，使在「滿」的統帥權、指導權，無遺憾的「一元化」。

南次郎到任以後，東京軍部與政府，授權計劃，如何使關東州移轉管轄，但有一條件，務在極自然的，不生變故的形勢之下，遂行使命，不能波及「滿洲」的安定秩序，更不能暴露日本人文武對立的怪現象，貽天下以笑柄。這是東京對現地的重要指示，當然這在當時是相當艱鉅的任務。

在醞釀相當成熟的階段，旅大的憲兵警察，竟出了空前的「不祥」事件，某次任務執行中，雙方發生歧見，竟至武力衝突，列陣相持。關東軍乃發出緊急命令，派奉天特務機關長土肥原賢二少將，前往大連，相機處理，同時任命土肥原兼任大連特務機關長，在連成立出張所。

土肥原是日本軍部有數的「中國通」。他由大尉時期，便在華工作，歷任北京政府顧問輔佐官，公使館武官輔助官，奉天軍署顧問，九一八以後，土肥原的大名，在中國幾乎婦孺皆知，土肥原這一姓氏，差不多等於「日本侵華」的代名詞，「紂之不善，天下之惡歸焉，」這也無怪其然。

土肥原以對華政工的老手，但這次是他初破題兒第一遭，處理日本人和日本人的糾紛——特殊工作。土肥原抵大連後，和朋友談起，也自承他是一個道地的「生手」。他以極審慎的態度，極和平的手段，而且極客觀的評判，來檢討憲警、軍警的衝突，尋求合理的解決，由軍警糾紛的合理處置，再一氣呵成的進行關東州「一元化」。

在調查事實，聽取各方意見，斟酌處理方法之後，他獲得軍首腦部的同意，迅雷不及掩耳的，將憲兵有關的官兵數人，用軍用飛機，送往「新京」，聽候發落，姑無論發落的結論如何，對關東州的警察官吏，先已收到平息憤怒的功用。然後他說服警察部門的首長，為顧全國家體面，整頓紀綱，少數肇事的員警，也應予以徹底查辦，軍警衝突事件，就此告一段落。

軍警問題解決以後，土肥原與州廳，旅順、大連民政署，警察署各首長會議連日，說明此次「一元化」的意義、必要性、及與國防的關聯性，他以愛國心為出發點，激發與會諸人的情感，更以貫徹政令，誘導與會諸人的尊重紀律、服從政令、他保障同人的地位，絕不致動搖，他了解各首長的異議，是盡忠職守的表現，而不是私利自圖，他更表示他本人以軍代表的身份，短期內將駐在大連，以後仍不時往來，他絕對負責，謀取關東州與關東軍兩者間，徹底的諒解和團結。

大概不到一個月的時間，州廳轉移「新京」，南次郎正式就任關東州長官兼職，旅順、大連民政、警察兩方面人事，除升遷者外，大致照舊，三位一體的關東軍司令官，完成控制整個的「滿洲」。土肥原賢二，在擔當宋哲元冀察政權工作之前，每月總有一半的時間駐在大連。

四二 關東軍解決「滿變」腹案

「專家」參謀長板垣征四郎

民廿三蔣委員長拒見板垣，民廿四拒見土肥原，不能不算失策。

板垣征四郎有「滿洲國」「專家」之稱。他由參謀副長，升任關東軍參謀長，以「滿洲建國」的「產婆」，掌握「滿洲國」的內面指導權，日本人呼為「專家」參謀長，負有日本朝野的重大期待，視「大參謀長」小磯國昭，有過之無不及。

塘沽協定簽訂前，板垣在天津的工作，一無交代的不了了之，板垣自身亦極感牢騷，返回奉天，便辭去特務機關長，出國遊歷。翌年「滿洲帝國」成立時，故由歐洲回來，參加康德「即位」大典，旋奉命繼多田駿少將之後，任軍政部最高顧問，仍兼關東軍部附。

板垣乘輪東返，取道上海，電召滿洲評論社主幹小山貞知，同往南京訪問，經駐華武官聯絡，謁中山陵獻花，訪政府軍政當局，且請謁先生致敬。據說當時板垣實由軍部授意，相機與蔣先生談論「滿洲問題」，「打診」——探詢意——進一步解決「滿洲問題」的可能性。但板垣在南京住一星期，始終不得要領，悵然而返。塘沽協定是休戰，不是和平，為取得和平，當然有續談政治問題的必要，這是應有的認識，假使板垣在南京，見著國府最高當局，打開直接談判之門，民國二十三年三月的「滿洲帝國」，可能展緩出現，或竟胎死腹中，亦未可知，蔣先生拒絕見板垣，不能不算失策。

第二年（民國廿四年）三月，土肥原賢二「公開」訪華，由華北而華中，所至招待周到，在上海時，土肥原曾浼蔣先生的心腹吳忠信氏，向蔣通誠悃，亦欲繼塘沽休戰協定，獲得比較永久性的協商，吳忠信一再與在贛「剿匪」的蔣委員長電商，回京接見土肥原，或由吳伴往南昌，最後蔣先生覆電「軍務倥傯，不克分身」。囑與行政院長兼外交部長汪精衛洽談，土肥原固極為掃興，吳理卿（忠信字）亦以蔣拒人過甚為憾。可是「汪先生」卻不放過這一機會，除派唐有壬、李擇一到滬歡迎，並令路局備花車供訪客乘坐，抵京後作為汪院長的嘉賓，下榻迎賓館汪邸，為安全計，所有土肥原的訪客，均在汪邸延見，應酬兩日，始盡歡返滬。「汪先生」為抵制不利的宣傳起見，先由主管新聞人員，製造「土肥原在平津遇刺，捕獲嫌疑犯一人」消息，送各報登載，以示此次招待，為免外交生出枝節，並非隆重延賓。然而「汪先生」和日本人，發生好感，實已由此時開始。

板垣回「滿」，任軍政部最高顧問三數月，八月異動，繼岡村寧次之後，轉關東軍參謀副長，西尾壽造任參謀長，一切均付板垣主持，民國二十五年三月晉級中將，升任參謀長。二十六年三月，始轉任廣島第五師團長離「滿」，以憲兵司令副參謀長東條英機繼任。

因塘沽協定的關係，關東軍已取得華北政權——北平政整會，軍分會交涉對手的合法地位。在此時期，所有對華北的一切措施，均由關東軍主持決定，天津駐屯軍，系統雖仍舊貫，事實上與關東軍已有主從的關係，板垣南京舊事，耿耿於懷，他已意識到國府最高責任者，對日交涉，至少有意規避，中日關係一時難望好轉。因此少壯將校積極的，強硬的主張，又趨於抬頭，二十四年的何梅協定，國軍撤退，黨部撤退，香河事件，通州事件，道一連串的不祥事件，先後演出，華北政整會無疾而終，華北五省自治運動，甚囂塵上，結果殷汝耕的冀東二十二縣防共自治政府自行建立於前，冀察政務委員會的宋哲元政權半獨立性的奉命成立於後，華北的半壁江山，在七七事變以前，事實上早已風雲變色，非我有矣。

這在關東軍的記錄，均係南次郎司令官，西尾參謀長任內的大事，這時軍的魂靈，主持大計的，即為參謀副長，「中國通」板垣征四郎少將。板垣重到「滿洲」，作關東軍的掌舵人，由歐返國時，業已內定，板垣為中日關係，為個人功名，也確有「碎骨粉身」，從頭做起的「覺悟」。老一輩日本軍人的「中國通」，沒有中國，他們的功名，便也無所寄託，他們謀中國之心，不必有愛於中國，然而他們的主張和作風，究竟還不似徹頭徹尾的「侵略者」，板垣、土肥原，以及岡村寧次都是一樣。

解決「滿洲問題」日軍「腹案」

板垣、土肥原如見到蔣委員長，可能提出這項建議。

戰爭是解決政治問題的最後手段。贏得戰爭便贏得勝利。贏得勝利，政治問題自然迎刃而解，固然，時代之輪，推進到今日，往往贏得戰爭，而不必贏得和平，戰場勝利，而政治問題，依然未獲解決，如德國、奧國、甚至韓國，都犯了同一的毛病，這是國際錯綜複雜的分野有以致之，「戰爭解決政治」，這一規律，因而發生動搖。

強國與強國，遇有不能解決，又不得不解決的政治問題，遂不惜孤注一擲決勝疆場，這是萬變不離其宗的原則論。武器殺人，日新月異，科學發展到原子、氫彈，戰爭的規律，自然也跟著變化，然而弱國對強國，只有拖長政治協商，避免最後一戰，才是上策。

蔣先生在中日事變時，彷彿有過兩句話：「和平未至絕望，絕不放棄和平：犧牲未到最後，絕不輕言犧牲。」這是最正確的指導原則。致使九一八事變以來層出不窮的「事件」，終造成八年之久的中日全面戰爭，日本軍閥蓄意侵華，甘為戎首，固然罪無可掩，中國最高當局撫今思昔，反躬自省，當亦有曲突徙薪，始料未及之憾。抗戰第二年，近衛內閣的聲明，猖狂無忌，日本識者亦訾為悖謬，然而惱羞成怒，情見乎詞，日政府，尤其軍部重視蔣先生的心理，躍然紙上，反映畢呈。

「滿洲國」出現以後，日本方面對中國亟於謀得相當安定的局面，使「滿洲」進入經濟建設的階段，完成北部的國防計劃，當然對中國，尤其華北，就不能不採取積極的對策，這種對策的出發點，不一定是欺凌壓迫，帶有侵略性的。但一到了軍人來執行，便變本加厲，統為濃重火藥氣味的強暴行動。

截至民廿三年三月「滿洲帝國」出現為止，日本關東軍對解決「滿洲問題」，確有一個腹案，這個案，固然絕無放棄「滿洲」的意思，但比起一九四五中蘇調整關係，承認外蒙獨立的內容，對中國的立場，較為有利。

（一）滿、蒙（東蒙）宗主權屬之中國，（二）「滿洲國」成一獨立的政治體系，（三）中國承認「滿洲」獨立，（四）中日共同防共（防俄），（五）日本以「日」「滿」的物資技術，援助中國經濟建設。

板垣到南京想見蔣先生時，則帶有此腹案，土肥原二十四年如見到蔣先生，也可能提出這項建議，這時候雖然已改建「帝國」，宗主權問題還不是沒有商量的餘地。

土肥原訪問京滬後，復遵海而南，訪粵、桂、閩等省，道過香港，與胡漢民兩度會談，胡初見土，很凜然的數說日本軍人的橫暴，欺侮中國的種種。土肥原頗虛心的接受胡先生的數說，但委婉的陳說日軍上層的主張，以及他個人的意見，進而與胡討論「滿洲問題」解決的必要性，與中日兩國和平相處，提攜合作的關聯性，胡展堂聽完土肥原的談話，乃益信九一八事變當時，他向蔣先生建議，快刀斬亂麻的收拾事變的幾個條件，如果實施，九一八事變，未始不可轉圜。解決「滿洲問題」的「腹案」，土肥原也曾向胡漢民作過概略的說明，彼此認為可以商量，不過妙高台息影的胡氏，對國策決定究竟難有施展，但粵、桂兩省，與日本經濟提攜，文化交流，一時的『試行』友好，就在那時候開始，胡漢民的影響力最大。

七七事變以後，中國全面抗日，一切都談不到，但影佐禎昭支持「汪政府」，他向汪精衛的第一建議，仍有「解決滿洲問題，即所以解決中日事變」，這幾句話，不過事過境遷，抗戰後的中日關係，與「汪政府」的實質，已不是當年南京政府可比，所謂「解決」云云，除無條件的承認「滿洲帝國」，談不到別的，和以後中國承認外蒙獨立，情形大致相似。

有幸有不幸的關東軍參謀長

「宿命論」固不必信，有時也不得不信，可於磯谷廉介的半世窮通見之。

東條英機由關東軍參謀長，轉任陸軍次官，是板垣征四郎一系掌握陸軍首腦部的第一步，板垣征四郎不久便被任近衛內閣改組後陸軍大臣，東條英機實為板垣陸相的鋪路人，關於板垣就任陸相的秘密，暫且不談，東條英機的後任，關東軍參謀長，怎樣會輪到磯谷廉介中將，這確有敘述的必要。

板垣由中將師團長，且係台兒莊戰役失利的前線指揮官，居然榮膺大命，騾儕台閣，為日本軍部的「當家人」。他所挾以自重的，仍憑藉「滿洲」的淵源，對華的知識，積極的收拾「中國事變」，遂行近衛「內閣使命」，以副日本全國的要望。

板垣抵任以後，即著手考慮對華政策的新出發點，由大本營設置特務部，遴選一流的「中國通」任部長，派赴中國，擔任艱鉅的現地工作。當時特務部長人選，由土肥原賢二、磯谷廉介兩中將，加以周到的銓衡。兩中將一人出任大特務部長，另一人即繼任關東軍參謀長。土肥原、磯谷均係陸士十六期「秀才」，與板垣陸相同期，土肥原任地多在華北與東北，磯谷則在華中與西南。結果土肥原因與『滿洲』、華化，關係較深，決定大本營特務部長（不公開名義），磯谷廉介，轉任關東軍參謀長，植田大將時任關東軍司令官。

關東軍的參謀長，有幸有不幸的，磯谷廉介這次的轉遷，不幸的竟使個人功名遭遇蹭蹬。一九三〇諾蒙汗日俄軍事衝突，日軍受到無比慘重的損失，結果休戰雖獲協議，關東軍植田司令官，參謀長磯谷廉介以下有關指揮作戰將校，均奉令退役，以明責任。同期的板垣征四郎、岡村寧次、土肥原賢二、安藤唯吉都在翌年（一九四一）晉升大將，磯谷廉介則已於定期「異動」以前，編入預備。以後太平洋戰爭爆發，日軍佔領港九，磯谷雖曾復起，來任香港總督，但係按戰時「復役」，大將頭銜，永不可得。戰後磯谷在巢鴨軍獄五年，期滿釋放，視板垣、土肥原（死刑），固為幸運，但比岡村寧次戰時的武勳顯赫，和戰後的奇蹟來臨，宿命論固不必信，有時也不得不信呢！

磯谷關東軍參謀長任內，正值「中國事變」，「滿洲國」在戰時體制下，除安定秩序，支援前線，無所發展，磯谷當亦少個人表現。磯谷在陸士十六期「五人男」中，比較冷靜，個人英雄主義亦較少，對中國的理解，受岳父青木宣純中將的薰陶，多少傾向理智。青木在華，經義和團、日俄戰爭兩役，表現相當明朗，中國人對他印象，也相當不錯，青木為人，不尚機械變詐，猶有日本武士遺風，與縱橫捭闔，活躍見稱的坂西利八郎中將，微有不同。岡村寧次、土肥原賢二、板垣征四郎、多田駿，都是北京坂西公館出身，曾受坂西的親炙，這些舊部屬，飛黃騰達，固然青勝於藍，時會不同，遭際各異，其實他們所搞的一套一套，何一非出自坂西的「窠臼」。

　　磯谷廉介，便有些兩樣，佐官時代，在中國西南最久，「滿洲事變」時，正任駐廣州武官，植田繼真崎任參謀次長，磯谷調參謀本部第二部長，塘沽協定善後，磯谷主張最多，於赴滬任駐華武官，何梅協定時，對南京政府交涉，均由磯谷出面，以穩、溫見稱。二二六事變後，寺內、梅津分任陸相、次官，磯谷內調長軍務局，直至七七事變前，轉第十師團長，轉戰山東，台兒莊之役，磯谷亦參加戰事，日人一時有「中國通會戰中國」之說。據磯谷與有親交的王克敏談話，他在中國戰爭中，心情有似當年在西南，看中國的內戰，他只盼望早速停火，並沒有勝負觀念縈繞於中，從磯谷平素為人來看，他的說話，有幾分可信，香港九龍的人，談到日本佔領時期的暴行，人人切齒，但對磯谷總督，很少批評，僑領事找到磯谷，差不多得到相當的反應，他個人留給人們的印象，好像還不能說惡劣。這是他的作風和日本一般軍人不同的所在，個人的修養，固然有關係，他岳父青木宣純的人格，識見對他的影響力最大。

四三 「日滿一體」制進展

變更省制

滿洲國的「廢藩置縣」是省制變更的重大意義所在，土著派從此成為正統派。

「滿洲國」改建帝國後，第一件大事，就是變更省制，增設行省，以前的遼寧、吉林、黑龍江、熱河、東省特區四個省區，重行劃分，改置行省如下：

奉天省、錦州省、安東省、熱河省、吉林省、濱江省、三汀省、間島省、龍江省、通化省、黑河省、東安省、興安省（興安總署改組）。

中國的行省，當初建制的時候，自然也經過一番思考，地理的觀點，政治的觀念，在在有關，不是一無意義的，東北民眾總數不過三千萬人，省區幅員遼闊，政治、經濟、文化、日新月異，今昔互殊，重行劃分，增置行省，自有其必要性。

關東軍第三課——後改第四課，掌握「滿洲國」政治的，內面指導權，曾與「滿洲國」國務院聯合組織一個委員會，「滿洲國行政區域規劃委員會」，研究「新省制」問題，這一委員會是不公開的，而且委員都是日人，「滿系」並無參與其事，委員會研究、計劃後，製訂方案，送由關東軍第三課審核決定，提交「滿洲國」政府議決施行。

「滿洲國」新省制的實行，在康德元年的冬季，關東軍第三課長原田熊吉大佐尚未調任。當時最重要的關鍵，仍不外打破現狀，一新耳目，至於省制劃分的技術性，猶其餘事。

東北四省區，除黑龍江省因馬占山出走，人事一再更迭，但程士遠、韓雲階仍屬馬占山龍江一系，此外奉天的臧式毅，吉林的熙洽，東省特區的張景惠（最後一年由哈市長呂榮寰兼代），熱河佔領後的張海鵬，均係舊人，且均以中樞要職，兼領省政。如果沒有原則性的改革，遽易省區首長，可能引起誤解，招致政局動搖，人心不安，這是日本人的過慮，卻也不無見地。

關東軍在省制案決定之後，由原田熊吉銓衡新省省長，同時由各省區特務機關，向所在地省區首長說明新案，聽取意見。在新京就近由板垣參謀副長，原田課長分頭訪晤參議府議長兼軍政部大臣張景惠，民政部大臣臧式毅，財政部大臣熙洽，侍從武官張海鵬，報告新省制的內容與增置行省的意義，且請推薦各該省區繼任人選，以備銓衡。其實張景惠、臧式毅、熙洽對於「滿洲國」現實的形勢，早已認識清楚，極少表示立異的可能，軍部要人似此禮貌的訪問，殷摯的垂詢，殊有受寵若驚之感，豈得有所異議，且省制變更，各自兼攝遙領的名義，即為新案下犧牲對象，事關本人地位，避嫌唯恐不遑，況各省事實上，早有日系次長，大權在握，政由寧氏，祭則寡人，匏繫一官，匪伊朝夕，敝屣固無足惜，得失何動於中？

大概日本人，無論文武，不免有多少「機械性」;所謂「教條主義」，「經驗主義」，彷彿近似。日本明治維新史，是他們每一個人都涉獵的，維新時期的廢藩置縣，曾有過不少艱苦的「經驗」，削藩歸政，更經過幾許慘酷的鬥爭。他們是富於模仿的，「滿洲國」的改建新省，在他們思維中，認為就是明治維新廢藩置縣的模型，張景惠、臧式毅、熙洽、張海鵬等也就等於當年日本的「藩主」，從而板垣征四郎、原田熊吉、也不妨自比於「維新三傑」一類的人物。

因此奉天省長即以臧式毅系的民政部次長葆康充任（特任），吉林省長為熙洽的秘書長羅鏡寰（簡任），濱江省為代理張景惠特區長官的呂榮寰（特任），無疑的出自「舊令尹」的推轂，此外各省省長，除熱河省起用一個舊直系的劉夢庚（前任京兆尹曹錕系）而外，餘均由東北籍官吏中，遴選任命。關東軍與這一班滿洲「藩主」的諒解自此始。「滿洲國」以「土著派」為中心，扶植東北籍人士，作為滿洲政治的基幹，所謂「滿洲人」的「滿洲國」，也就是關東軍統治滿洲的原則，懷柔上層東北籍有力分子，從而團結中級官吏，號召東北——尤其旅大的知識「青年」。翌年鄭孝胥去職，張景惠繼任國務總理，「土著派」遂為「滿洲國」的正統派，與日本提攜合作，進為「日滿一體」制。

「二帝同尊」識面初

亡國之君往往都是不同凡響的，這也是造化弄人的一端罷！

溥浩然（儀）這個人，不能不說聰明過人，如果生於有清中葉，可當得起「天亶聖聰」那一句恭維話。亡國之君，往往都是不同凡響的，這也是造化弄人的一端吧。

在「滿洲國」改建帝國以前，溥浩然總在「推」、「拖」二字訣之下，將日本方面訪日的邀請，輕輕的擱起。他不一定清楚的知道日本政府，尤其宮廷，對來訪的貴賓，接待禮數，有極其繁褥的程序，更有種種不同的考量與限制，舞文弄墨的宮內「式部官」事務官，總捧著宮內的檔卷，尋取什麼先例，來斟酌接待的「行事」（日語同程序）。但他認得最分明，是本人的地位，在不尷不尬，「妾身未分明」的時候，訪問日本，徒然增加幾許的麻煩，自找並非意外的種種「不愉快」事。

因此日「滿」的外交關係，從大同元年（一九三二）九月起，雙方交換使節，同年更派特使答禮，這些都是兩國間外交的過節。至於日「滿」兩皇室的關係，在康德元年（一九三四）確立帝國以後，才開始交往。「滿洲帝國」成立的第二個月，日本天皇特遣其弟秩父宮雍仁親王，以「御名代」訪問「滿洲國皇帝」，表示祝賀，並送贈溥浩然夫婦大勳章。因為「滿洲帝國」皇帝加冕禮，就是所謂「登極」，過分的倉促，十來天的籌備，趕在小磯國昭轉任以前，草草舉行，完成這一件心願，實在近於兒戲。秩父宮這次的來訪，是「滿洲國」無比榮譽的一件大事，他帶給溥儀最大的安慰。秩父宮見著溥儀，彼此都很親熱的談話，雖然在會見以前，日系要人曾向宮內示意，兩國元首的會面，——秩父宮係天皇的替身「御名代」——照例不談現實的「外交」，但有一次溥浩然和雍仁在書齋（別殿）作私人談話，雍仁代他的阿兄表示邀請訪日，溥儀一口答允，又談到日「滿」關係，雍仁很親切的問到日本文武在「滿洲」的行為，有沒有逾越常軌，有沒有氣勢凌人，有沒有令人不滿的所在，他願意知道一些，好歸報天皇，同時也可以就近轉告「大使」——即關東軍司令官，注意取締。溥浩然對此，雖沒有過分露骨的表示，確也有些話暗示日系官吏的橫暴。這一次的談話，曾引起相當的波瀾，給不肖日系官吏，當頭棒喝，日本文武有過小心翼翼的一個短時期。

秩父宮雍仁，在日皇裕仁兄弟輩中，有「白眉」之稱，他是留英多年，幾度出國視察，識見、閱歷，甚至丰貌，都在裕仁兄弟以上，可惜他從少將時期，便得了不治之症，帶病延年，到一九五一辭世，二次大戰中，沒有替國家服務，沒有替乃兄分憂。

秩父宮訪「滿」後，「滿洲國」馬上就派了答禮大使，國務總理鄭孝胥正使，財政部大臣熙洽副使，親向日本皇室、政府、民間致深切的謝意。鄭蘇戡此行得詩甚多，他在三十年前又做過神戶領事，說得上是「日本通」，從許多詩篇中，提出兩首來，可以見到鄭氏的詩情，和對日本的感想。

聰明睿知惟神武，德化二千六百年，今日日光輝萬國，蒼生還賴舊山川。
一張一弛力常均，天道如弓事在人，夏靡阿衡俱過百，張蒼乳臭不須論。

第二年（一九三五）四月，「滿洲國皇帝」，初度訪問日本，與日本天皇及皇室交驩。這是經過相當時間的準備，禮節方面情文備至，一無遺憾。溥儀由新京乘特備宮庭列車到大連，改乘日本海軍大軍艦「比叡號」赴日，在橫濱碼頭，由御名代秩父宮出迎，陪乘皇室列車抵東京驛，日皇裕仁偕皇室親王以下有位者，政府內閣總務大臣以下文武百官，拱立站台候接，下車後，由秩父宮介紹，和裕仁會見、握手，王公以次亦握手交談，旋受日本文武大官的「伺候」，自己唱名，鞠躬為禮。日皇裕仁陪同步行出東京驛正門，共乘一號紅色轎車，向行在——赤阪離宮進發，日皇下車略事周旋，先返宮，溥儀旋由秩父宮陪伴，入宮拜訪，天皇更往答訪，翌日更往謁皇太后。同時宮內盛宴招待，宮內除皇室貴賓，不舉行晚宴，據說這是德國王儲訪日以後三十多年來僅有的場面。

訪日前後的溥儀

「滿洲帝國」始終是一個沒有皇族的帝國。

溥浩然因為飽經憂患，對世故人情，有相當的體驗。他知道當時的皇太后——大正的皇后，是日本皇室的一張王牌，她在明治時代，就為阿翁明治大帝所「敬畏」，大正對這位「賢內助」，更不必說。裕仁兄弟對他們的「母樣」，視同嚴父，她對兒子們的管教，也絕不放鬆，他雖住在「大宮御所」，但「大內山」一舉一動，都瞞不過她，每有必要，她一定命駕入宮，向裕仁有所指示，皇太后的存在，那時候確具有無上的權威，但她的影響力只及於裕仁本身，並不涉及軍國大事。

溥儀見到她，執禮甚恭，談話中更表示真摯的情感。彷彿說過，他自小即喪失母愛，（指醇親王載灃福晉早逝）在宮中受到太妃的撫育，但出宮以後，流離顛沛，常常有「人皆有母，唯我獨無」的傷感，今茲來日，得見皇太后陛下，備承寵遇，如獲慈親等話。皇太后聽到這一番說話，十分感動，對他更加青睞，過了一天，還破例的去到赤阪離宮，和他談了半日，噓寒問暖，有似阿母愛子一般。這使日本皇室對溥儀增進不少好感，裕仁對他更加幾分重視。溥浩然懂得利用環境，從這一件事可以證明。

自訪日回「滿」，日系官吏自關東軍司令官以下，對溥儀好像增進了「敬意」，政治方面儘管一樣沒有自主的權力，然而象徵性的「尊榮」，他似乎比裕仁初無遜色。很客觀的評論，溥儀在「滿洲國」的地位，一半兒憑藉祖宗的餘蔭，一半兒也是他懂得「做工」。據說，日本國內準備接待的時候，裕仁曾面告「奉迎準備委員會」的宮內大臣：「滿洲國皇帝，以前是大清帝國的皇帝，我們對他，應該以兩重資格來考量，我們日本，接待大國的元首，當以此次為創舉，不能不特別的重視。」在日本人看來，大清帝國的皇帝，比較「滿洲國」的皇帝，自然更見斤兩。

秩父宮訪「滿」，溥浩然訪日，這兩件事在那兩年，總算是日「滿」兩國的兩件大事，但有一點不能不認為遺憾的，秩父宮之來，沒有妃殿下作伴，溥浩然之去，也未曾攜「皇后」鴻秋與俱。秩父宮自從結婚，松平恒雄的女公子，差不多每車必共，無槳不雙，奉命訪「滿」，竟未偕妃，是一件很少的例外。據日方的解釋，當時「滿洲國」首都，建設尚未完成，旅邸設備，頗難周到，秩父宮臨時「宿泊所」，即就大和旅館，加以修葺，「殿下」軍人本色，慣於陣地生活，還無所謂，妃殿下如果同行，接待不免更形周章。以後「汪政府」在南京，日皇曾派三弟高松宮答訪汪精衛，也是單獨前往，或者是同一的理由，殊未可知。

溥儀「皇后」，自到「新京」後，極少露面，秩父宮來「滿」贈勳，一度出現，雍容華貴，恍若天人，頗使雍仁對當年「滿洲」王朝，有無限的興趣，雍仁曾向接伴員中，有豐富知識的林出賢次郎，對皇后服御種種，有過詳盡的質詢。至於溥儀對鴻秋，似乎近於冷淡，鴻秋也總以體病為名，辭卻一切公開典禮，即如康德元年三月（一九三四）的「皇帝即位」式，「皇后」都未參加，這卻令人不無奇異之感。所以溥儀赴日，也就踽踽獨行，並未偕鴻秋前往。鴻秋在日本投降，俄軍入「滿」後，流徙輾轉，死於道途，溥儀一直在俄度俘虜生活，迄少音訊，末路淒涼，當有餘恨，有人說溥浩然孤鸞入命，這倒不是沒有一些說頭的。

日系官吏，在「滿洲國」十四年中——不，「滿洲帝國」整整的十年中，一部「皇室典範」，竟會拖延著始終沒有完卷。「滿洲帝國」建立以後，就成立一個「皇室典範起草委員會」，由宮內府、國務院共同組織，日系宮內府次長，國務院總務長官（遠藤以後又改稱長官）實為中心，滿系委員，陪席而已。據說皇室典範的內容，由溥儀始，直系親屬定為皇族，除溥儀所生子女外，只有溥儀的兄弟溥傑（日本陸士畢業娶日女）三二人，預定中選，此外溥儀的生父載灃，及隨侍在北平居住的弟妹，都不在內。可是溥儀那時尚無子女，溥傑和他的日本太太，倒有了女兒，所以有人說，日本方面有意要等機會讓溥傑承繼，這便是「皇室典範」始終沒有完成的原因。總之，「滿洲帝國」是一個沒有皇族的『帝國』。

「帝王學」與「日、滿和親」

溥儀不反對「日、滿通婚」，但不贊成乃弟娶日女為妻，尤其在「滿洲國」草創之秋。

溥浩然在「滿洲」十四年中也發過幾次脾氣，為外面所共知，但他發脾氣的對象，都是中國人，而且是和他關係較深的「舊臣」，對以後繼任國務總理的張景惠，他就客氣得多。這因為張景惠任總理，已在「康德」二年，日本人灌輸給他的「帝王學」，——不，日本天皇怎樣不親政——確起了一些作用，他在這不尷不尬的局面下，已「安之若素」了。

日本天皇，對政務固然不事事干涉，但這並不能說日本天皇，沒有發言權，沒有影響力。明治大帝，是維新的君主，憲法也就是他制定的，但他的一生，實在說起來，是「天皇親政」的體制，內閣只是他的執行人。經大正十五年，到了昭和，責任內閣制，漸漸的分明，但因政黨自身弱點的暴露，與軍人向外擴張政策的抬頭，天皇對軍、政的影響力，從而增大，天皇親政的呼籲，高唱入雲，憲法學者「天皇機關論」的學說，竟視為大逆不道，引起刑事責任。昭和時代的天皇，幾乎超越憲法，上追乃祖，這是野心家軍人，政客弄權柄的一種手段，裕仁本身，不負多少責任。

然而日本人，尤其所謂「御用學者」，訪「滿」覲謁，必大大的進陳「至尊不親政」的理論，認為這是「帝王學」的大乘，溥儀聽得多了，也聽得膩了，同時他倒也「安之若素」了。

在「大同」元二年，鄭孝胥任國務總理，為日系官吏問題，為京內外人事，以及執政府組織編制，溥儀很有不少的意見，要鄭蘇戡提出，付諸實行。鄭總理明知辦不通，在「會上」的面前，不能立即說一「不」字，但日本方面的決定，和東北土著派的潛勢力，辦到差強人意的程度，他都沒有一些把握，這是詩人宰相當時的困難與苦悶。府內的秘書長胡思瑗，監察院長羅振玉都是反鄭有力派，他們不負實際責任。容易說「風涼話」，唱高調，溥儀聽得滿意，對鄭孝胥便更加不滿。有一個時期，府內對鄭的關係，十分微妙，據說溥浩然衝動到下手諭革去鄭孝胥的官職，還叫他「善為自處」，這簡直和以往奉旨自裁，事無二致。不過時代畢竟不同，溥、鄭關係，以君臣而兼姻婭，（鄭孫娶溥妹），相從患難，心腹股肱，經過一番解釋，復為君臣如初。有一次鄭孝胥父子（鄭垂未死），和溥浩然在內室談話甚久，談到當年從亡的舊事，以及目前騎虎難下的實況，鄭孝胥自然將本人的衷曲和遭遇的困難，一一回明，鄭說：「已經上了台，如何下得去？下去又怎樣的辦？這些事實的考慮，實在令人疚心，唯有忍辱負重，打開僵局，早一日建立帝國，完成心願，死亦瞑目，請皇上多多忍耐，毋忘在莒。」溥、鄭談時，相對飲泣。

所以當時傳聞，鄭孝胥和溥儀，有過「今天的遭遇，怎樣不滿意，總比在天津好得多」的說話，大概就是這一次。不過蘇戡為人，當有書卷氣，面對「皇帝」，不至作市井之語似此，譯意傳訛，亦意中事。

蘇戡任內，遇有人事問題，常不免一些齟齬，司空見慣，不覺其異。但溥傑娶日女為妻一事，在宮內曾引起甚大的波瀾，溥傑與元配解除婚姻，已在「康德」元二年，溥浩然不甚謂然，但也無辦法，而奔走關內外，主持這件離婚案的，就是關東軍參謀吉岡大佐。溥傑卒業日本陸士，學術俱長，日本人對他的續娶，甚感興趣，當由本庄繁大將出面，親函溥儀，願為執柯，對象是華族某侯爵的女公子，溥儀接信後，表示不能同意，囑秘書函覆本庄，但側近諸人，均表躊躇，尤以入江宮內府次長，認為事關「日、滿和親」，又係「滿洲國」第一功臣本庄繁大將親自來信，只有接受，不能拒絕。事聞於「今上」，更激怒意，他以為作為「滿洲」元首的他，同時也是弟妹的家長，關於婚姻大事，自有考量之權，絕不能漫然允諾，這並不是日、滿內室聯姻，與政治婚媾有別，本庄大將又何至誤會。第一次本庄接得的覆信，沒有具體的決定性，事隔半年，又作第二次的提議，溥傑回「滿」也當面向乃兄說明一切，溥浩然才在無可奈何的情況下，勉強同意。他不反對「日、滿通婚」，但他卻不贊成他的兄弟娶日女為妻，尤其在「滿洲國」草創的階段。

四四　孤寒的「滿洲皇帝」

沒有宮殿的宮廷

溥儀統御下的「滿洲帝國」稱得起「三無之國」。

德國名記者，在上次大戰中，陪同駐日公使司它瑪——納粹政府在北平東京的外交官，極著「能」名——視察過「滿洲」。他有過這樣的感嘆語：偌大的「滿洲國」，可尊敬的元首（指亨利・溥儀），但是一個沒有憲法的國家，沒有宮殿的宮廷。加上前節所紀的「沒有皇族」的皇帝，溥儀統御下的「滿洲帝國」，稱得起「三無之國」（Three Have-not Nation）。

長春（新京）本來是中東鐵路，吉長鐵路興建以後，新興的城市，前清只一府城，民國以後吉長道尹，吉黑榷運局設官置署，地位衝要，加以東北交通發達，民阜物豐，長春以南北咽喉重鎮，增進繁榮，蔚為哈爾濱以次，北滿的第二都市。但是這樣的都市，一旦躍進，作為一國的首都，別的且不必說，單是房屋一項，就成絕大的問題，政府機構的數十單位，怎樣排辦公處所？公務人員以及家屬，怎樣安置居住？這些都是現實的困難。

「滿洲國」成立的當時。因陋就簡，頭道溝和長春舊市街，可以使用的房屋，差不多想盡方法，爭取一空。執政府在吉黑榷運局原址，國務院用道尹公署舊址，外交部找了一間舊商店，財政部借了一所倉庫，諸如此類，煞費張羅。至於公教人員，只好單獨來長，不攜家屬，假大小旅館，幾個人住一間房，滿坑滿谷的暫時棲身。幾家日本旅館，如大和旅館，指定招待外賓，日本式的名古屋、滿洲屋用作日本高級文武宿舍一班日系官吏，只好另覓住所，只要能夠夜投一宿，此外一切都談不到。這是「滿洲」建國當時實在情形。

因此「滿洲」建國以後，第一件事就是國都建設，首先成立國都建設局，羅致專門人才，從事計劃。三年以後，到了「康德」三年，大新京都市計劃業已完成，南新京一帶新興都市的面貌，也略具規模，關東軍宮殿式的總部，首先與世人相見，美輪美奐，偉大的建築物，在遠東首屈一指，以後繼續完成的，如國務院，各部署，滿洲中央銀行，各大會社，幾條官衙，會社集中的街道，櫛比鱗次，氣象萬千。此外街面的寬闊，上下水道的設備，以及路面燈火，路旁樹木，交通工具，種種設置，都不愧東方第一都市的「盛譽」。

住宅區在官衙道過去，隣近南新京車站，也都由工程專家設計，由中央銀行投資，成立房產公司，借款築屋，官吏建築住宅有優先權，每月扣薪俸若干，分期拔還。這一大批住宅完成，房荒問題，便告解決。

「皇宮」興建，雖已在計劃中，官衙街中心廣場，即係預定的宮廷，原有十年完成的定案，但自七七中國事變後，此項工程，轉趨消極，「大東亞」戰爭爆發，更以溥儀的名義，命令暫停土木，用體時艱，勝利後接收大員到長春時，所可見者只雛形而已。

其實以日本人建設的力量，和急就功名的性情，「滿洲國」的宮廷工程，至多五年，必有相當的建築物，以供「皇帝陛下」居處之用。由民二十三（「康德」元年）算起，最遲民二十八（「康德」六年），「康德宮廷」，可以觀成。「滿洲」既號稱「帝國」，皇帝至少當為帝國的「象徵」，凡百建設，固均有其必要性」，宮廷的建築，觀瞻所繫，更不應置之次要。計劃固不妨力求偉大，工程也不妨期諸十年二十年，但必要的一部分宮殿，應該首先動工，剋期完成，此外不急的工事，庭苑的布署，儘可從緩設計，付諸來日。關東有了新廳舍，國務院以次的各部，有了新官署，甚至日「滿」百官，都有了住所，這位可憐的「皇帝」，還是局促的廝守著吉黑榷運局的舊衙，僅僅的一間勤民樓，接待外賓，垂詢庶政，治事之餘，兼資休憩。回想童年深居故都的故宮，帝王風味，未或健忘，當年居其實而不居其名，此日負其名而不副其實，故吾今吾，啞然若失，溥浩然當時的心事怎樣，衡以常情，固不難揣摩想像，十得八九。

沒有憲法的「帝國」

憲法和「皇帝典範」有重要關聯。皇位繼承問題，拖延了「皇室典範」，也耽誤了制憲。

「滿洲國」名為帝國，但皇帝沒有皇族，沒有宮廷，已如上述，這充分表現日系官吏的目光如豆，不知大體，握有政治內面指導權的關東軍的幹部顢頇自私，別有懷抱。石原莞爾在就任參謀副長前一年，到「滿洲」視察時，曾經指出，要獲得中國人的諒解，使中、日關係正常友好，日本對「滿洲國」必須有「大乘」見地，讓「滿洲國」具有一個獨立國家的形勢與內容，「滿洲」三千萬人，安居樂業，成為真正的王道樂土，像現在一樣，只有日本軍人，日系官吏「安居樂業」，是要不得的。

石原莞爾以皇道派中堅，偏亞細亞聯盟，當然不會背離日本國家的利益，捨己芸人，不過對「滿洲」的理解，大陸政策的竅奧，他比一般日本人，尤其軍人，高明得多。小磯國昭、板垣征四郎，對之猶有遜色，若東條英機一系僥倖成名，冒險禍國，更不足語此。可惜他見扼於權相，以不遇終其身，未能一展長才，以事實表現示人。然而日本的政治家，在野論政，往往頭頭是道，一旦置身要津，不免為環境支配，食言而肥，似此先例，數不勝數，石原莞爾的實行力，究竟還是一個「未知數」。

「滿洲帝國」始終沒有一部憲章，這是當時有識者所認為莫大的遺憾。一國根本大法的憲法，是國家與國民的「經典」，不論政體是君主或民主，沒有不首先制定憲法的。「滿洲國」開始兩年，始不具論，「康德」元年，改稱帝國，自應按照體制，起草一部憲法，亟早公佈，但直至日本無條件投降，「滿洲國」自然消滅，此根本大法，終付闕如，中間雖曾派遣專使，赴日考察憲法，也曾招聘日本憲法專家，以備諮詢，但奉行故事，迄未有何結論。

「滿洲國」的一切，都是仿照日本的。日本當年制憲，有英明果斷的天皇（明治），有左右輔弼的股肱，更有代表民意的機構。所謂法，不是「天憲」，沒有民意的反映，不得民眾的支持，不成其為「憲章」。日本戰後修改的憲法，因受佔領軍的影響力過大，日本人的意見沒有充分的反映，到了現在這部憲法，便不免發生許多的漏洞，使執行政務部門，遭遇幾許的困難與窒礙，甚至日本國內潛在的種種不安定局面，都是當時草率從事的新憲法帶給來的，日本人士已有過好多的評論。

「滿洲國」的憲法，也確有難以制定的因素存在。「滿洲國」究竟是不是滿洲人的獨立國？日本移民，算不算滿洲人？日系官吏，有兩重國籍，怎樣的解決？此其一。「滿洲國」的民意機關何在？各省區，各縣的民意集中的表現何在？協和會充其量，只能說官治的輔助，所謂「下宣上達」，並不就是民意的代表，憲法起草完竣以後，勢必經過民意機構——所謂立法部門的表決通過，一群日本人操縱把持下的協和會，能夠說是「滿洲」三千萬國民的代表機構嗎？這更是最大的問題。

再有一點，憲法和「皇室典範」，有極重大的關聯。日本人對溥儀的繼承，確另有微妙的打算，中間有事實表現的，關東軍方面，曾向宮內府暗示，勸皇帝立妃，妃子的人選向日本華族徵求，菱刈隆大將在司令官任內，會見「皇帝」還有意無意的提過，可是溥浩然對日女入宮一事，決不通融，對菱刈的談話，輕輕的置答，不著邊際，日人對這一件事，從此斷念，以後溥傑娶日本侯爵某氏女，生有女兒，日本人乃又打著溥傑承繼的算盤。這種打算，就是偷天換日的、移花接木的，使「滿洲皇位」的繼承，終落到與日本有血緣的身上。韓國的李王，娶了梨本宮的女兒，日、韓宣告合併，這是前事，溥浩然怎能不懸為「炯戒」呢？因為有這一個自私的打算，「滿洲國」的「皇室典範」，就拖延時日，終於不能決定。溥浩然的個性倒也相當的強，如果「皇室典範」過分的違反他的意旨，他不會默爾而息的接受，那便可能引起政潮，牽動大局，日本方面緦緦之慮，也就在此。這是日系官吏不得不出以「拖」的理由，這也是「滿洲國」沒有憲法的最大原因。

四五　蘇俄魔手伸入「滿洲」

日本人的建設和蘇俄的破壞

日本人建設十四年，還得不著「滿洲」的人心，蘇俄的亂暴，又豈是宣傳可以抹拭得淨？

「滿洲國」十四年中，雖然照石原莞爾的說法，關東軍掌握著政治內面指導權，一群「法匪」——日系官吏，舞文弄墨的，將日本的法令法規搬來「滿洲」，活剝生吞的一一實行，確是一種不自然的、不合理的政治。

然而「滿洲國」十四年中的建設種種，不能說沒有一顧的所在。要是現在的中共王朝，不知道宣傳到怎樣的「天花亂墜」。張景惠在日本投降當時，對關東軍某參謀談到日本統治「滿洲」，有過這樣的話，他說：「日本的政治倒也沒有什麼想像以上的大不好，但可以說它是『麻煩』的政治。」當時關東軍的將校，聽到張敘五的正確批判，認為「老總理」這一針見血的評斷，確就是日本民族政策失敗所致之由，日本民族所做的一切，從其他民族看來，差不多都是麻煩的，嚕囌的，令人厭憎的，吃力討不著好的。

「滿洲國」十四年中建設的成績，值得稱道的有如下幾項：

（一）建國後五年，行政、財政、金融、司法諸制度均告完成，比諸近代國家，初無遜色。

（二）治安狀況良好，向來有名的「鬍匪」，在「滿洲」全土，已告肅清，共產黨在「滿」境內，無處容身。（滿、鮮、蘇俄邊境有時出沒）。

（三）鐵道建設，比較建國前六千基羅，增加二倍，鐵道輸送力，每年突破八千萬噸。

（四）建國前國道有三萬基羅，且係土路，十年後增至八萬基羅，汽車往來，都稱舒適。

（五）電話增加五倍至十倍。

（六）鴨綠江、松花江水電建設，聞名全世，建國前四十萬kW（瓩）電力，十四年後達二百萬kW電力。

（七）煤生產三倍半，鋼鐵生產三倍。

（八）以南滿為中心，重工業及輕工業，有飛躍的發展。

（九）國民保健、衛生、娛樂等設備，逐漸向上。

儘管日本人在「滿洲」盡力建設，有以上的表現，但滿洲人並不認為物質的建設，感覺滿足，反之對一般日本人的優越感，以及對日本的經濟搾取，政治征服，惡感越來越深，名實不符的獨立「滿洲國」，轉使滿洲人的民族意識，愈益向上，口頭上儘管喊合作，喊一體，心理上的距離，愈去愈遠。這是征服他民族不合理的自然趨勢，也是奴役政策不可避免的「惡果」，日本人經過這一次大戰的教訓，當已有徹底的覺悟。

蘇俄一度佔領「滿洲」後，撤退時對「滿洲」礦工業、交通，電力等部門，均加破壞，且儘可能的拆卸攜走。據日本由滿遣返僑民不完全的，且僅限於電力部門的統計數字，大致如下：（一）大連甘井子，火力發電所，發電力九萬kW全部，（二）錦州阜新火力發電所，發電力十五萬kW全部，（三）撫順火力發電所，發電力三十萬kW全部，（四）佳木斯火力發電所發電力二萬kW全部（庫存二萬五千發電機二部），（五）東安鷄寧火力發電所，發電力三萬五千kW全部，（六）大豐滿水力發電所，建設中庫存七萬kW發電機六部。

大豐滿發電所七萬kW發電機六部，發電力三十五萬kW，拆卸未曾攜走。鴨綠江水豐發電所的七〇萬kW，僅完成四〇萬kW，亦未拆去。但「滿洲」其他發電所的施設，大部分被拆，影響煤礦，工業生產至大。按「滿洲」的發電力一百六十四萬kW，火力八十七萬kW，水力三十九萬kW，鴨綠江水豐，與朝鮮各半計二十萬kW，火力發電設施中五十九萬kW，當時為蘇俄拆卸攜走。據美國通信記者的調查，蘇俄佔領下六個月，將「日治」十四年的建設，破壞無餘，日本人替「滿洲」開發，使滿洲人獲得職業，蘇俄人一下子將「滿洲」的開發事業，倒退到二十五年以前，他們藉口賠償，拆去機械，這一數字幾等於美國全年輸出機械類的二倍。蘇俄在「滿」六個月中，破壞建設之外，對平民還有種種暴行，談虎色變，罄竹難書，滿洲人對「大鼻子」的印象，極其深刻。這不是宣傳可以抹拭得淨的，不論中共宣傳技能如何的巧妙。

暴發的蘇俄．破落的關東軍

戰利品滿載歸俄。關東軍一敗塗地。

按照戰術的原則，軍隊放棄某一地帶，退卻的時候，對於一切施設，軍需品，為免落敵人之手，資為敵用，不是掃數攜走，便是加以徹底破壞，這是「清野」的戰術。

日本無條件降伏的時候，海外部隊計有二百七十萬人，關東軍司令官指揮的計十五萬人，（在中國大陸百〇五萬人，南洋方面百萬人）。如果照尋常的辦法，關東軍在放棄以前，破壞一切施設和軍需品，不使十數年慘淡經營的石炭、電力、製鐵、鐵道、及其他礦工業和文化施設，轉入蘇俄人手中，似亦無足為怪。

不過日本軍首腦部，當時有考慮到終戰後的賠償問題，以為勝利者對日本，必有莫大數字的要求，賠償他們的戰爭損耗，如果海外的施設，能夠毫無損害的保存著，談到賠償的時候，或且於日本極為有利。所以經過陸海軍首腦部考慮之後，報告閣議，發出訓電如下「終止戰爭的時候，軍隊的武裝以外，舉凡一切施設，包括軍所管以外的物資，準備移交聯合國方面，以替代將來的賠償，派遣部隊應努力保護，以待正式讓渡，不得有絲毫破壞、散失是為至要。」當時出席閣議的閣僚，一致贊成，任由陸海軍當局，善為處理。

日本軍人在終止戰爭後的表現，確都能恪守秩序，貫徹命令。蘇俄軍隊進入「滿洲」，目的就在物資，以後有計劃的撤退，便將所有的軍需品，以至各建設部門的機械類，掃數拆卸帶走，這是日本軍首腦始料所不及，蘇俄的理由，說這一切都是「戰利品」。他的意思，戰利品是戰勝軍隊應有的權利，不能視為賠償的代替，如涉及賠償問題，蘇俄便不能單獨的有所處置。

據說中共到了東北以後，蘇俄已將攜走的機器等類，送還東北，復行裝置，恢復施設，這也確有可能，證以三年來韓國戰場的實況，「亞細亞工業地帶」的「滿洲」，對中共「志願軍」和北韓共軍的貢獻極大，「滿洲」生產力的復活，不難想像。從而蘇俄拆卸「滿洲國」建設一切施設，確已存心留以有待，中共由潛入「滿洲」、而增強壯大、而奄有東北全部，在蘇俄進出「滿洲」的當時固已有預定的計劃，事實所在，無可否認，終戰前後宋子文、王世杰僕僕道途，在莫斯科簽訂的「中蘇條約」以及德黑蘭、開羅、雅爾達會議中所信誓旦旦的，寧非多事？「唯物論」的共產國家對於什麼會議、協商、條約、只認為一種達到目的的工具，而不必視同權利義務相對的信守。「信」這一個字，在共產國家字彙中是不易找到的！

關東軍擁有七十萬大軍，為什麼對蘇俄侵入「滿洲」，不加抵抗？這個問題，確為一般人所難了解。自從日俄戰爭，日本戰勝以後，尤其九一八事變以來，所謂「關東軍」，差不多成為日本陸軍最優秀、精銳部隊的代名詞。但一九四五年八月，當蘇俄軍侵入「滿洲」之時，關東軍的表現，幾乎望風披靡，不堪一擊，非無故在。第一，南洋一帶的戰事，日趨熾烈，所有精銳部隊，逐漸抽調前往，關東軍的素質低下，為當然之事。其次，自一九四四年，所謂大東亞「聖戰」，轉趨不利，接近終局，日本人一致呼籲「本土抗戰」，迎擊美軍，這普遍的悲壯決意的呼聲，影響遠戍滿邊的關東軍士氣至大。因此蘇俄以遠東軍和西伯利亞流徙罪犯大部分的混合軍，衝破滿、俄邊境，長趨直下，如入無人之境，不過十日，席捲北滿全部，佔領「新京」。據當年七月，繼由關東軍參謀副長，轉任東京的池田純久中將說：八月九日蘇俄參加對日戰爭的消息，抵達東京，鈴木首相找他詢問關東軍的實況，並問他關東軍能不能阻擋俄軍，他說很遺憾的，怕不可能，「新京」在兩星期後可能陷落，即或稍晚，也不過時間問題而已。鈴木首相完全意外的說道：「我明白了，關東軍竟這樣的脆弱嗎？」日本恃為王牌的關東軍，在危急存亡中，竟不能發揮它的名副其實的「武威」，稍稍扭轉「軍國」日本的傾勢，「兵敗山倒」，理有固然；這是黷武窮兵的國家的前車之鑒！

遂行敲詐的蘇俄出兵

一九四五年八月九日午前二時，俄軍開始侵「滿」，同時空襲「新京」。

一九四五年八月九日午前二時，「滿洲國」「新京」發現國籍不明，小編隊飛機侵入上空，投彈後飛去。此不明國籍的小機群，都以為是美國空軍所有，天明後「滿洲國」政府發表：「蘇聯飛機來襲」，市民聞之，相顧愕然。

在前美國B-29轟炸機，爆擊瀋陽、鞍山、有時也有一二機飛到「新京」上空，作偵察飛行。因此市民對八月九日的空襲，以為美機的行動，初非無因。同時滿、蘇國境的蘇俄軍，夜半正子，一齊越境，向日本軍陣地，到處展開激戰。俄軍的突襲，因為日、滿政府當局所未料及。第一線國境部隊，驟遇此出人意外的襲擊，亦殊有措手不及的異樣之感。日、滿兩方軍民，這時候的狼狽周章，實非墨楮所能形容於萬一。

當年五月五日，德國無條件降伏，歐洲戰爭，告一段落，蘇俄開始將軍隊與器材，陸續向西伯利亞方面輸送。四月五日片面的對日本政府通告，中立條約屆滿，不再繼續，同時駐大連蘇聯總領事，將正在會商中的日、蘇貿易協定，通告中止。綜合當時的各方情況，蘇俄在雅爾達會議，已達到敲詐的目的。對遠東——尤其滿洲、北鮮、蘇俄獲得優先的控制權，比起當年日本的「滿蒙除外」後來居上，不可同日而語。而且二十年不決的問題——外蒙獨立，他得到羅斯福的承諾，對中國施以有效的影響力，使中國政府加以承認，史大林對日參戰，乃表示在三個月至六個月內，準備行動。

日本對盟國休戰和平的提議，在前係委託蘇俄斡旋，日本國力的虛實，與日政府對休戰和平的渴望，蘇俄知之最詳，八月六日，廣島遭受歷史上第一顆原子彈的空襲，日本所受損失，以及國內騷動情況，史無前例，關於降伏條件，已有不再堅持的傾向，蘇俄外交情報人員，當然得其底蘊。如果日本宣告降伏，蘇俄尚未出兵，坐視滿、蒙、朝鮮大好山河，染指不得，狡獪的史大林，寧不為天下人所恥笑？所以在出兵並未完成準備的情狀之下，急遽下令邊防部隊，向「滿洲國」境進擊，並許可第一線司令官，徵用流徙的罪犯，編置成軍，一同出發，以壯聲勢。關東軍素質的低弱，日軍全軍士氣的不振，早已為俄人所洞悉，師行所至，斷不致遭遇頑強的抵抗，俄軍當局出兵之始，固已操有萬無一失的勝算。

據一九四三——一九四五駐俄美軍使節團長泰恩少將的手記，曾有以下的紀錄：（一）一九四三年十一月德黑爾會談時，史大林表示，在歐洲戰爭中，蘇聯對太平洋戰爭，難為一臂助力，極為遺憾，發動東方戰爭，蘇聯駐西伯利亞的兵力，必須增加三倍，但在德國完全潰敗之前，蘇聯不易兼顧；（二）一九四四年二月二日，史大林答覆羅斯福總統，蘇聯在對日宣戰後，當允許美國空軍，使用西伯利亞基地，對日作戰；（三）一九四四年十月，邱吉爾英首相，史大林元帥，美駐俄大使哈里曼會議，史大林表示，德國戰爭結束後三個月，蘇俄決定參加對日作戰，遠東軍三十個師，至少須增加一倍；（四）蘇俄軍政高級會議，討論出兵，史大林提案，並附地圖說明，除對「滿洲國」北部，東部國境增加壓力，另由貝加爾湖地方，用高度機動兵力，沿內外蒙古，進向張家口、北京、天津；（五）一九四五年二月，雅爾達會談，討論蘇俄參加對日作戰，美、英、蘇三國對蘇聯參戰的條件，分割日本領土，獲得協議；（六）一九五五年七月二十六日，波茨坦會議，蘇俄安德諾夫大將曾有以下的表示，「蘇軍對日攻擊作戰，預定在八月下半月。但確實日期，仍須看目下進行中的中蘇交涉，趨向如何。」換句話說，中國對俄的讓步，如果能使俄國滿意，蘇俄參加對日作戰，便不成問題，中國讓步很快，蘇俄出兵也就快，中國如果讓步得慢，蘇俄出兵也就不得不慢，中國要是不讓步，蘇俄也便不出兵。這確是蘇俄當時悍然不顧，肆行敲詐的真面目。美國竭智盡慮，說服中國簽訂所謂中蘇協定，也就為的換取蘇俄對日參戰，其實蘇俄即使不出一兵，日本降伏，也絕無問題，可惜羅斯福、杜魯門不懂。假使日本降伏前，蘇俄竟沒有出兵，或者出兵已落在日本降伏以後，天下大勢，不知又是怎樣的一個變局；史大林會坐失這千載一時的機會嗎？

雅爾達秘約斷送了「滿洲」

中國政府簽訂中蘇友好條約，亦未免失之過分天真，含糊其事。

菠茨坦宣言，一九四五年七月二十六日發表。關於宣言內容，不俟贅述，其中最重要之點，就是「日本無條件降伏」。降伏後日本的措置，在菠茨坦會議中亦有所決定。這時候羅斯福總統已死，杜魯門繼任，保守黨選舉失敗，工黨的艾德禮起而執政，所以菠茨坦宣言，除蘇俄的史大林仍舊，美、英兩國的領袖，已非羅斯福、邱吉爾。而為杜魯門、艾德禮。史大林對羅、邱尚不無多少敬畏心，視杜、艾自然觀念又有不同。菠茨坦會議，有關東方問題，除商討蘇俄參戰，日本降伏，及措置戰後日本等項，對於雅爾達會議（一九四五年二月），損害中國主權的秘密協定，已在前一個月，由美國通知中國。

雅爾達秘密協定，好多有關「滿洲」權益，內容如下：（一）「外蒙人民共和國」的現狀，應予維持，並由中國政府承認；（二）蘇俄恢復帝國時代的權益，此權益因一九〇四年日俄戰爭變更者：一、南庫頁島及毗連島嶼歸還蘇聯。二、大連定為國際商港，蘇聯有優越權利。旅順由俄租用，為海軍基地。三、中東鐵路，以及通往大連的南滿鐵路，仍由中、蘇雙方聯合經營，蘇俄的優越權利，應獲保障，中國保持在「滿洲」的主權。四、千島群島，割予蘇俄。

中國是沒有參加這一會議的，所以這項秘密協定的規定，「由羅斯福，依據史大林總理的意旨，將有關外蒙、旅、大、及中東、南滿鐵路各項，採取措施，以獲得得中國政府蔣主席的同意，蘇聯所提要求，在擊敗日本後，必使實現，蘇聯準備與中國政府締結中蘇友好條約，協助中國『解放』所受日本的束縛。」

美國對九一八以後日本在「滿洲」的侵略行動，一向是堅執史汀生國務卿的「不承認」政策，但雅爾達的秘密協定，對蘇俄在外蒙古的侵略更加以「承認」，打破美國的傳統政策，使俄國有了「法」的根據。日、俄戰爭以前，帝俄在「滿洲」所得的權利，俄國已經放棄，又完全復舊，而且「東進」政策，順利的，得到劃時代的成功。俄國以往「東進」政策最大的剋星，就是日本，二次大戰的結果，日本一敗塗地，東進已無阻礙，蘇俄即得有東方的不凍港，進窺太平洋，更無問題。此外利用共產國際的組織，聲援「中共」，侵入中國腹地，進而掠取整個東南亞；利用日本共產戰後內外在種種矛盾，加以南庫頁島，千島群島，已入掌握，朝鮮、日本、均在勢力範圍，有如探囊取物，蘇俄在東方的絕對優越的地位，實拜雅爾達會議之賜，韓戰、越戰、馬來亞的森林戰、印度、印尼、緬甸、泰國、菲律濱的潛滋壯大，何一非這一紙秘密協定，為之厲階！中國大陸的赤燄蔽天，以及「滿洲」的以暴易暴，損害之大，史無前例，固緣於羅斯福的一念之差，造成重大的錯誤，遠東禍亂正在燎原，美國自身，亦始終擾擾攘攘，徬徨於冷戰之中，羅故總統地下有知，當亦有「罪在朕躬」之痛！

中國政府在雅爾達秘密協定簽訂後四個月，才得到美國的通知，在外交上這是出乎常軌的「異舉」，中國可以拒絕接受。但當時的國府，有種種的顧慮，既不能離開美國，又不願開罪蘇俄，八年抗戰，備歷艱辛，勝利來臨，復少準備，如果一意拒絕，應付更多困難，乃派在美的行政院長宋子文，飛莫斯科商洽中蘇友好條約，由七月一日開始談判，八月十四日外交部長王世杰在俄京代表簽字，弱國原無外交，傷心事固不自今始，不過中國政府在簽訂一紙友好條約時，對美應該有正義性的摘發，對俄亦應作警覺性的防閑，至少對於我委曲求全，力持大體的用意，與以後對東北接收的重要綱領，應與美、蘇政府，得到具體的規定，不應含糊其事，過分天真，一切一切，信賴美國，研究國際法有素的王世杰氏似不應見不及此。

以後蘇俄對東北，先以重兵佔旅、大，阻中國國軍進入，同時中共以呼應蘇軍作戰為名，進入察哈爾、熱河、遼寧、吉林等區。等到中共在東北部隊，編練就緒，俄軍始在一九四六年五月撤出，共軍逐漸壯大，席捲全滿，直時間問題而已。

四六 「滿洲帝國」自然解消

最後一刻的「滿洲帝國」

趙孟之所貴，趙孟能賤之，「滿洲國」十四年的興亡史如是如是。

「滿洲國」對日本發動大東亞戰爭，事先固未曾參與決定大計，以後接受菠茨坦宣言，無條件降服，也未曾有任何商量。關東軍對於這件大事，所知悉的且極有限度，「滿洲國」更不在話下。八月九日（一九四五）蘇俄開始軍事行動，進入「滿」邊，關東軍固然有事出意料之感，即就軍事而論，山田大將指揮下六十五萬之眾，擔任「滿洲」、朝鮮防守之任，已嫌兵力單薄，且精銳部隊，陸續抽調南下，參加南方軍（寺內元帥指揮）戰事，在先已有數起，及本土抗戰，極機密的準備中，關東軍奉調回國，充實防禦，亦有相當人數，「滿」鮮守邊部隊，因此實力大減。

何況戰爭，以政略決定戰略，以戰略決定作戰致勝，蘇俄與日本關係，「滿洲國」事前既未與聞，政略絕談不到，對蘇俄突然進攻，究竟出以應戰，抑或退避三舍，關東軍與前線指揮部，議論紛紜，莫衷一是，戰略亦未有通盤的決定性。阿南陸相，梅津參謀總長，估計戰事，最終雖難免「玉碎」，至少可以支持三月，但同時據甫由關東軍參謀副長，轉任內閣計劃局署官池田中將向鈴木首相報告，預計二星期內，「新京」（長春）不守，俄軍長趨直入，關東軍難以抵擋，以後事實，證明池田純久所說，絕非一無根據，十日之內，蘇俄軍事力量已控制北滿，籠照奉（瀋陽），（新京），貔貅百萬，束手就俘，比諸十四年前，今夕佔瀋陽，明日取永吉（吉林省城），三個月兵臨全滿，六個月底定全局，速度的後先「輝映」，有似一幅絕好的對蹠圖案。

中國有句古話：「趙孟之所貴，趙孟能賤之」。「滿洲國」自從建國以後，有了「日系官吏」（這是當時對日本官吏，任職「滿洲國」政府的專門名詞，改為「日本官吏」，便失其真意，——作者附註），獨立國的面目與精神，就已紛失淨盡。日系官吏，自然只有唯日本在滿真意最高當局之命是聽，關軍軍雖沒有取得「監國」的名義，事實上「滿洲國」發號施令，那一事不是經由關東軍參謀部第四課（以前第三課）的「內命」，第四課掌握政治內面指導權，後來已成為公開的事實，關東軍、「滿洲國」政府均不諱言，所以最初有心人士，對日系官吏問題，極表反對，杜漸防微，非無至理。溥儀為這一問題，也曾和鄭孝胥大鬧過幾次，鄭垂——孝胥長子關於這一事，當時率爾同意，確不無討好日人，便利自私的意念。如果在駒井德三商請同意之時，鄭氏父子據理力爭，拒予接受，相信不至成為定案，因為關東軍部內會議，決議日人得受「滿洲國」政府的招聘，任各部門顧問，並未有出任正式官吏之說，駒井德三內定國務院顧問，大橋忠一外交部顧問，阪谷希一財政部顧問……。駒井德三向鄭孝胥父子提出「日系官吏」問題，只係試探性的建議，並未得有關東軍的支持，事實昭然若揭。錯失一著，鑄成大錯，又豈是鄭家父子始料所及？

「滿洲國」皇帝一九四五年八月十八日退位，由國務院攝行政務，這是關東軍和日系官吏間決定的。在廣島遭受原子彈前後，美機B-29機群，空襲瀋陽、鞍山、撫順一帶，每次都到「新京」上空偵察，「滿洲國」宮廷，經與關東軍商洽，先請「皇帝」——溥儀和他的家屬，遷往通化避難。八月十四日，關東給池田純久打電，溥儀希望前往日本避難，託探詢日本皇室的意向，純田以此事託諸外相東鄉，由宮內省轉達日皇裕仁，日皇很乾脆的答道：「滿洲國」皇帝來日，殊所歡迎，惟終戰後日本皇室，當在盟軍總部支配之下，日本皇室對亡命日本的滿洲皇帝，雖願竭盡可能予以保護，但到底對皇帝的生命財產，得若何保證，殊成疑問。」池田當然據以復電關東軍部。以後到八月十九日深夜，又得到關東軍部電話：「明晨滿洲國皇帝由奉天起飛，前來日本。」二十日正午起，羽田機場候接奉天專機，迄晚一無消息。

因為溥儀當時「幸駕」通化，飛機場規模過小，大型機不能降落，只有乘坐小型機，先飛瀋陽或平壤，換乘大型座機，飛向日本。宮廷方面，及通化軍都認為俄軍進抵北滿，奉天已在危險地帶，主張飛平壤換機，以策萬全，當與關東軍司令部交涉，關東軍第四課長宮本大佐，以軍方原案，決定在奉天換機，未便變更，不肯通融。結果只得曲從宮本的主張，由通化分乘小型飛機兩架，向奉天飛去。溥儀一行剛抵達奉天機場，正在準備換機起飛，蘇俄「軍使」的專機追蹤而至，將溥儀及其弟溥傑一行，就地扣留，於由俄軍總司令部送往伯力將校集中營，開始他們的俘虜生活。

被俘的「滿洲」顯貴和日系官吏

溥儀和武部六藏且曾送日本在國際軍事法庭作證。

關於「滿洲國皇帝」溥儀的命運，如果在宣佈退位之後，避難日本，中途不被蘇俄攔截，到了日本，生命財產，是否即獲得最後的保證，真有如裕仁所說「殊成疑問」。不過由「滿洲」起程赴日，假使取道平壤，換乘大型飛機，那時候蘇俄勢力，還未到達三八線，中途不致發生「抑留」情事，可以斷言。所以溥儀被扣，關東軍的宮本第四課長，剛愎自用，應負最大責任，無可諉卸。以後宮本為了此事，曾一度自殺未遂。溥儀家屬，如「后」、「妃」等均未與溥儀同行，蘇俄佔領「滿洲」後，曾劫持她們，東西播遷，鴻秋后不堪奔走跋涉，死於道途，妃某氏原係長春人，釋放後回到母家，住了一個時期，輾轉入關，流落天津，在地氈工廠工作。

據「滿洲國」總理大臣秘書官松本益雄，最近向聯合國俘虜委員會提出的名單，計現在伯力蘇俄集中營的滿俘，共三十七人，名單如下：

（一）宮廷關係——溥儀、溥傑、榮源（「后」之父）、熙洽（宮內府大臣）、吉興（侍從武官長）、臧式毅（參議府議長）、榮厚（參議）、呂榮寰（同）、沈瑞麟（祭祀府副總裁）。（二）政府關係——張景惠（國務總理大臣）、張紹紀（張景惠之子）、谷次亨（交通部大臣）黃俊富（興農部大臣）、閻傳紱（司法部大臣）、于靜遠（民生部大臣）、邢士廉（軍政部大臣）、盧元善（文教部大臣）、阮振鐸（經濟部大臣）、于鏡寰（勤勞部大臣）、巴多登拉布丹（興安局總裁）、王慶璋（郵政總局長）、李義順（外交部司長）。（三）地方關係——張聯文（「新京」特別市長）、博彥滿都（興安省長）、韋煥章（奉天省長）、金世名（吉林省長）、于子衡（濱江省長）、孫柏芳（三江省長）、曲秉善（四平省長）、李叔平（北安省長）。（四）軍事關係——王之祐（第一軍管區司令）、趙秘航（第三軍管區司令）、任廣福（同參謀長）、李雲龍（第四軍管區司令）、王作震（第八軍管區司令）、郭若林（第十一軍管區司令）、曹秉森（江上軍司令）。

但沈瑞麟在被俘遣往西伯利亞途中，因患病留在北安省，旋即逝世。張紹紀原非被俘，他自動請求蘇俄許可，陪伴老父赴俄，就便替一行擔任通譯，他從小在哈爾濱，學得一口俄國話，在日本留學時期，又秘密參加共產黨組織，一九五〇年夏季，已由伯力回到東北，他的回來和溥儀一行遣返問題，是無關的。

至於「滿洲國」日系官吏，蘇俄倒處理得很正確的，他們被認定是日人俘虜，絕不是「滿系」俘虜，和日本將校，集中一起。其中如「滿洲國」總務長官武部六藏，是日系官吏的領導者，曾一度送回日本，出頭國際軍事法庭作證，同行的還有關東軍將校，村上中將、草場中將、松村少將、松浦少佐等。武部原是日本駐「滿」大使館司政部長，主管旅、大及南滿鐵道附屬地行政日本官僚型的人物，才氣比建國時期的駒井德三，迥乎不同，格規視建設時期的遠藤柳作、星野直樹、亦有遜色。不過後期的「滿洲國」，尤其從大東亞戰爭開始以後，關東軍幹部將校，重點在作戰用兵，且多為俄國班出身，中國關係以及有政治素養的軍人，在「滿」不可多見，「滿洲國」日系官吏，亦均為官僚後進，事務家之流，人才真空，「滿洲」更不復具有特殊存在，武部六藏，因而獲選。

溥儀赴日作證，曾為不利日本的證言，前已紀載。武部及日本將校在東京軍事法庭宣誓口供書，亦均為攻訐日本政軍兩面的證言，視溥儀或猶過之，斷無不及。這些證人既從蘇俄鐵幕而來，事畢且將回鐵幕而去，在西伯利亞的口供書，蘇俄任意造作，強迫署名，事固不難想像，出頭國際法庭，翻供固勢所不許，證實又心所難安，進退失據，無逾於此。中間草場中將在二次出庭前，即於蘇俄代表部宿舍服毒自盡，處境之苦，可以想見。因此對武部、村上、松村一行作證時期的行動，蘇俄監視人員，更一層的提高警戒。武部曾以洩露被俄人關在監獄四個月，幾乎引起法庭的軒然大波，蘇俄檢察官鳩首協議之後，即改用蘇檢察官伊宮維諾夫訊問，結果逼得武部自承錯誤，並改正詢問是在伯力州公署，而不是伯力監獄，這一段作證插曲，才算終了。

轟動一時的「證人」溥儀！

遠東國際軍事法庭當局，無乃中蘇俄的詭計？

「滿洲國皇帝」自身，在東京國際軍事法庭作證，訴述「滿洲國」十四年來，日本人的種種行為，這是如何重大的一件事？假使日本不敗戰，固絕對不會有此事，即使日本敗戰，溥儀不落在蘇俄的手中，或亦不至有此事。蘇俄當時同意溥儀到東京作證，不一定出自對國際法庭的好意，更不是對國際法庭的尊重，蘇俄的用意，在破壞美國維護日本皇室，與麥克阿瑟的溫和佔領政策。蘇俄的用心，要藉溥儀的出庭作證，做為「召喚」裕仁的先例，更要由溥儀的口中，證實裕仁應列為戰犯的種種理由。國際軍事法庭的當局，無乃中蘇俄的詭計。

關於國際軍事法庭的是非得失，不在本文討論範圍之內。溥儀在法庭的證言，當然先受到蘇俄方面的指示，多少不無渲染，不過溥儀對裕仁，除關建國神廟一點，沒有涉及其他，日本對溥儀的證言，當時雖有人表示不滿，但事過境遷，也都同情他的處境，諒解他的說詞，尤其對於裕仁，牽涉不多，更了解他對日本，沒有惡意。溥儀在東京作證期間，以蘇俄大使館為宿舍，完全在俄人監視之下，作證完畢，仍由俄方送回伯力，以下係溥儀作證的證言。

（一）我在皇帝位十數年，無時不在考慮，如何報復日本，只要有機會的話決行抗日，在所不辭。

（二）我就任滿洲國皇帝，是受日本的強迫，因為感到生命的危險，不能不勉強接受。

（三）我在任中，總在待機收復滿洲失地，因而編練一枝直屬的部隊，以備調用。

（四）皇帝沒有統治的權力，一切實權，都掌握在關東軍及日系官吏手中。

（五）日本天皇贈予三種神器，是我認為最大的恥辱，曾與家人相對飲泣。

（六）日本禁止信教自由，因而強迫滿洲以神道為國教。

（七）滿洲國民，強制勞動，為日軍服役。

（八）銀行存款，大部分為滿洲人，但借款只以日本人為限。

（九）吉岡中將，終日在我身邊，我的行動，受他監視，他曾毒殺我的愛妻（指蒙古妃子），勸我續娶日女。

（十）寫贈南次郎大將的條幅，完全偽造，應請法庭追究。（按前關東軍司令南次郎手內，有溥儀所贈條幅，書云「國民政府惡政重重，非所忍見，救生民於塗炭，端賴日滿兩國，合力提攜願共勉之。」日本辯護人將此件呈送法庭，溥儀因而否認。）

溥儀的證言，對書贈南次郎的條幅，事屬文字酬應，固不必出以否認，吉岡田中佐時期，追隨近二十年，即論私交，亦稱不惡，監視行動，或得有軍方內命，毒殺愛妃，似不至真有其事，溥浩然受環境支配，乃不惜言之過甚，不加思考，憂患餘生，每為形役，原情略跡，為之憮然。

關於日系官吏問題，在前一再記載，不俟贅述。「新京建國神廟」，奉祀「神鏡」，為「御靈代」，鏡由「滿洲」特製，溥儀二次訪日，攜往伊勢大廟，經過修祓，持歸奉為「靈代」。據知其事者，認為與日本皇室並無何等關係，建國神廟，祭祀天照大神，裕仁當時曾一度表示反對，他說：「中國皇帝，由來祀天，若改祭大照皇太神，殊非適當。」不過關東軍將校，和日系官吏，對建國神廟，主張堅決，終於實行，這是事實。帝制以後，「滿洲國」少數優秀人物，相率辭職，或且離開「滿洲」，另謀出路，滿洲土著派，敢與關東軍抗顏力爭，已有鳳毛麟角之感，無可諱言。至所謂神劍，實係溥儀訪日時，裕仁的贈物，日本人喜以寶劍為贈，友好酬應，倒不少見，裕仁固無以此為神劍之意，以後送往神廟，奉為神寶，可能出自日系官吏的建議，溥儀既曾予以否決，裕仁對此更不負其咎。凡此糾紛，無一非日系官吏，為之厲階。日本對「滿洲」政策失敗，「滿洲」獨立，在國際風雲中，不起多大作用，結局人為刀俎，我為魚肉，「同洲二帝」，共賦偕亡，以悲劇終幕，人謀不臧，絕不應委諸「天意」。

溥儀東京作證的裡面觀

檢察官認為是一大「錯誤」，實在說來根本上是多餘的事。

溥儀到東京軍事法庭作證，當時日本方面，有關人士抱有非常的興味，軍事法庭審判、檢察兩方的各國法官，亦均有甚大的期待。但結果適得其反，無怪檢察方面認為「這證人的出庭，徹頭徹尾的，造成一大錯誤。」只有蘇俄方面在宣傳上，又奏一「凱歌」而已。

原任關東軍參謀副長，終戰前兩星期轉任內閣企劃局長官，在軍事法庭擔任梅津大將的特別辯護人池田純久中將，寫過一段回憶錄，大意如下：

「西伯利亞扣留中的前滿洲國皇帝溥儀氏，出頭東京法庭作證，這一新聞，不僅在法庭內，即在世界也是一件熱鬧的話題。服務滿洲的期間，屢屢接近皇帝，深受知遇的我，對於他的溫容和聰明，固已熟知，對於他來日作證，重親謦咳，非常期待。日子到了，昭和二十一年（一九四六）八月十六日，威伯裁判長召呼證人，皇帝以颯爽之姿出現法庭，立在證人台上。面對法庭緊張的空氣，他毅然的態度，仍不減當年一國元首的充分威嚴。我在那一瞬間，幾乎有『陛下行幸』的錯覺，當以日本人原有的尊敬，同情的心情，默默的向他致敬，傾聽他的陳述。被告中如前任關東軍司令官南大將、梅津大將以及曾任關東軍參謀長後任總理大臣的東條大將，都是舊知，不期而遇，對皇帝的不幸境遇，深深的同情，以目示意，表示迎接。他開始陳述，因為他是檢察方面的證人之一，他陳述內容，不會對日本有利，可以預想。不過聽過他的陳述，殊不能沒有意外的，『奇想天外』之感，尤其日本人對他所陳述的種種，諸如對日本如何憎惡、嫌忌、反感、罵倒、竟出自和日本『同心一體』者之口，真有些懷疑到自己的聽覺，或不健全。至於內容的誇張、欺瞞、揑造、所在皆是，我隣坐的某辯護人曾向我打聽，說道：『這是不是一個假的溥儀？』」

其實溥儀在戰後一時的「反日」、「反侵略」的高潮中，他個人又在蘇俄勢力劫持之下，他又怎能不接受蘇俄的指示和暗示？

池田純久對這一點，有以下的解釋：「（一）被征服者的偏見。（二）一個極端機會主義者，既認為日本已無利用的價值，自然就棄之如敝屣。（三）怕中國政府，要求引渡。（四）自身在彼方（指蘇俄）的鐵幕中。」這些解釋，自有相當的見地，總之國際法庭的檢察部門，容納蘇俄的主張，讓溥儀出庭作證，根本上是多餘的事。

關於吉岡中將的話，有須補充的，吉岡由佐官時期，在天津駐屯軍當參謀，就擔任溥儀方面的聯絡，發生友誼關係，轉任關東軍參謀（中佐），兼宮內府「御用掛」（行走），溝通宮內與與軍部的意見，有相當的成績。以後日軍人事異動，幾次吉岡預定轉勤，均因「皇帝」的希望，未能實現，吉岡升到中將，仍以參謀副長的名義，擔任他的舊工作，聯隊長（團長）、旅團長、師團長、都沒有經歷過，這在吉岡個人的宦途不能不說是損失。日本軍人，對處理事務，可能有招致宮內不滿的所在，十數年的長時間，又安能事事盡如人意，溥儀平日對他，絕看不出有什麼芥蒂。至所謂「毒殺愛妻」一節，事實稍有出入，溥儀到「滿洲」時，「淑妃」已先脫離，「皇后」鴻秋又時時有病，乃由貝勒載濤（溥儀叔父），在北京代納一妃（蒙古籍），送到「新京」，這在改建帝國的前後，「蒙妃」患肺病甚久，經中國醫生診治，據說妃本人不信用西醫，同時宮廷左右對日醫亦有戒心，及至病入膏肓，中醫束手，才由吉岡招致軍醫院，滿鐵醫院內科醫士，入宮診療，為時既晚，無法回生。不過「蒙古妃子」最後的一刻，經日醫主治，倒是事實。溥儀對「蒙妃」恩愛逾恒，傷逝悼亡，不無餘恨，亦屬人情之常。不過遽以吉岡毒殺為言，不無過火且嫌失態。

吉岡對溥儀家事，過問太多，亦屬招忌之由，「滿洲」宮廷，事無鉅細，須經吉岡最後決定，即北平、天津、溥儀家事，亦多由吉岡照管，如溥傑離婚，溥妹出嫁，甚至醇親王甘旨所需，醇王府收支糾葛，吉岡亦往來關內外，獨任其勞，即溥儀以後續納「新京」女校學生為妃，也是吉岡奔走選定的，勸進日女實為應有的文章，當亦不難想像。

四七　「滿洲國總結算」

關東軍斷送了日本。鄭孝胥羅振玉斷送了溥儀。

溥儀的被俘，關東軍第四課長宮本大佐，自然應該負絕對的責任，凡事不考慮現實，只講什麼「軍」的決定，「軍」的威信，任性使氣，往往造成不可收拾的局面，此事如此，但亦不僅此事為然，九一八以後的日本軍人，只要掛上軍刀，便無事不敢做，如果再加上一條「參謀帶」，那簡直就是替「天」行道的「天使」，口傳天憲似的自作主張，他們還自稱是「大元帥陛下的幕僚」。

就事論事，宮本切腹自裁，以明責任，是應該的，而且可以說是死有餘辜。據說因為旁人的勸說，他並沒有死得了，還在人世。（見池田純久著從「支那」事變到東京裁判）。

「滿洲國」十四年的歷史，就是關東軍統治「滿洲」史，也就是日本軍人一部分的禍國史。日本軍人不製造「滿洲事變」，在政黨、財閥勾結的政權下，抬不了頭，翻不了身，日本軍人不建立「滿洲國」，對外沒有「既成事實」，阻擋不了國聯的干涉（調停），對內沒有一塊「招牌」——像大橋忠一所說——號召不了日人的聲援，三宅坂建立不起來他們的勢力，壟斷不了日本的政權，因為有了「滿洲」，關東軍才一天一天的擴張勢力，關東軍成為日本「無敵皇軍」的代名詞，關東軍隱然具有將在外君命不受的無上權威。中央軍部的所謂「優秀」分子，沒有不到關東軍鍍一回金的，比如小磯國昭、東條英機、板垣征四郎、岡村寧次、多田駿、都是憑藉所謂「關東軍系」，飛黃騰達的，內而組閣，任陸相、任參謀次長，外而總督、任總司令官、斷送了日本，其他將校因一度「渡滿」，身價十倍，比比皆是。

關東軍！關東軍！日本軍閥結局最慘的一面，七十萬人齊解甲不算，總司令官山田以下，悉數被俘，八年來度此漫長歲月的俘虜生涯，鐵幕森嚴，將軍老去，家國身世之感，不能盡歸諸宿命，他年日本的興亡史，對關東軍的功罪，當有分明的一頁，永留炯戒。這是復興的、尤其重整軍備的日本國應該提高警惕的所在。

說到「滿洲國」人，——還是說東北人罷——本來沒有建立什麼新國家的必要，而且靠外國人兵力支持，建國的政權，根本上就犯了名不正，言不順的大病，談不到什麼「王權」、「獨立」。固然當「滿洲事變」的時候，日本沒有下動員令，中日沒有宣戰，關東軍只能喊出「自衛」的口號，和一時保障佔領的聲明，中國政府也沒有對東北負責當局，及東北的老百姓，有過任何關於抗禦外侮的指示，然而事實究竟是事實，關東軍逾越駐防旅、大，警備鐵道的職守範圍，侵犯國土，蹂躪條約，即是無可掩飾的，東北責任當局最合理的現實辦法，只有竭盡全力，維持現狀，使地方政權，保留不絕的餘緒，靜待整個局面的解決。當時中國政府，因為對內政治關係，對東北問題，未盡其應盡的努力，無庸為諱，國聯決議，對日本能否有約束性，力量也不無疑問，但日本國內情形，三宅坂尚未能控制政府，犬養毅首相，亦確有不惜老命，收拾事變的決心，犬養健在國際法庭，詳述經過，已為乃翁道出心事，當時外相即係現在台灣、任駐華大使的芳澤謙吉，犬養內閣，對收拾事變的決意與步驟，芳澤知之最詳。

假使東北地方當局，在恢復東北行政委員會之後，團結四省，共濟艱難，對軍部不作分外的往還，對浪人不談政治的組織，以張景惠、馬占山坐鎮北滿，以臧式毅、熙洽維持奉吉，國際調查團東來前後，必有相當的調停辦法，使東北問題，告一段落，十四年的歷史，當另換一個寫法，其實溥儀個人，對就任執政，並不感過大的興趣，從亡遺老，亦主張正大名義，不予遷就，使非鄭（孝胥）、羅（振玉）交惡，各不相下，溥儀出山問題，不致速決如彼，溥儀不作此名不副實的皇帝，又何至遭受顛沛流離之厄，一至於此，溥儀固自誤，而誤溥儀最甚的，實為鄭孝胥與羅振玉。論「滿洲國」與溥儀，對此命途多舛的「遜帝」尚可予以略跡原情的諒解，但對鄭、羅兩老，不安於亡國大夫的本分，不自知其與時代落伍脫節，竟以十九世紀的思想與作法，削足就履的來搞二十世紀的政治，怎能不誤己誤人，憤事禍國呢？

張景惠：環境支配他。臧式毅：幕僚的事務家。

說到「滿洲國」的滿洲人領導者，當然推張景惠、臧式毅為巨擘。熙洽以「滿洲事變」起家，由東北邊防副司令長官公署（吉林）參謀長，據地方實力，標榜滿族自主——熙洽主持下有滿族協進會——遂成為「新國家」異軍突起的人物，與張景惠、臧式毅鼎足而三。至馬占山原領偏師，駐防邊境（黑河），因瀋陽變，黑龍江軍政首長，伴隨張學良在平，久假不歸，始奉調進省，充實防守，江橋一役，抗戰成名。馬效芳（占山字）事後語人，亦自承僥倖，謙遜不遑，時勢造英雄，古今一例，固不應以此薄馬也。

張景惠出身草莽，未嘗學問，生平優點，在能識大體，不敢禍國，不肯害人，但政治大事，出處大節，張有時不足以語此，環境支配他，他不能跳出環境，這也確是他的所短，民國十一年，張景惠任奉軍副司令，駐軍故都，直奉第一次戰事，奉命任西路——京漢線總指揮。張對內戰興師無名極表反對，尤以張（作霖）、曹（錕）兒女親家，無兵戎相見之理，力謀諫止，厄於新派楊宇霆等，未為主帥容納。長辛店兵敗，奉軍不堪再戰，退出榆關，景惠留北京未歸，直系優遇逾恆，屢欲界以高位，辭不受，僅以勸業專使名義（前任為葉恭綽）官隱京市，十三年奉張再入關抵津，患難兄弟，重逢劫後，互傾心腹，相對痛哭不止，此性情中人，流露真性情所在，不是馮玉祥輩啼笑皆非者可比。

「滿洲」這一重公案。在應付事變前後，截至「滿洲建國」為止，張敘五始則奔走於曲突徙薪之謀，繼則盡瘁於焦頭爛額之候，對得起國家，對得起地方，對得起張家父子。東北行政委員會恢復以後，不旋踵而推翻原議，建設新國，固非心所贊同，亦非力所能反對。其後由參議府議長，軍政部總長，軍政部大臣（「帝國」以後）」，「康德」二年（民國二十四年），繼鄭孝胥為國務總理，與世浮沉，純出被動，關東軍資為工具，其左右亦僅老副官張某，任國務總理秘書，此外別無一人，尸居餘氣，如是而已。

但據日本將校事後談及，張景惠對關東軍，及日系官吏遇有重大關節，也不是隨便盡諾，依違兩可，如「土地轉勤」，「徵用勞力」，曾經往返磋商，張不肯稍事讓步，結果關東軍不得不曲予遷就，始告竣事，關東軍官首腦部因此益重其為人。今井武夫少將語人，張景惠能以哭感動日軍，汪精衛能以口說服日軍，中國人畢竟偉大，不是日本政府有「是」Yes無「否」的所能望及。日本人過重現實，中國人不長強禦，秉性的分歧，亦即民族性的殊異所在，無怪其然。

臧式毅軍人從政，有識見，有條理，在東北人群中堪稱為文武兼資，不可多得的人才。但他一生多災難，每一次時局大轉變，只要有他在內，他一定是遭受災難的一人。民國九年直皖戰爭，段（祺瑞）系失敗，徐樹錚避難東交民巷日本使館，臧時任西北邊防軍參謀長，被直軍俘獲，拘禁數月。民十四，楊宇霆督蘇，臧亦任江蘇督辦公署參謀長，孫傳芳以五省聯軍名義驅逐奉軍，楊先出走，臧留守南京，為江蘇軍務幫辦陳調元所紿，執送報功，臧在寧羈押半年，始獲釋北歸。此次在伯力度俘虜生涯八年，是臧氏第三次被俘，——瀋陽事變，居日本憲兵隊月餘不計——也是最長久的，或且最後的一次被俘，也未可知。

臧式毅一個純事務家，規模較小，自然談不上什麼政治大計。做官做得久，習慣於官的生涯，好像一日無官，便有活不過去的情景。此外以東北人服官東北，親戚故舊依靠生活者不知凡幾，一個人不做官，這一群寄生的親故也便無以生存，這往往是人們易進不易退的一大苦事。臧式毅在「滿洲國」十四年，所以下不來台的最大原因，當不外此。日本人對於這一塊「招牌」，當然不會不利用的，張景惠轉任國務院總理，參議府議長——相當於日本樞密院議長的重臣地位，除臧式毅也確不易找到一個適任的人。南京「汪政府」成立，臧式毅是「中滿」友好協定簽訂時的特使，臧在南京，私下和汪精衛談話，表示他在「滿」為親老家貧而仕，意在言外，他是沒有什麼政治信念可說的。這也是老實話，臧式毅絕不是政治性的人物，一個幕僚的事務家風雲際會中的「產物」。

熙洽不學無術，誤了大事。

這個以「滿變」起家，驟躋高位，和張景惠、臧式毅比肩抗衡，鼎足而三——不，在「建國」之初的某一階段，聲勢煊赫，甚至駕張、臧而上之熙洽，就「滿洲建立新國家」這一點來說，他可以稱得起是「建國功勞者」的第一人。但是他對於為什麼要「建國」，並沒有政治性的理念，更談不出什麼理論，很簡單的，他就是要控制機會，爭取個人的功名，利用滿族關係，捧出遜帝溥儀，君臨「滿洲」，自己立下開國元勳的第一功。他沒有認清當時的環境，這樣做他只不過替關東軍作了工具。有人說，熙洽並不是沒有這種意識，他懂得「寧為鷄口，毋為牛後」這句話，熱中富貴功名，過於急切，乃有此挺而走險，不顧一切的舉措。

熙洽原係滿洲人，留學日本士官學校，民初入奉天督署任職，民十左右任軍務課長，直奉第一次戰後，東北倡保境安民，一時自主，改組東北保安司令部為東北最高軍政機構，熙洽任參謀處長，民十三吉督孫烈臣出缺，張作相繼任，熙洽出為吉林督署參謀長。張作相舊式軍人，對督署行政，悉委熙為之料理，但參謀長亦只於案牘簿書之勞，別無施展，熙鷄林（吉林）株守，一官八年，世變分紛乘，依然故我，自不無撫髀興感，滿腹牢騷。九一八事變驟起，翌日關東軍長谷部旅團佔長春市，張作相因父喪在錦州原籍，熙洽召集軍、民（省政府）

兩署各單位首長，會商時局，張作相親信要人，多赴錦弔唁，留吉諸人知熙因利乘便意，且與日軍師團長多門二郎有淵源，乃表示擁熙相機應變，安定地方。

熙於多門中將抵長春之日（多們師團部在遼陽），派員赴長商吉長護路，就便歡迎多門到永吉一行，多門先遣一聯隊進駐永吉，作為象徵的「保障佔領」，熙洽即於此時成立吉林自治政府，合併軍、民兩署，自為長官，吉林打破現狀，成新局面，實為九一八事變後之嚆矢。

張作相在吉林朝鮮銀行存有巨款，由熙洽函知銀行先予凍結，聽候處置，張在永衡官銀號存款，亦均由「新長官」支配。熙洽由事變到「建國」這一階段，說得響、叫得應、活躍迴在張景惠、臧式毅、馬占山諸人以上，固恃此財源；關東軍少壯幹部，與日本浪人政客，以及滿清遺老，東北軍政失意份子，群趨於熙洽之門，甘為供奔走之役，亦莫非賴此數百萬元，興風作浪。「滿洲國」十四年的歷史，即謂為此數百萬元製造的「成品」，亦無不可。沒有熙洽為虎作倀，關東軍一部分將校，雖有新政權的陰謀，無由發動，熙洽沒有此一筆政治資金，亦不至如虎附翼，要什麼有什麼也。

熙洽自為吉林長官，即聯結在滿正策動的復辟派，羅振玉、金梁先後訪熙，且薦謝介石任吉林外交特派員，旋改外交署長，溥儀由津遷旅順，實出自熙洽主張，經費亦由吉林報效，金梁銜命赴津，充迎駕的特使，關東軍固有默契，但力避與聞其事，外傳土肥原主動，殊非正確，以後溥儀在東京國際法庭作證，曾詳述離津始末，日方勸告他避難旅、大的，是天津駐屯軍司令香椎浩平，關東軍無與，當時的關東軍羽翼尚未豐滿，還不敢悍然不顧，為所欲為。

熙洽因為自己是從打破現狀出來的，對於維持現狀的方針，根本不能相容，所以對於東北地方最高政權——東北行政委員會的恢復，極端反對。東北行政委員會恢復的當晚，在趙欣伯宅的談話會，急轉直下，以籌備「新國家」，替代「政委會」，發難者即為吉林新「巨頭」熙洽，其實背後發縱指使，另有人在，熙洽無關東軍幹部，如石原莞爾、片倉衷等人的撐腰，他又有什麼力量——除掉張作相的那筆存款——阻撓大計，另作主張。

建國以後，熙洽為日系官吏問題，一挫於駒井德三的當眾叱喝，再挫於關東軍當局的「善意」警告，吉林易長，專任財政，已無地方實力，改建帝國，更由國務大臣，轉任宮相（宮內府大臣）。以熱心帝制之人，側近奉侍，寧非如願以償的快人快事！惟宮內事務，久已在日系官吏入江次官之手，閒曹冷缺，用武無地，熙洽侘傺無聊，日唯荒湎食色，醇酒婦人，直至日本投降，被俘北去為止。熙洽不學無術，坐井觀天，固不足以談天下事，不遇張作霖、張作相，不會露頭角，不碰上九一八這一變局，因緣時會，直上青雲，更不可能。然而天下大事往往便誤在這一類不安於愚的、自擾的庸人之手。

信相恢復河山總有一日

東北——「滿洲」真是中國的「天府」，白山黑水，蘊藏的富饒，農產、礦產、森林、畜牧、可以說是「取之不盡，用之不竭」。尤其東北人口，截至最近還不過四千萬人，在世界人口正成問題的今日，東北的前途，更值得驕傲呢！可惜這一塊國土這一世紀以來，總脫不了侵略的盜寇的劫取攘奪，才解除了十四年日本的桎梏，又淪陷於北方大熊的魔手，豈真是漫藏誨盜，有生以來，便帶來的災厄嗎！還是人謀不臧，自貽伊戚呢？這是每一個愛國的善良的中國人所應自我檢討、自我策勵的。相信總有一天，我們驅逐打家劫舍的外國強盜，恢復我們的錦繡河山。

日本人佔領東北十四年——不，從打敗俄國，接收南滿鐵道，和旅大兩港，總計前後不下五十年。在這一個相當半世紀的長時期中，日本人做了不少的建設，這些建設，日本人也很大事宣傳過，戰敗以後，被宣戰五日、投機取巧的共產俄帝，囊括以去，據說近年來俄國已將他們的「戰利品」，送回東北，重行裝置，這在他勢力範圍以內，宰割下的羔羊，他又何樂不為？即使他也照樣的，像日本一般，建設東北，但是他並不因此就減輕他的侵略的罪行。

然而東北在「滿洲國」十四年中的建設，卻不無一述的價值。

（一）奉天省（遼寧）的鞍山，以前稱做鞍山鐵礦公司，以後改稱鞍山鋼鐵公司，先由滿鐵經營，後歸「滿洲國」重工業會社直轄，是綜合性的鋼鐵企業，工廠區縱橫數十里。大工廠櫛比鱗次的矗立著，煉鋼爐一排一排的冒著煙，新的設備，新的技術，有自動化或半自動化的冶金廠、軋鋼場、採礦場。這是中國最大的鋼鐵企業，也是重工業的最大成就。

（二）奉天省的撫順，以前僅是撫順煤礦公司所在地，以後更發展機械工業，撫順機電廠，可以製造大型礦山機械，據稱有一種一百五十噸重的電鏟。挖一次土，等於撫順一個人一天的工作量，此外還有機械一廠、機械二廠、電工七廠、風動工具廠。

所有機械製造業中必需的，精密的刃具量具，都能生產，就是工業上需要的中型車床，有色金屬工業所需的托受機、球磨廠、也都自己裝造。

英文版雜誌《人民中國》說：「中國向來沒有過第一所大軋鋼廠和無縫鋼管廠，今年將在鞍山開工生產，常年能夠生產鋼鐵幾十萬噸的大小鎔冶爐，將可完成，還有能供給幾十萬瓩電力的新水電站，火力發電站，也將建築起來。」其實，這些就是「滿洲國」當年的建設，重新裝置而已。

（三）阜新煤礦（露天）東西長三點六公里，南北寬一點五公里，煤藏豐富，品質優良。如全面開發，土石方可達五億六千三百三十萬立方公尺，舖成一方尺厚的土堤，可環繞地球十四週，（見《滿洲國年鑑》）此礦正式進入生產，將以大量的煤，源源供給鞍山、瀋陽、撫順、大連等工業都市，以及哈爾濱、錦州、安東等鐵路沿線作煉銅、發電、機械、運輸工業燃料，現在宣傳的阜新露天煤礦，就是日本人準備將近完成的舊企業。

（四）「滿洲國」人造石油產量，戰爭終了時，已有激增，對鞍山、本溪等地工礦及基本建設工地的汽車，供應燃料油、汽油、更向關外、關內（軍部為主）供應載重汽車、輪船、抽水機等所用的輕柴油與燃料油。撫順還有石油二廠，被蘇俄軍拆卸，油母頁岩短碎機，當時係最新式，乾溜爐有五六十部，用撫順煤礦的油田頁岩，製造大量原油、柴油。

（五）「滿洲國」的水電，是世界有名的，但火力發電也擁有甚大的電力。當時成立的幾所電工廠，生產發電機，由一瓩到六千瓩，供應各城市、鄉鎮、工礦、電廠、水庫的需要。

（六）東北——內蒙古通森林的鐵路，有吉林省伊春深入林區的五營，約長五十公里，另一條由興安省的森林區。延長牙克石森路的鐵道，從庫圖爾，經圖里河，伸進東北部，計七十公里，這兩條路是為了便利木材源源運出的運輸線。

此外如佳木斯的造紙廠、化學工廠、製藥廠、人造棉、人造羊毛的輕工業，在「滿洲國」十四年中，也有極大的成績。尤其北滿沿三江、黑河、金沙遍地，俯拾即是，有些採金企業，一定在俄國人的掌握中，中國人不會染指的，所以很少宣傳的資料。

四八　末尾語

東北呢！中國呢！還在黎明前的黑暗中摸索，掙扎，新的開始畢竟在何年何日？

《滿洲國紀實》，總算寫完了，寫了一百多天，寫得自己愈寫愈覺不滿意，也就愈覺其苦。不過自己有幾點可以自我安慰了，第一不寫自己不確實知道的事，第二不寫自己不懂的事，第三搜集的資料，絕不隨手拈來的寫入「紀實」。至於「滿洲國」當時的遺聞軼事，都不在紀實之列，一概不錄。

可是關於「滿洲國」的資料，現在真不易找到，自然，此時此地，找有關「滿洲」的資料，只有日本一條路。可是日本方面不知道因為什麼，「滿洲國」關係的一些書籍雜誌，舊書店少得可憐，像什麼《滿洲國年鑑》這一類的東西，簡直都看不到。

日本出版界向來最是熱鬧，作家更是多如過江之鯽。動不動就是一本厚厚的著作——自然內容常常不免抄抄、剪剪的、輾轉的你用我用。本來文章可以說是天下的公器，又何妨「天下文章一大抄」呢。

話說回來，因為「滿洲國」有關資料，不易找到，我對「滿洲國」建設十年中一些事實，不能隨便的寫下去，結果只得寧闕毋濫的「割愛」。還有「滿洲國」皇帝溥儀，訪問日本兩次的節目，日本當時的外交官，老中國通林出賢次郎，以日本大使館參贊，兼領「滿洲國」宮廷行走的名義，隨同溥儀赴日，他寫過一本扈從紀事一類的東西，我對這本書印象怪不錯的。林出現已退休，想法子找到他的通訊地址，問他手中有沒有這本書，但不幸也失望了。

提到他，就另想起一件可以「紀實」的事。日本宮廷，接見外國使節時，通用語言，非英即法，宮廷的通譯官，照例是外務省儀典課長兼任。中國話自然夠不上在維新後的，日本宮廷「通用」，儘管日本軍人，浪人專靠大陸吃飯的人，總是拚命的學說什麼「你的」，「我的」，「大大的」，「小小的」那一種他們自以為是的「標準支那語」。到了「滿洲國皇帝」決定訪日，因為他先前是大清國的第十二代皇帝，從來沒有過中國皇帝「來朝」的大事，宮廷之內，更不免有些「飄飄然」了。一下子增設漢語通譯官一缺，以便「同洲二帝」——裕仁和溥儀可以暢所欲言。所以民國二十五年中國駐日大使許世英赴任，見日皇裕仁的時候，也就直接用中國話，由通譯官傳給裕仁聽。這是日本宮廷通用語言的一小滄桑。

還有一事，一九四五年八月十八日，「滿洲國皇帝」退位——自然也就是「滿洲帝國」解消，當時竟沒有人注意，甚至報紙都好像沒有見過，還是不久以前看到一本《大本營發表》——日本前大本營報道部長松村秀逸寫的——才發現這一齣好戲的閉幕。松村在他的著作裡，也沒有特別的紀錄，僅僅在最後的參謀長會議報告事項，有這一件平常的報告而已。

想起民卅四年八月十五日本投降以後的光景，真有些隔世之感。當時每一個中國人，都興奮得莫名其妙似的，一切憧憬，幻象充滿了每一個人的腦際，——中國從此有希望有辦法了。所以像溥儀退位，「滿洲國」解消這些「剩戲」，都無心的，或者不屑的看完，就掉頭不顧了。這是看戲的人習見的動作，只要戲快終了，便不約而同的站起身來先戲而散。可是新的風氣比較的好得多，戲完以後，還有主演人謝幕，看戲的人很湊趣的還要喊幾聲：「再演一回」，這多麼的賓主盡情，皆大歡喜呢。

從種種方面看來，辛亥革命那一年，還不算是舊的，陳死的帝制終結的日子。「滿洲國」「閉幕」，溥儀第三次最後的這一回退位，才是真真的舊的宣告死亡，新的從頭開始。可惜沒有再像南通狀元張謇那一枝如椽之筆，寫下一篇退位詔書，和清室遜位的文章，後先媲美。這類煌煌大文，鄭孝胥、羅振玉即使不死，也寫不好的。

溥儀固然是時代的渣滓，看不出有什麼前途，但最可怪的二十世紀二十年代和三十年代東北的兩個「主人」——張學良和溥儀竟遭遇同樣的命運。至於東北呢，中國呢，還在黎明前的黑暗中摸索、掙扎，新的開始，畢竟在何年何日？

Do歷史004　PC0382

滿洲國紀實

作　　者／李念慈
編　　者／蔡登山
責任編輯／唐澄暐
圖文排版／詹凱倫
封面設計／陳怡捷

出版策劃／獨立作家
發 行 人／宋政坤
法律顧問／毛國樑　律師
製作發行／秀威資訊科技股份有限公司
地址：114 台北市內湖區瑞光路76巷65號1樓
電話：+886-2-2796-3638　傳真：+886-2-2796-1377
服務信箱：service@showwe.com.tw
展售門市／國家書店【松江門市】
地址：104 台北市中山區松江路209號1樓
電話：+886-2-2518-0207　傳真：+886-2-2518-0778
網路訂購／秀威網路書店：https://store.showwe.tw
國家網路書店：https://www.govbooks.com.tw

出版日期／2014年5月　BOD一版　**定價**／380元

獨立作家
Independent Author

寫自己的故事，唱自己的歌

滿洲國紀實 / 李念慈著. -- 一版. -- 臺北市：獨立作家, 2014.05
面； 公分
BOD版
ISBN 978-986-5729-08-0 (平裝)

1. 偽滿州國 2. 通俗史話

628.47 103004702

國家圖書館出版品預行編目

讀者回函卡

感謝您購買本書，為提升服務品質，請填妥以下資料，將讀者回函卡直接寄回或傳真本公司，收到您的寶貴意見後，我們會收藏記錄及檢討，謝謝！

如您需要了解本公司最新出版書目、購書優惠或企劃活動，歡迎您上網查詢或下載相關資料：http:// www.showwe.com.tw

您購買的書名：________________________

出生日期：______年______月______日

學歷：□高中（含）以下　□大專　□研究所（含）以上

職業：□製造業　□金融業　□資訊業　□軍警　□傳播業　□自由業

□服務業　□公務員　□教職　□學生　□家管　□其它______

購書地點：□網路書店　□實體書店　□書展　□郵購　□贈閱　□其他

您從何得知本書的消息？

□網路書店　□實體書店　□網路搜尋　□電子報　□書訊　□雜誌

□傳播媒體　□親友推薦　□網站推薦　□部落格　□其他______

您對本書的評價：（請填代號　1.非常滿意　2.滿意　3.尚可　4.再改進）

封面設計____　版面編排____　內容____　文／譯筆____　價格____

讀完書後您覺得：

□很有收穫　□有收穫　□收穫不多　□沒收穫

對我們的建議：________________________

____

____

____

請貼
郵票

11466
台北市內湖區瑞光路 76 巷 65 號 1 樓
獨立作家讀者服務部 收

(請沿線對折寄回，謝謝！)

姓　　名：＿＿＿＿＿＿＿＿　年齡：＿＿＿＿　性別：□女　□男

郵遞區號：□□□□□

地　　址：＿＿＿＿＿＿＿＿＿＿＿＿＿＿＿＿

聯絡電話：(日) ＿＿＿＿＿＿＿＿　(夜) ＿＿＿＿＿＿＿＿

E-mail：＿＿＿＿＿＿＿＿＿＿＿＿＿＿＿＿